의료용 영상 데이터와
생체 신호 분석을 파이썬으로!

파이썬을 이용한 공학 프로그래밍

BM (주)도서출판 성안당

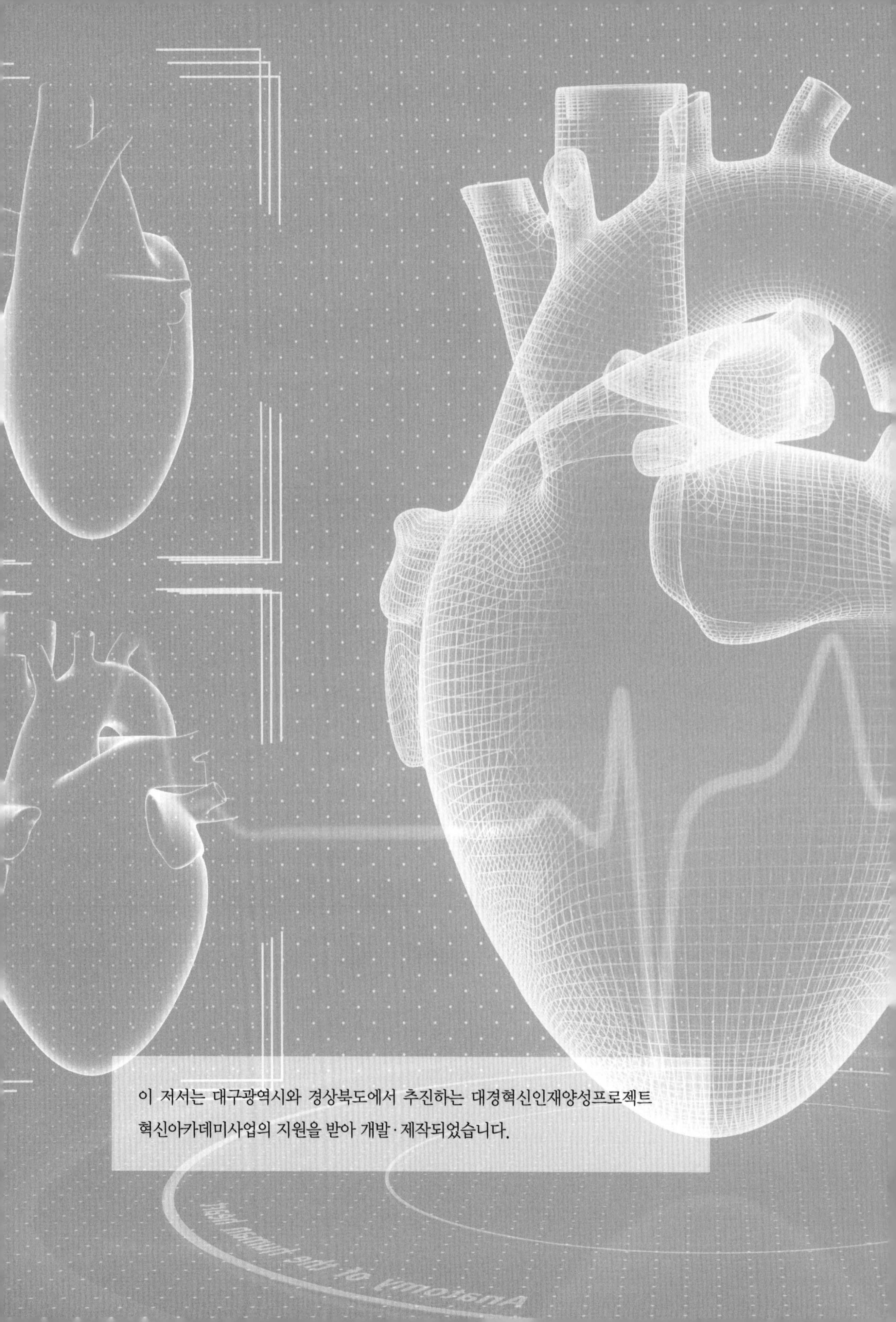

이 저서는 대구광역시와 경상북도에서 추진하는 대경혁신인재양성프로젝트
혁신아카데미사업의 지원을 받아 개발·제작되었습니다.

의료용 영상 데이터와
생체 신호 분석을 파이썬으로!

파이썬을 이용한 공학 프로그래밍

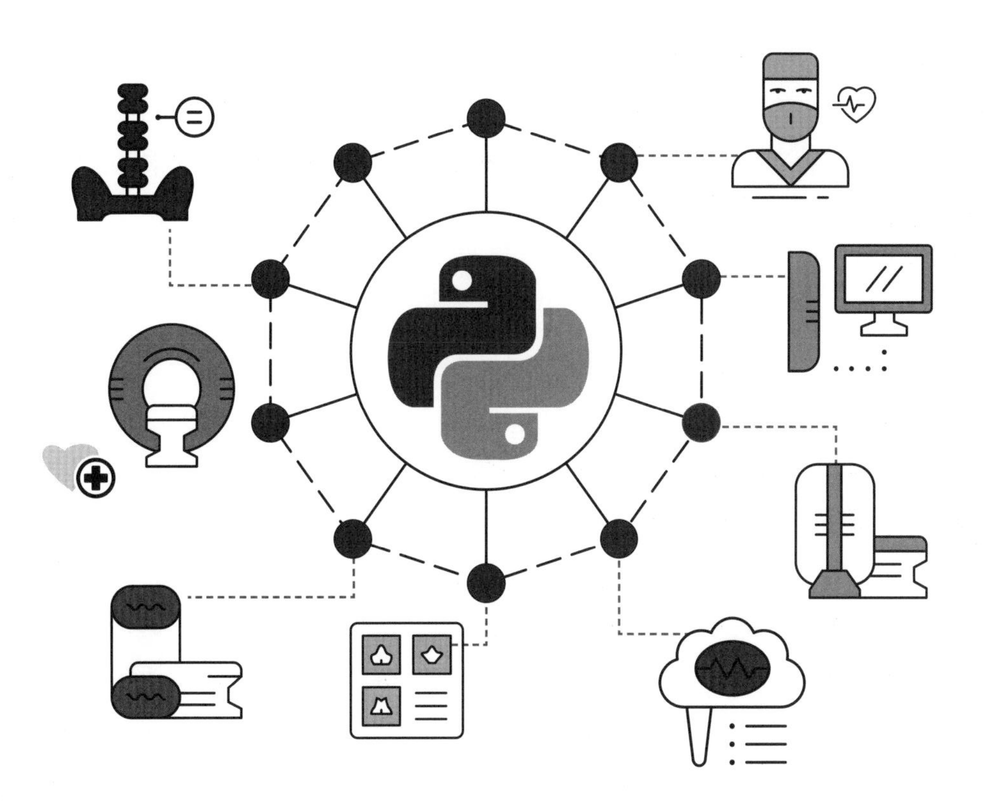

BM (주)도서출판 성안당

Preface

서문

이 책은 '대경혁신인재양성 프로젝트 혁신아카데미사업(약칭 HuStar)'의 학생 대상 프로그램에서 사용해오던 자료를 체계적으로 정리한 것이다. 이 사업은 기업으로 진출할 학생들을 대상으로 한 교육으로, 공대 출신뿐 아니라 다양한 배경을 가진 학생들을 대상으로 1~2주 정도의 짧은 시간 동안 프로그래밍을 가르쳐야 하는 상황에서 최근 대세로 떠오른 파이썬을 선택했다.

파이썬은 최근 들어 급격히 대세로 떠오르고 있는 컴퓨터 언어다. 특히 파이썬은 빠르게 습득하고 개발할 수 있다는 장점이 있으며, 국내 대학에서도 컴퓨터 입문 과정에서 사용돼오던 기존의 복잡한 언어 대신 파이썬으로 대체하고 있다. 물론 매트랩이나 랩뷰와 같이 생산성이 좋은 다른 언어들도 있지만, 국내 중소기업의 현실을 생각할 때는 파이썬이 더 적합하다고 판단했다.

교재를 선택하기 위해 시중에 출간된 많은 파이썬 프로그래밍 관련 교재를 검토해봤지만, 우리의 요구에 딱 맞는(즉, HuStar 프로그램을 위한) 교재를 발견하기가 힘들었다. 결국 우리의 목적에 맞는 교재를 자체 개발해서 활용하게 됐으며, 프로그램의 기수가 반복되는 사이 완전한 교재가 탄생하고 있는 것을 발견하게 됐다.

이 책을 사용하면 컴퓨터 초보자들이 파이썬을 단계별로 익힐 수 있다. 많은 교재가 '무조건 따라오면 돼'라는 학습 방식을 취하고 있는 것과 달리, 이 책은 단계별로 차근차근 학습하는 방식을 선택했다. 파이썬은 아나콘다라는 개발 환경에서 많이 개발하는데 우리는 아나콘다를 교재 본문에서 다루지 않는다(대신 부록으로 넣어 놓았다). 그 대신 기본적인 파이썬의 사용법에 따라 명령 프롬프트 또는 파이썬의 기본적인 개발 환경을 활용해 파이썬 프로그래밍 문법을 배우다가 어느 정도 파이썬에 익숙해진 후에 파이썬과 함께 설치되는 '스파이더'라는 환경을 접하도록 만들었다.

또한 이 책의 목적은 파이썬이라는 프로그래밍 언어를 배우는 것뿐 아니라 프로그래밍에 있어서 상대적으로 탄탄한 기초를 쌓기 위해 개발됐다. 즉, 이 책은 컴퓨터 초보이지만 장기적으로 전문성 있는 프로그래밍 능력을 배양하기 위한 기초가 필요한 사람을 대상으로 한다. 따라서 컴퓨터 프로그래밍의 필수적으로 숙지해야 할 부분을 차근차근 설명하고, 한편으로는 컴퓨터 구조나 원리, 그리고 최신 동향에 대해서도 설명하고 있다. 왜냐하면 이런 부분을 이해하지 않고서는 중급이나 고급 수준으로 넘어가지 못하고 벽에 부딪치는 일이 종종 발생하기 때문이다.

경험으로 미뤄볼 때 프로그래밍을 습득할 때는 자신에게 맞는 교재를 선택하는 것이 중요하다. 우리는 이 책을 프로그래밍 경험은 별로 없지만 파이썬을 이용해 프로그래밍의 개념을 확립하고 이 책을 디딤돌로 삼아 고급 프로그래밍 과정까지 습득하고 싶어하는 사람들을 위해 작성했다. 아무쪼록 이 책이 많은 사람에게 도움이 되길 바란다.

2021년 2월 26일

저자 일동

Contents
목차

차례

Appendix 부록

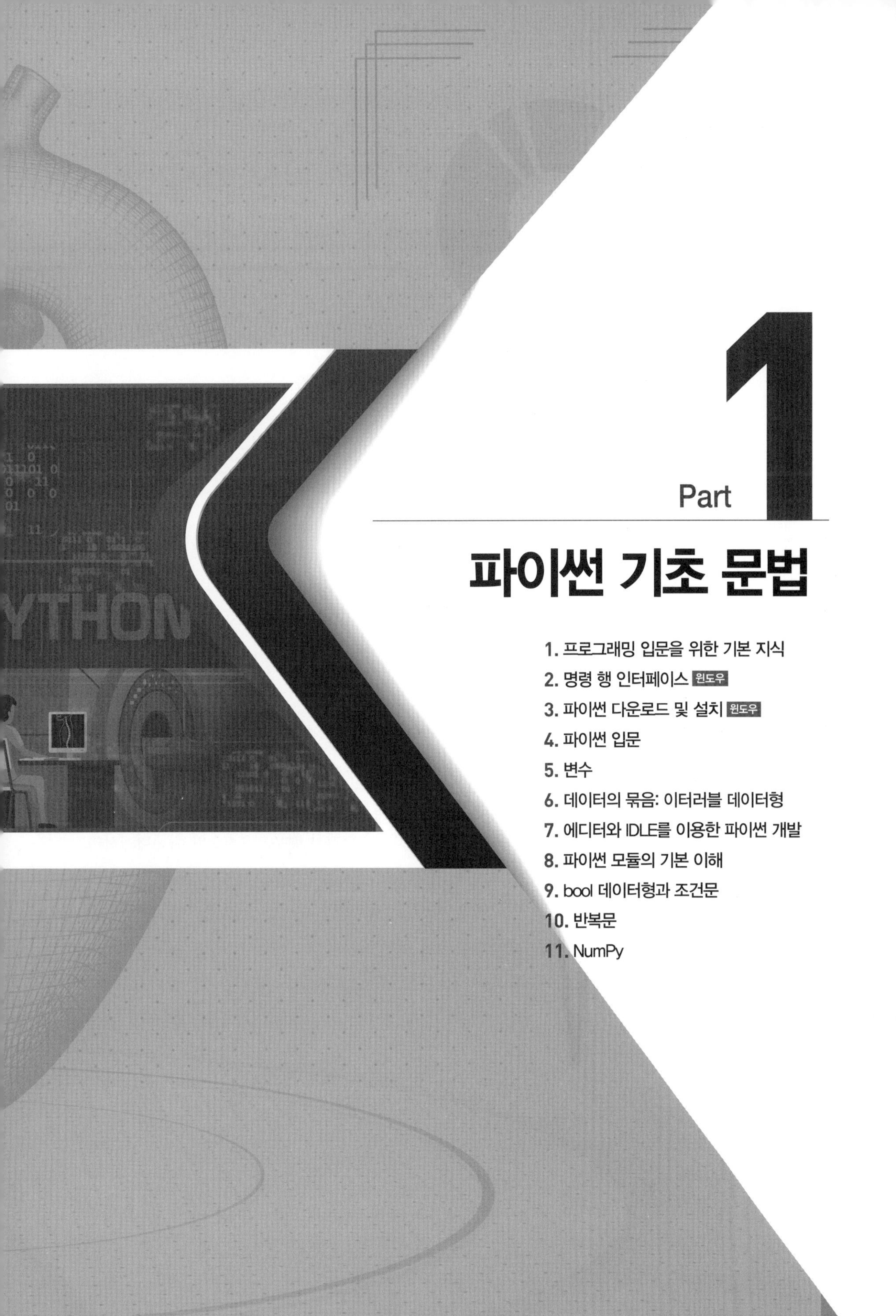

Part 1

파이썬 기초 문법

1. 프로그래밍 입문을 위한 기본 지식
2. 명령 행 인터페이스 윈도우
3. 파이썬 다운로드 및 설치 윈도우
4. 파이썬 입문
5. 변수
6. 데이터의 묶음: 이터러블 데이터형
7. 에디터와 IDLE를 이용한 파이썬 개발
8. 파이썬 모듈의 기본 이해
9. bool 데이터형과 조건문
10. 반복문
11. NumPy

1 프로그래밍 입문을 위한 기본 지식

학습 목표

- 컴퓨터에서 2진수로 숫자를 보관하는 기본적인 방식인 정수 표기와 부동소수점 표기의 두 가지 방식을 이해한다. 이 두 가지는 컴퓨터 하드웨어의 구성에서 비롯되며 대부분의 프로그래밍 언어에서 공통적으로 알아야 할 상식으로, 파이썬에서도 이 두 가지 방식을 이해하는 것이 많은 도움이 된다.
- 컴파일과 인터프리트의 차이, 가상머신과 바이트 코드의 개념을 이해한다. 이 개념을 이해하는 것은 파이썬의 동작 방식을 이해하는 데 많은 도움이 된다.

1장에서는 이 책을 학습하는 데 필수적인 기본 지식을 학습한다. 공학적인 측면에서 보면 1장의 내용보다 깊게 들어가는 것이 좋지만, 너무 깊게 들어가다 보면 파이썬을 익히는 본연의 목적에 어긋날 수 있으므로 최대한 가볍게 만들기 위해 노력했다. 좀 더 깊은 내용은 '부록 A. 추가적인 프로그래밍 입문을 위한 기본 지식' 부분에 따로 추가해뒀으므로 관심이 있다면 1장을 마친 후에 살펴보기 바란다.

1장에서는 파이썬이라는 프로그래밍 언어를 배우는 데 필요한 기초 지식 두 가지를 다룬다.

1.1절에서 1.2절까지는 숫자, 문자와 같은 1개의 데이터를 2진수(binary number)의 형식으로 컴퓨터에 보관하는 방법에 대해 다루고 있다. 1.1절에서는 진법 및 과학 표기법에 대해 복습하고, 1.2절에서는 컴퓨터에서 2진수로 숫자를 보관하는 법을 배운다. 수학에서 배우는 2진수와 컴퓨터에서의 2진수는 많은 차이가 있다는 것을 알게 될 것이다. 컴퓨터에서는 기본적으로 정수(integer) 표기법과 부동소수점(floating-point number) 표기법이라는 두 가지 형식으로 숫자를 보관할 수 있는데 컴퓨터에서 말하는 정수는 수학에서 배우는 정수와는 다른 개념이다.

1.3절에서는 이 두 가지가 컴퓨터에서 하드웨어적으로 어떻게 처리되는지를 설명한다.

1.4절부터는 어셈블, 컴파일, 인터프리트의 차이를 설명한다. 사실 이 세 가지의 차이는 대학교 1학년 컴퓨터 개론 시간에 배우는 내용이지만, 여기서는 조금 더 나아가 현재 많이 사용하는 가상머신, JIT 등과 연관지어 이해하기 위해 포함했다.

1.1 진법과 과학 표기법

진법

우리는 학생 때 이미 진법에 대해 배웠다. 10진수를 2진수로, 2진수를 10진수로 바꾸는 방법도 배우고 컴퓨터는 2진수로 돌아간다는 지식도 배웠지만, 저자는 학생들이 의외로 진법에 대한 개념이 완전하지 않아 10진법 외의 진법에서 소수를 어떻게 표현하는지, 음수는 어떻게 표현하는지 등을 헷갈려하는 경우를 많이 경험했다. 따라서 진법에 대한 복습을 이 책에 포함시켰으므로 진법에 대해 다시 한번 이해하고 넘어가기 바란다.

다양한 진법

2진법	4진법	8진법	10진법	16진법
0	0	0	0	0
1	1	1	1	1
10	2	2	2	2
11	3	3	3	3
100	10	4	4	4
101	11	5	5	5
110	12	6	6	6
111	13	7	7	7
1000	20	10	8	8
1001	21	11	9	9
1010	22	12	10	A
1011	23	13	11	B
1100	30	14	12	C
1101	31	15	13	D
1110	32	16	14	E
1111	33	17	15	F
10000	100	20	16	10
10001	101	21	17	11
10010	102	22	18	12
10011	103	23	19	13
10100	110	24	20	14
⋮	⋮	⋮	⋮	⋮

10진법 외의 진법에 따른 표기를 사용하고 싶을 때는 해당 진법으로 표기된 숫자를 괄호 안에 넣고 진법을 첨자로 표기해 숫자를 해당 진법으로 표기했다는 것을 명시한다.

$(314)_{10}$

$(3.14)_{10}$

$(1.011)_2$

여기서 $(101)_2 \neq (101)_{10}$ 이고 $(101)_2 = (5)_{10}$라는 것을 잊지 말자.

학교에서는 잘 배우지 않지만 진수에 대해 꼭 알아둬야 할 사실은 다음 두 가지다.

- **음수도 2진수로 표현할 수 있다.**

십진수 $(43)_{10}$을 이진수로 표현하면 $(101011)_2$이다. 따라서 $(-43)_{10}$을 2진수로 표현하면 $(-101011)_2$이다(즉, 음수 기호만 포함하면 된다).

- **소수점이 있는 숫자도 2진수로 표현할 수 있다.**

예를 들어 십진수 10.75를 이진수로 표현하면 $(1010.11)_2$이라고 표현된다. $(1010.11)_2$에서 소수점 위의 1010이라는 것은 각각 2^3, 2^2, 2^1, 2^0을 의미한다. 즉,

$$(10)_{10} = (1) \times 2^3 + (0) \times 2^2 + (1) \times 2^1 + (0) \times 2^0 = (1010)_2$$

로 풀어서 이해할 수 있다.

$$(10.75)_{10} = (1) \times 2^3 + (0) \times 2^2 + (1) \times 2^1 + (0) \times 2^0 + (1) \times 2^{-1} + (1) \times 2^{-2} = (1010.11)_2$$

와 같이 음의 지수의 영역을 사용하면 10진수의 소수 부분도 2진수의 소수로 표현할 수 있다.

즉, 음수든 소수점이 있는 숫자든 2진수로 표현할 수 있다. 이 사실은 나중에 컴퓨터 안에서 모든 숫자들이 2진수로 저장될 수 있다는 사실을 학습하는 데 도움이 될 것이다.

과학적 표기법

우리가 보통 사용하는 숫자의 표기법과 달리, 과학적 표기법(Scientific Notation)은 승수를 사용해 숫자를 표기한다. 보통 우리가 300만이라는 숫자를 표기할 때 '3,000,000'이라고 적는 것이 표준 표기법, '3×10^6'이라고 적는 것이 과학적 표기법이다. 과학적 표기법은 매우 큰 숫자나 작은 숫자를 표기할 때 유용하기 때문에 과학자들에 의해 주로 쓰이며, 이것이 과학적 표기법이라고 불리는 이유다. 예를 들어 안드로메다 은하계까지의 거리를 미터로 표기하면 어떻게 적어야 할까?

$$m \times b^e$$

과학적 표기법은 $m \times b^e$이라는 매우 전형적인 형식을 사용하는데 가수 m은 영어로 'coefficient', 'significant', 'fraction', 'mantissa', 밑수 b는 영어로 'base', 'radix'라 불리는 양의 정수다. 마지막으로 지수 e는 영어로 'exponent'라 불리는 정수 부분이다. 예를 들어 3×10^6의 경우 가수는 3, 밑수는 10, 그리고 지수는 6이 되며, -7.645×2^{-9}의 경우 가수는 −7.645, 밑수는 2, 지수는 −9가 된다.

1.2 컴퓨터 안에서의 숫자

1.2.1 비트, 바이트, 워드

우리는 이미 컴퓨터는 숫자를 2진법, 즉 0과 1로 보관한다는 것을 알고 있다. 이때 컴퓨터가 다루는 2진수의 묶음에서 주로 사용되는 표기로 비트(bit), 바이트(byte), 워드(word)라는 것이 있다.

비트는 0 또는 1을 보관하는 컴퓨터 기억의 최소 단위다. 그리고 바이트는 8개 비트의 묶음으로, 단순히 8비트는 1바이트라고 외워두면 편하다. 저자가 대학생이었을 때 대부분의 PC들은 8비트 컴퓨터였다. 8비트 컴퓨터란 컴퓨터 내부의 모든 숫자가 2진수의 8개 묶음(즉, 바이트)으로 저장, 이동, 처리된다는 것을 의미한다. 현재는 대부분 64비트 PC를 사용하고 있지만, 8비트 시절의 잔재로 여전히 데이터 저장의 크기 단위를 이야기할 때는 바이트라는 단위를 활용하고 있다.

0/1	0/1	0/1	0/1	0/1	0/1	0/1	0/1

위 다이어그램에서 각각의 사각형 셀은 0 또는 1을 보관할 수 있는 비트를 의미하고, 전체 8개의 사각형이 있으므로 8비트(즉, 1바이트)를 표현하고 있다. 개념적으로 이 8비트 묶음에 2진수를 저장하기 위해 일반적인 표기대로 맨 오른쪽을 2^0을 표현하기 위한 비트로 사용하고, 맨 왼쪽을 2^7을 표현하기 위한 비트로 사용한다. 이때는 일반적으로 각 비트에 이름을 붙여 표기하는데 맨 오른쪽을 '비트 제로(bit 0)' 또는 'b0'으로 표기하고, 맨 왼쪽을 '비트 7'또는 'b7'로 표기한다.

b7	b6	b5	b4	b3	b2	b1	b0

16비트로 숫자를 표현하는 16비트 컴퓨터에서는 다음과 같이 b0~b15까지 존재한다.

b15	b14	b13	b12	b11	b10	b9	b8	b7	b6	b5	b4	b3	b2	b1	b0

여기서 8비트이든, 16비트이든 맨 왼쪽의 비트[1]는 제일 큰 숫자를 표현하고, 맨 오른쪽의 비트는 제일 작은 숫자를 표현하므로 맨 왼쪽 비트를 MSB(**Most Significant Bit**)라 하고, 맨 오른쪽 비트를 LSB(**Least Significant Bit**)라고 한다.

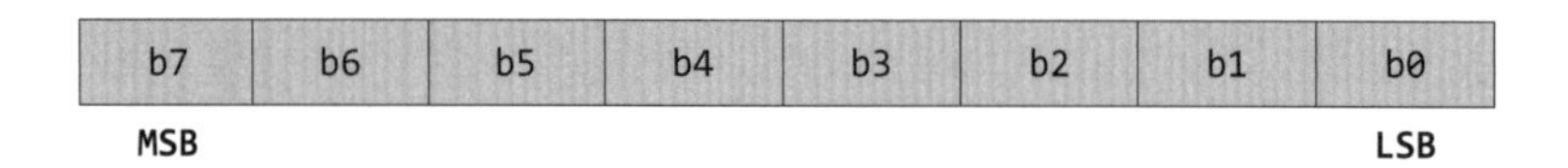

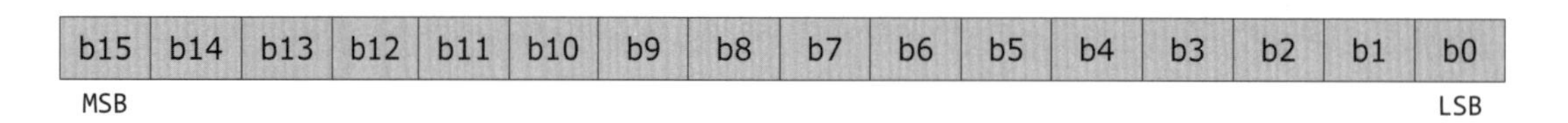

예를 들어, 우리가 $(5)_{10} = (101)_2$를 8비트 저장 공간에 저장하면

0	0	0	0	0	1	0	1
MSB							LSB

이라고 표현될 것이다. 컴퓨터에서 우리는 $(101)_2$ 대신 $(00000101)_2$로 표현하는 것을 선호하는데 이는 8비트 저장 공간을 활용하고 있다는 것을 함께 표기할 수 있기 때문이다. 16비트 시스템이라면 우리는 $(00000101)_2$ 대신 $(0000000000000101)_2$라고 쓸 수도 있다.

그런데 0이 너무 많으면 헷갈리기 때문에 4개 비트 단위로 사이사이에 콜론(:)을 넣어 $(0000{:}0101)_2$나 $(0000{:}0000{:}0000{:}0101)_2$로 표기하는 것도 어렵지 않게 발견할 수 있다.

워드(word)는 컴퓨터에서 처리하는 기본 단위를 말하며, 컴퓨터에 따라 워드의 크기가 달라진다. 요즘 PC는 1개의 워드가 32비트 또는 64비트 정도라고 생각하면 된다. 즉, 64비트 컴퓨터의 경우 $1+2((01)_2 + (10)_2)$를 계산한다 하더라도 2비트씩만 메모리에서 CPU로 이동해 계산하는 것이 아니라 무조건 64비트 단위로 처리하는 것이다.

1.2.2 Unsigned Integer

자연수(즉, 0과 양의 정수)를 컴퓨터에 저장하는 기본적인 방법은 바이트를 설명하면서 이미 끝낸 것 같다. 이렇게 컴퓨터에 자연수를 저장할 때 사용하는 형식을 컴퓨터에서는 주로 'Unsigned Integer'라고 한다[2] Unsigned Integer라는 단어는 프로그래밍 언어에 따라 `uint`[3]라는 이름으로 나타

1 대부분 여기서는 자연수를 저장한다고 가정하자. -1과 같은 음수를 저장하는 방법 또는 3.14와 같은 소수를 저장하는 방법은 나중에 따로 다룬다.

2 한글로 표기하면 '부호 없는 정수'이겠지만, 대부분의 컴퓨터 프로그래밍에서는 항상 영문이 사용되므로 단어에 익숙해지기 위해 있는 그대로 영어로 표기했다.

3 '유-인트'라고 읽는다.

나기도 하며, 몇 비트를 사용한 Unsigned Integer라는 것을 정확히 명시하기 위해 `uint8`, `uint16`과 같이 비트 수를 표기한 형식도 발견할 수 있다.

1.2.3 Signed Integer

이제 우리는 컴퓨터에서 음수를 저장할 수 있는 방법을 공부할 것이다. Unsigned Integer, 즉 부호 있는 정수라는 말은 (-) 표기를 할 수 있는 정수, 즉 음수 표기를 할 수 있는 정수라는 의미다. 여기서 우리는 컴퓨터는 모든 정보를 0 또는 1로 저장하기 때문에 (-) 표기를 저장할 수 있는 방법이 없다는 것을 기억해야 한다. 즉, 음수를 저장하기 위해 다른 특별한 방식을 생각해야 한다.

컴퓨터 공학에서는 실제로 음수를 저장하기 위해 여러 가지 방식이 존재하는데, 대부분의 현대 컴퓨터에서는 '2의 보수(2's complement)'라는 방식으로 부호가 있는 정수를 보관한다. 이 방식에 의하면 맨 상위의 비트를 하나 떼어다가 맨 상위 비트가 0이면 양수, 1이면 음수로 판단하게 하는 것이다(다음 그림 참조).

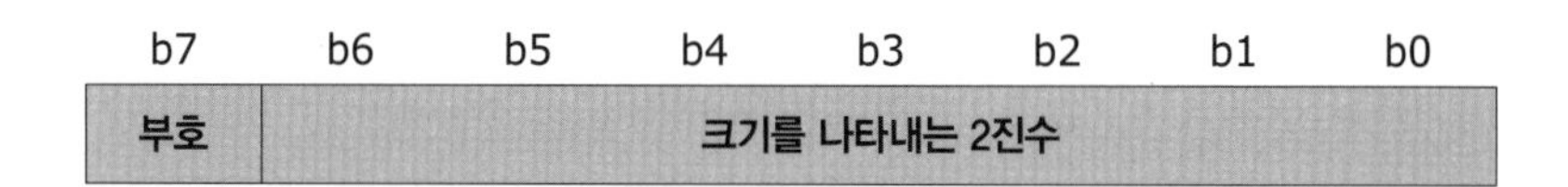

위 그림에서 크기를 나타내는 2진수라고 표현했는데, 이는 보관하는 방식이 일반적인 2진수 표현과 약간 다르기 때문이다. 하지만 너무 깊게 들어가지 않고 개념적인 설명으로 끝내기 위해 위와 같이 표현했다. 실제 2의 보수가 어떻게 동작하는지는 부록을 참고하기 바란다.

이런 방식을 사용하면 8비트의 '부호가 있는 정수(Signed Integer)'를 보관하기 위해서는 부호를 보관하는 데 1비트를 사용해야 하므로 실제로는 7비트만 활용할 수 있다.

파이썬에서는 이렇게 저장돼 있는 데이터 형식을 32비트 크기로 할당하고 '`int`형'이라고 한다.

1.2.4 부동소수점 표기

얼마나 큰 수를 컴퓨터에 저장할 수 있는가?

컴퓨터가 숫자를 보관하는 방식을 이해하기 위한 다음 주제는 '컴퓨터는 아주 큰 수를 어떻게 저장할까?'라는 것이다. 8비트 컴퓨터를 생각할 때 각 비트는 0 또는 1의 값을 가질 수 있다. 8비트상에서 모든 경우의 수를 도식화해보면 다음과 같이 나타난다.

b7	b6	b5	b4	b3	b2	b1	b0		
0	0	0	0	0	0	0	0	=	$(0)_{10}$
0	0	0	0	0	0	0	1	=	$(1)_{10}$
0	0	0	0	0	0	1	0	=	$(2)_{10}$
			⋮						
1	1	1	1	1	1	0	1	=	$(253)_{10}$
1	1	1	1	1	1	1	0	=	$(254)_{10}$
1	1	1	1	1	1	1	1	=	$(255)_{10}$

따라서 Unsigned Integer 방식을 활용할 경우, 8비트 저장 공간에 우리가 저장할 수 있는 제일 큰 수는 2^8-1, 즉 255다. 요즘 대부분의 컴퓨터들이 사용하는 64비트 컴퓨터의 경우에는 $2^{64}-1$, 즉 18,446,744,073,709,551,615이고, 약 18×10^{18}까지다. Signed Integer의 경우 1비트를 부호를 위해 사용해야 하므로 두 말할 나위도 없다. 즉, 일반적인 2진수를 사용하는 방식으로는 정말 큰 수와 작은 수를 컴퓨터에 저장할 수 없다.

이런 이유로 사람들은 아주 큰 수, 작은 수, 소수를 보관하기 위한 방식으로 과학적 표기법을 응용한 부동소수점 표기(floating-point representation)라는 방식을 개발했다.

과학적 표기법을 이용한 부동소수점 표기

부동소수점 표기는 대부분 IEEE 754라는 국제 표준을 준용해 과학적 표기법(scientific notation)을 변형해 구현하며, 32비트의 경우와 64비트의 경우로 나눠 정의한다.

- 32비트 부동소수점 표기:

부호	지수	가수
1비트	8비트	23비트

- 64비트 부동소수점 표기:

부호	지수	가수
1비트	11비트	52비트

즉, 숫자를 일단 과학적 표기법으로 표현하고, 이에 따라 부호, 지수, 가수를 나눠 보관하는 것이다. 이렇게 되면 integer를 보관하는 것보다는 훨씬 크거나 작은 수를 보관할 수 있게 된다.

그러나 부동소수점 표기라 하더라도 결국 비트 수의 제한을 받게 된다. 32비트를 사용한 integer

의 경우 2^{32}가지로 표현할 수 있는 경우의 수가 제한되듯이 32비트 부동소수점의 경우에도 결국 크고 작은 수만 표현할 수 있다는 차이가 있을 뿐, 표현할 수 있는 경우의 수도 똑같이 2^{32}가지로 제한된다. 이 말은 **부동소수점 표기는 크고 작은 숫자의 표기에 만능이 아니라 "정확한 수치의 보관을 포기하고 적당히 비슷한 숫자로 보관한다"**는 말과 동일하다.

따라서 부동소수점끼리의 연산은 정확하지 않은 숫자와 정확하지 않은 숫자의 연산이 돼버리고, 그 결과는 오차가 증폭돼 완전히 잘못된 결과로 나타날 수 있다. 따라서 부동소수점을 활용하는 프로그래밍에서는 주의를 요하는 부분들이 많다. 이런 부분들은 '수치 해석(numerical analysis)'이라 불리는 수학과의 영역에서 다뤄지기도 한다.

파이썬에서는 이렇게 저장돼 있는 데이터 형식을 64비트 크기로 할당하고 'float형'이라고 한다.

1.2.5 중간 요약

많은 경우 컴퓨터 프로그래밍을 처음 학습할 때 숫자가 정수와 실수로 나눠진다고 생각하는 경우가 있는데, 이는 프로그래밍에 있어 크게 잘못된 생각이다. **int형과 float형은 데이터 보관 형식**의 차이일 뿐, int형은 정수를 보관하기 유리하고, float형은 실수를 보관하기 유리하기 때문에 주로 그렇게 사용되는 것뿐이라는 것을 명심하기 바란다.

- **int형:** 오차 없이 정확한 숫자를 보관할 수 있지만, 보관할 수 있는 숫자의 크기에 제한이 있다.
- **float형:** 매우 크거나 매우 작은 숫자를 보관할 수 있지만, 원하는 숫자를 정확히 보관할 수 없고 대부분의 경우 오차가 발생한다.

파이썬에서는 기본적으로 32비트 int형과 64비트 float형 데이터를 사용하도록 제공하고 있다.

1.3 컴퓨터 안에서의 숫자 연산

위 절에서 말하고자 하는 요점은 우리가 컴퓨터 안에 어떤 숫자를 저장할 때 2진수의 일반적인 형태(정확히 말하면 2의 보수 방식)를 이용하는 int형과 IEEE 754 표준에서 정의돼 과학적 표기법을 활용하는 float형의 두 가지 방식으로 저장할 수 있고, 이 두 가지 저장 형식은 완전히 다르다는 사실이다. 따라서 int형으로 저장된 숫자와 float형으로 저장된 숫자를 종류를 섞어 연산(즉, 덧셈, 뺄셈, 곱셈, 나눗셈 등)하는 것은 하드웨어 설계에서 매우 어려운 일이다. 따라서 대부분의 컴퓨터 내부에서는 int형 숫자끼리만 연산하는 연산기와 float형 숫자끼리만 연산하는 연산기가 완전히 분리돼 있다(다음 그림 참조).

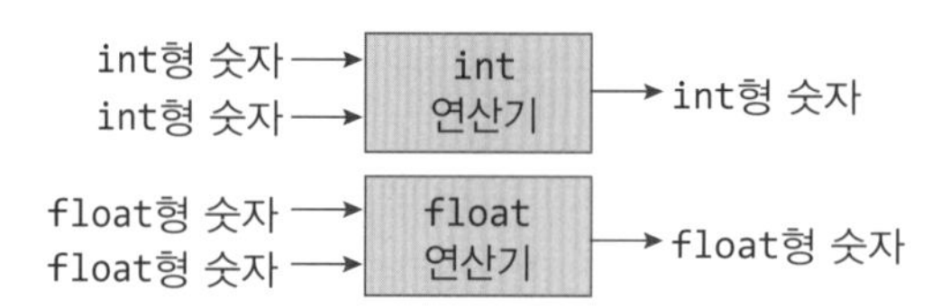

만약 우리가 int형과 float형을 섞어 연산하려고 한다면, int형을 float형으로 변환하거나 float형을 int형으로 변환하는 과정을 거쳐야 하며, 이러한 변환을 데이터형 변환(data type conversion)이라고 한다. 이런 형 변환은 컴퓨터 연산에 있어 아주 비효율적이기 때문에 프로그래밍에 익숙한 사람들은 가급적 형 변환이 일어나는 일을 최소화하도록 프로그램을 개발한다.

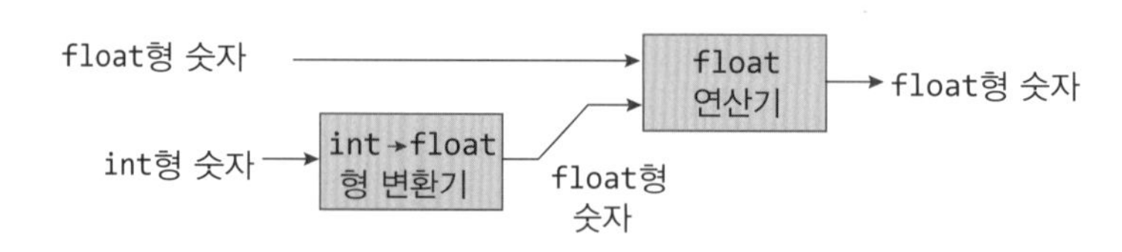

Tip float 연산기

컴퓨터에 따라(특히, 임베디드의 경우) 아예 float형을 처리하기 위한 연산기가 없는 경우가 있다. 1980년대에 AT라 불리는 PC에는 1982년 인텔이 출시했던 CPU인 80286이 장착돼 있었는데, 80287이라는 float 연산기가 내장된 칩을 따로 사서 컴퓨터의 회로기판에 꽂아야만 float 연산이 가능했다. 80287 없이는 float 연산을 소프트웨어적으로 처리할 수밖에 없었고, 당연히 너무나 비효율적이기 때문에 아예 float 연산은 피하는 것이 1980년대 당시 프로그래밍의 기본이었다. 현재에도 많은 CPU는 (단가, 크기 및 전력 소모 등의 이유로) float 연산기 없이 출시되고 있다.

1.4 컴파일과 인터프리트

'소프트웨어'라고도 하는 컴퓨터 프로그램은 컴퓨터의 CPU가 인지할 수 있는 0과 1로 구성된 2진수의 집합을 말하며, 이를 '기계어(machine language)' 프로그램이라고 한다. 컴퓨터가 이해할 수 있는 2진수인 기계어로 프로그램을 개발하는 것은 매우 난해한 일이므로 사람들은 일단 사람이 이해할 수 있으면서 컴퓨터의 원리에 부합하는 언어를 만들고, 이를 기계어로 자동 번역할 수 있는 프로그램을 통해 조금이라도 쉽게 프로그램을 개발할 수 있는 방식을 고안했다.

이것들이 일반적으로 말하는 프로그래밍 언어들(C, C++, 자바 등)인데, 이런 프로그래밍 언어들은 기본적으로 컴파일형 언어(compiled language)와 인터프리트형 언어(interpreted language)로 구분된다[4]. 컴파일과 인터프리트를 함께 사용하는 언어(예 자바, 파이썬)도 있다.

간단히 둘을 구분하면 다음과 같은 예를 들 수 있다.

나(개발자)는 한용운의 시인의 '님의 침묵'을 영어로 번역해 외국인(사용자)에게 들려주려고 한다.

- **컴파일**: 시를 모두 번역한 후 번역된 영어를 한번에 들려준다.
- **인터프리트**: 시의 한 줄을 번역하고 영어로 들려주고, 그 다음 줄을 번역하고 영어로 들려주는 과정을 시가 끝날 때까지 계속한다.

여기서 우리는 컴파일과 인터프리트의 장단점을 알 수 있다. 일단 외국인(사용자)의 입장에서 보면 컴파일이 훨씬 좋다. 번역을 기다릴 필요 없이 한 번에 영어로 된 시를 듣게 되므로 시간이 절약된다. 반면, 나(개발자)의 입장에서 보면 인터프리트가 좋을 수도 있다. 왜냐하면 번역하는 과정에서 실수가 있을 수도 있는데 뭔가 잘못 됐다 싶으면 그 줄만 다시 번역해 외국인에게 들려주면 되기 때문이다. 즉, 수정하기가 쉽다.

다시 컴퓨터 프로그래밍으로 돌아와 설명하면, 컴파일은 내가 개발한 어떤 분량의 프로그램을 한꺼번에 기계어로 번역하는 것이고, 인터프리트는 한 줄 번역 → 한 줄 실행 → 한 줄 번역 → 한 줄 실행 → ….과 같은 방식으로 번역과 실행을 하는 방식이다. 컴파일 방식을 채택한 경우 컴파일을 통해 기계어 실행 파일을 생성한 이후에는 프로그램을 실행하면 되는 반면, 인터프리트 방식은 항상 번역과 실행을 반복하므로 컴파일 방식에 비해 속도가 매우 느리다. 그러나 인터프리트 방식은 한 줄씩 실행할 수 있다는 점에서 개발 과정을 하나하나 짚어보기 쉬우므로 개발에 유리한 측면이 있다.

가상머신

가상머신(Virtual Machine, VM)을 설명하기 위해 위에서 컴파일과 인터프리트를 설명했던 방식으로 예를 들어보자.

4 현재는 이 경계가 모호한 경우가 많다. 어떤 언어는 컴파일과 인터프리트를 선택할 수 있으며(예 코틀린은 고전적인 의미의 컴파일과 인터프리트는 아니다), 컴파일과 인터프리트를 함께 사용하는 언어(예 자바, 파이썬)도 있다.

나는 중국, 인도, 아랍에 출장을 가서 사업 설명을 하려고 한다. 그런데 이를 위해 중국어, 인도어, 아랍어를 모두 배우는 것은 힘든 일이 아닐 수 없다.

나는 미리 한국어로 된 사업 설명 자료를 영어(바이트 코드)로 번역(컴파일)해둔다. 중국 현지에서는 영어와 중국어를 할 수 있는 사람(중국어용 가상머신)을 고용해 영어 문서를 즉석에서 번역(인터프리트)해달라고 하고, 인도 현지에서는 영어와 인도어를 할 수 있는 사람(인도어용 가상머신)을 고용해 영어 문서를 즉석에서 번역(인터프리트)해달라고 하며, 아랍 현지에서는 영어와 아랍어를 할 수 있는 사람(아랍어용 가상머신)을 고용해 영어 문서를 즉석에서 아랍어로 번역(인터프리트)해달라고 한다.

이렇게 하면 나는 일일이 모든 나라의 외국어를 공부할 필요 없이 영어로 번역하는 일만 하면 된다.

앞서 말한 바와 같이 고전적인 컴파일형 프로그래밍 언어(예 C/C++)들은 개발한 프로그램을 컴파일하면 컴퓨터에서 인식할 수 있는 기계어가 생성된다. 그런데 이러한 기계어의 형식은 하드웨어나 설치된 운영체제에 따라 다르므로 이에 맞추기 위해 프로그램을 수정해준 후에 다시 컴파일해야 하드웨어와 운영체제에 맞는 기계어 실행 파일이 구성된다(그래서 인터넷에서 프로그램을 다운로드할 때 윈도우용, MacOS용, 32비트용, 64비트용 등이 구분돼 있다).

그러나 자바(Java)와 같은 프로그래밍 언어는 **하드웨어나 운영체제와 상관없이 동작하는데(즉, 윈도우에서 프로그래밍해 리눅스와 같은 다른 운영체제에서도 그냥 구동하면 된다)**, 그 이유는 가상머신이라는 것을 활용하기 때문이다. 자바는 소스 코드 파일을 컴파일했을 때 기계어가 생성되는 것이 아니라 기계어에 가까운 바이트 코드라는 것을 생성[5]하며, 바이트 코드를 실행 파일처럼 실행하면 자바 가상머신(Java Virtual Machine, JVM)에서 받아 다시 한번 해당 하드웨어와 운영체제에 맞는 기계어로 번역해주는 과정[6]을 거쳐 실제 프로그램이 실행된다.

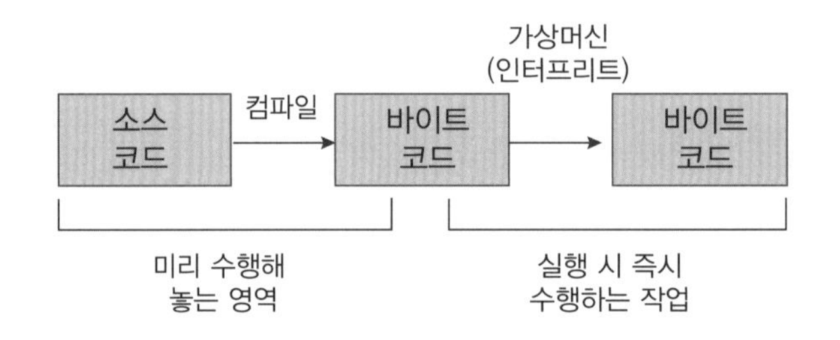

따라서 자바 프로그램을 실행하기 위해서는 JVM을 미리 설치해야 한다. JVM이 하드웨어와 운영체제에 따라 달라져야 하는 부분을 처리해 기계어로 번역해 넘겨주는 역할을 하기 때문에 JVM 자체는 하드웨어와 운영체제에 맞춰 설치해야 한다. C#[7]이라는 언어도 .NET 프레임워크[8]이라는 프

5 이 단계는 컴파일에 해당한다.
6 이 단계는 인터프리트에 해당한다.
7 '씨샵'이라고 읽는다.
8 '닷넷 프레임워크'라고 읽는다.

로그램을 윈도우에 설치해야 C#으로 개발한 프로그램을 구동할 수 있다. **파이썬의 경우에도 가상머신을 이용해 플랫폼 독립성을 구현한다.**

여기서 알아둬야 할 것은 위와 같은 형태의 가상머신에는 인터프리트의 과정이 포함돼 있기 때문에 컴파일에 비해 속도가 많이 느려질 수밖에 없다는 한계가 존재한다는 것이다. 따라서 파이썬도 당연히 다른 C/C++과 같은 언어들에 비하면 속도가 많이 느릴 수밖에 없다는 것도 잊지 말자. 그러면 파이썬은 컴파일 언어일까, 인터프리트 언어일까? 바이트 코드 컴파일 과정이 존재하긴 하지만, 최종적으로는 결국 인터프리트돼 동작하게 되므로 인터프리트 언어로 보는 것이 맞다고 할 수 있다.[9]

인터프리트와 JIT 컴파일

인터프리트 방식의 속도가 컴파일 방식에 비해 너무 떨어지는 문제를 극복하기 위해 인터프리트를 할 때 생성한 기계어 부분을 저장해뒀다가 나중에 다시 실행할 경우에는 번역을 하지 않고 저장해 놓았던 부분을 불러 쓰는 기법이 도입됐으며, 이를 **JIT(just-in-time)[10] 컴파일**이라고 한다. 컴파일이라고 하지만 사실 인터프리터의 일부로 동작을 하며, 이를 통해 획기적으로 인터프리터의 속도를 개선할 수 있어서 최근의 가상머신과 인터프리터들은 적극적으로 JIT을 도입하고 있다.

자바 가상머신과 .NET 프레임워크에서는 JIT을 활용하기 때문에 파이썬에 비해 상대적인 속도가 훨씬 좋다. 파이썬의 경우에는 아직 공식적으로 JIT을 도입하지 않고 있지만, PyPy[11]라고 불리는 JIT 버전 파이썬이 존재한다.

9 https://docs.python.org/3/glossary.html의 interpreted 항목 참조
10 '짓'이라고 읽는다.
11 '파이파이'라고 읽는다.

2 명령 행 인터페이스 윈도우

학습 목표

우리가 일반적으로 사용하는 윈도우와 마우스를 통해 윈도우를 조작하는 환경을 '그래픽 사용자 인터페이스(Graphical User Interface, GUI)'라 하고, 키보드를 통해 프로그램을 실행하고 운영체제를 조작하는 (오래된) 방식을 '명령 행 인터페이스(command line interface)'라고 한다.

어떤 프로그래밍 언어라 하더라도 중급 이상의 실무 개발을 목표로 하는 경우에는 명령 행 인터페이스(Command Line Interface, CLI)를 익힐 필요가 있다. 2장에서는 기본적인 CLI 환경을 윈도우 '명령 프롬프트'라는 프로그램을 통해 학습한 후 CLI 환경을 이용해 파이썬의 개발 환경을 설정하고 이용하는 데 필요한 기본적인 지식을 익힌다.

사용자가 조작해 운영체제에 어떤 명령을 내리는 인터페이스를 '셸(shell)'이라고 한다. 컴퓨터가 보편화돼 있는 지금 세대들은 마우스를 사용해 컴퓨터를 조작하는 환경, 즉 '그래픽 사용자 인터페이스 셸'에 매우 익숙해 있다. 그러나 20년 전까지만 하더라도 마우스가 보편적인 입력 장치가 아니었고, 당시 컴퓨터에서는 그래픽, 아이콘, 메뉴가 나타나는 것이 아니라 글자(text)만 한정적으로 표현할 수 있는 환경에서 모든 것을 키보드로 처리해야만 했다. 이러한 환경을 현대의 GUI와 대조해 '명령 행 인터페이스' 셸이라고 한다.

CLI 셸에서 어떤 기능을 수행하기 위해서는 특정한 명령어를 키보드를 통해 입력해 수행하는데, 이런 방식은 리눅스와 같은 운영체제나 임베디드 환경에서 개발하는 데 필수적인 지식이며, 윈도우 환경에서도 기본적인 CLI 셸은 사용할 줄 알아야 불편함이 없다. 리눅스로 운영되는 서버의 경우 서버의 운용을 위해 아예 GUI 셸을 설치하지 않고 CLI 셸만 사용하는 경우도 많다.[1]

마이크로소프트 사에서 윈도우 이전에 출시했던 운영체제인 MS-DOS 환경(그림 (a))은 GUI가 제공되지 않고 CLI를 사용하고 있었으며, 윈도우 출시 이후에도 MS-DOS의 형태의 CLI 환경을 '명령 프롬프트(Command Prompt)'라는 이름으로 제공해왔다(그림 (b)). 이후 좀 더 나은 기능을 가진 '윈도우 파워셸(Windows PowerShell)'이라는 CLI를 윈도우에 포함하고 있으며(그림 (c)), 최근에는 더 나은 '윈도우 터미널(Windows Terminal)'이라는 CLI를 정식으로 출시했다(그림 (d)).

1 이하에서는 셸이라는 용어를 빼고 GUI와 CLI라고 표현한다.

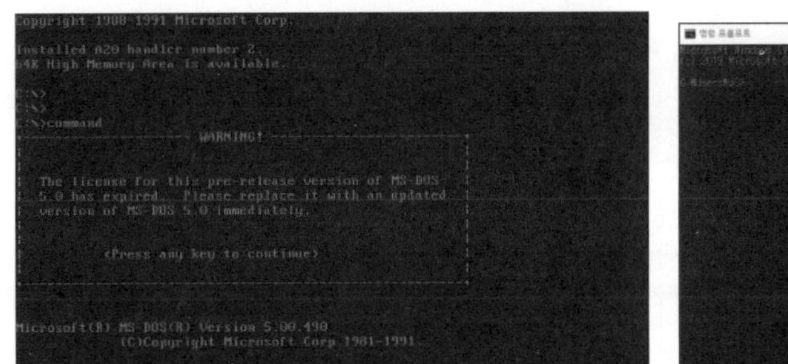

(a) MS-DOS의 CLI

(b) 윈도우 명령 프롬프트

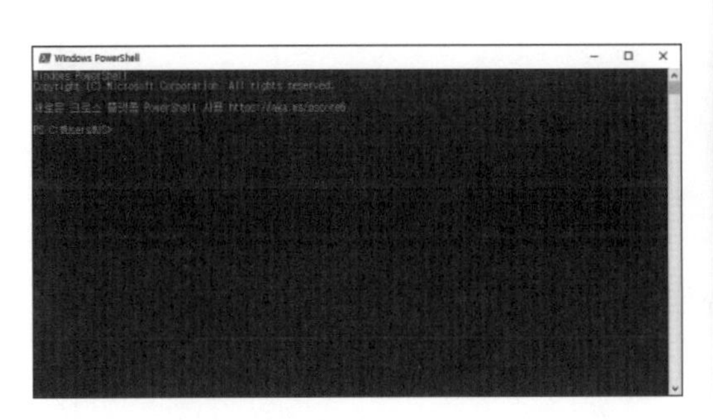

(c) 윈도우 파워셸(PowerShell)

(d) 윈도우 터미널

▲ 마이크로소프트 사의 명령 행 인터페이스

윈도우 사용자 폴더의 이해

나중에 윈도우의 기본 CLI 중 하나인 '명령 프롬프트'의 사용법을 익히겠지만, 윈도우에서 명령 프롬프트, 파워셸과 같은 CLI를 실행하면 기본적으로 본인의 사용자 폴더에서 시작한다. 그런데 한글 윈도우에서는 약간 헷갈릴 수 있는 부분이 있으므로 CLI를 본격적으로 배우기 전에 윈도우 사용자 폴더가 어떻게 동작하는지 이해할 필요가 있다.

한글 윈도우를 설치하면 바탕화면의 왼쪽 위에 사용자 폴더 아이콘이 보인다. 저자의 경우에는 윈도우를 설치할 때 입력한 대로 'Jaebum Son'이라는 폴더명이 나타난다(다음 그림 왼쪽 참조). 그런데 이 폴더는 '내 PC'의 C: 드라이브상에서 찾을 수도 있다. '내 PC 〉 OS(C) 〉 사용자 〉 JS'의 순으로 찾아도 같은 내용이 나타난다(다음 그림 오른쪽 참조).[2]

2 여기서 저자의 경우에는 'JS'로 나타나지만, 각자 다른 이름으로 등록돼 있을 것이다.

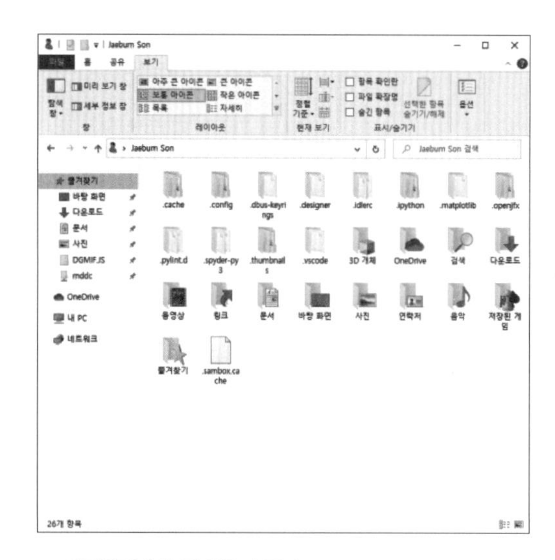
▲ 바탕화면에서 연 사용자 폴더

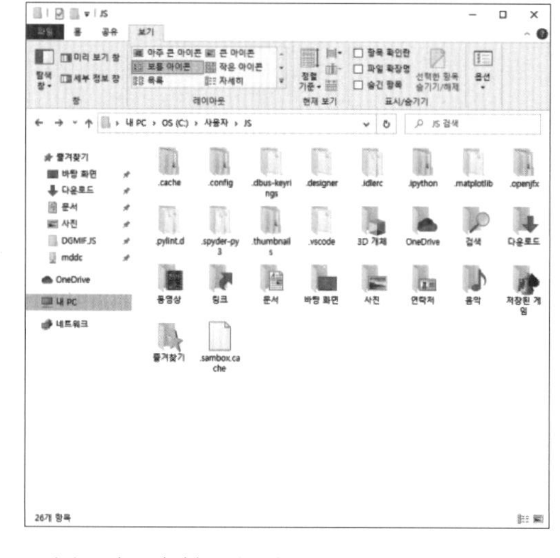
▲ '내 PC 〉 OS(C:) 〉 사용자 〉 JS'로 찾은 사용자 폴더

여기서 잘 살펴보면 바탕화면에서 연 사용자 폴더는 'Jaebum Son'이라는 이름의 창이 열리고, '내 PC'에서 찾은 사용자 폴더는 'JS'라는 이름의 창이 열리는 것을 확인할 수 있다. 이는 실제 컴퓨터에 저장된 폴더의 이름은 'JS'이지만, 윈도우에서 사용자의 편의를 위해 'Jaebum Son'이라는 이름으로 표시해주는 것이다.

만약 '내 PC'를 통해 접근한 사용자 폴더명이 'JS'와 같은 영문이 아니라 '홍길동'과 같은 한글일 경우, 프로그램 개발을 위해 컴퓨터를 포맷하고 윈도우를 재설치하고, 사용자명을 영어로 설정할 것을 권고한다. 개발용 소프트웨어의 경우(특히, 무료 소프트웨어인 경우) 영어권에서 충분히 한글 폴더명을 고려하지 않고 개발된 경우들이 간혹 보이는데 이 때문에 한글 폴더명을 인식하지 못해 소프트웨어가 제대로 설치되지 않고 에러가 발생하는 경우가 종종 발생한다. 파이썬의 경우에는 아나콘다라는 소프트웨어를 개발 환경으로 설치하는 경우가 있는데, 한글 폴더명 때문에 에러가 발생하는 경우가 종종 있다.

윈도우 명령 프롬프트의 프롬프트

이제 이 폴더를 윈도우 명령 프롬프트를 사용해 확인해보려고 한다. 한글 윈도우 10을 기준으로 왼쪽 아래의 메뉴에서 'Windows 시스템'이라는 항목의 하위 항목에 있는 '명령 프롬프트'를 찾아 클릭하면 위의 명령 프롬프트 CLI가 열린다. CLI 윈도우에서

```
C:\Users\JS>
```

와 같이 찍혀 나오는 부분을 '프롬프트(prompt)'라고 하며, 운영체제나 설정에 따라 프롬프트의 형태가 달라지기도 한다.[3]

이 프롬프트는 '키보드로부터 명령어를 받아들일 준비가 됐음'을 의미하는데, 키보드를 통해 어떤 명령에 해당하는 문장을 입력하고 Enter를 누르면 내 명령이 컴퓨터로 전달된다. 따라서 사용자의 명령어는 Enter를 누를 때까지의 한 줄에 해당한다.[4]

윈도우의 경우 프롬프트는 '>'로, 우분투 리눅스의 경우 '$'로 끝나는 것을 기본 형태로 한다. 여기 윈도우 명령 프롬프트의 기본 형태에서는 '현재 내가 작업하고 있는 폴더를 의미하는 'C:\Users\JS'를 '>' 심벌 앞에 표기해 사용자가 좀 더 편하게 쓸 수 있도록 프롬프트를 구성했다. **'C:\Users\JS'라는 것은 'C: 드라이브'의 'Users' 폴더 밑에 있는 'JS' 폴더상에 내가 작업하고 있다.'는 의미를 '\' 심벌을 사용해 한 줄에 표현한 것이다.** 하지만 CLI에서는 폴더에 어떤 파일들이 존재하고 있는지 다른 명령을 내리기 전까지는 보여주지 않는다.

여기서 우리들이 궁금해야 할 부분이 하나 있다. 앞의 GUI상에서 '내 PC'를 통해 사용자 폴더로 찾아들어갔을 때는 창에 '> 내 PC > OS (C:) > 사용자 > JS'로 나타났는데(다음 캡처 참조), 여기서는 '사용자'라는 한글명 대신 'Users'라는 이름으로 내 작업 폴더의 경로가 표시되고 있다.

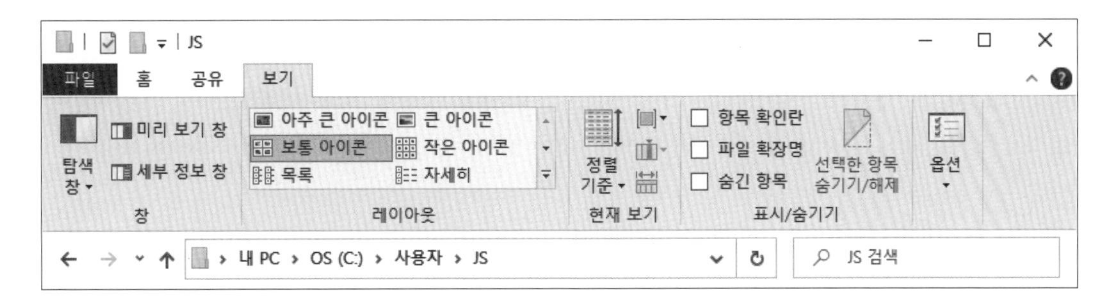

실제 컴퓨터 내부에서는 우리가 평상시 쓰는 윈도우 탐색창에 보이는 폴더의 이름인 '사용자'가 아니라 'Users'라는 이름으로 저장된다. 하지만 한글 윈도우에서 폴더를 보여줄 때는 사용자의 편의를 위해 이 'Users'라는 이름을 '사용자'라는 이름으로 변환해 화면에 띄워주는 것이다.

이를 확인하기 위해 윈도우 탐색창에서 '> 내 PC > OS (C:) > 사용자 > JS'라고 나타난 탭을 마우스로 클릭해보자. 그러면 현재 폴더의 표기가 명령 프롬프트상에 나타난 것과 동일하게 'C:\Users\JS'로 바뀌는 것을 확인할 수 있다(다음 캡처 참조).

3 'JS'는 저자의 윈도우 사용자 계정명이 'JS'이기 때문이며, 모두 다른 이름을 쓰고 있을 것이다.
4 그래서 명령 '행' 인터페이스라고 한다.

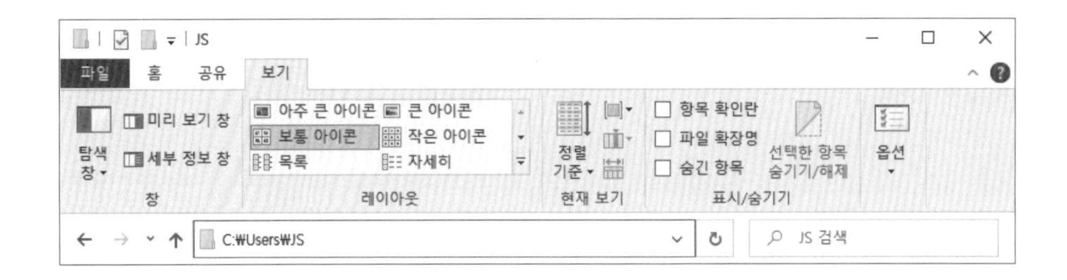

윈도우 명령 프롬프트의 기본 명령어: dir

윈도우 명령 프롬프트로 돌아가 Enter를 눌러보자.

```
C:\Users\JS>
C:\Users\JS>
```

그러면 줄이 한 줄 바뀌면서 똑같은 형태의 프롬프트가 나타난다. 이는 첫 번째 프롬프트에서 따로 명령을 주지 않았기 때문에 '명령의 실행은 성공적으로 완료됐으며, 다음 명령을 받아들일 준비가 됐다.'의 의미로 줄이 바뀌면서 프롬프트가 나타나는 것이다.

이번에는 'dir'이라 치고 Enter를 눌러보자. 'dir' 명령어는 현재 폴더의 파일들과 하위 폴더의 리스트를 CLI 화면에 보여달라는 명령이다. 'dir'은 '디렉터리(directory)'의 약자인데, 마이크로소프트 윈도우 이전에는 '폴더'라는 이름보다 '디렉터리'라는 이름을 써왔고, 리눅스 등의 다른 운영체제에서는 아직도 '폴더'라는 명칭 대신 '디렉터리'라는 명칭을 선호하고 있다. 쉽게 '폴더=디렉터리'로 이해하면 될 것이다.

```
C:\Users\JS> dir
```

그러면 현재 폴더 'C:\Users\JS'의 모든 파일과 폴더들이 다음과 같이 텍스트로 표시된다.

```
...
2019-12-11 오후 01:21 <DIR> Favorites
2019-12-11 오후 01:21 <DIR> Links
2019-12-11 오후 01:21 <DIR> Music
2020-01-19 오후 07:32 <DIR> OneDrive
2020-01-21 오후 02:00 <DIR> Pictures
2019-12-11 오후 01:21 <DIR> Saved Games
2019-12-11 오후 01:21 <DIR> Searches
2019-12-11 오후 01:21 <DIR> Videos
            2개 파일       41,525바이트
            27개 디렉터리 317,799,362,560바이트 남음

C:\Users\JS>
```

윈도우 탐색창에서 열었던 'JS' 폴더의 내용과 비교해보자. 탐색창에서는 '음악', '사진', '동영상'으로 표시된 폴더명들이 여기서는 'Music', 'Pictures', 'Videos'라는 이름으로 나타나고 있다. 이런 명칭들도 실제로는 명령 프롬프트에서 알 수 있듯이 영문명이지만 탐색창에서는 사용자의 편의를 위해 '음악', '사진', '동영상' 등으로 변환해 보여주고 있는 것이다.

이런 사실을 확인하기 위해 탐색창, 즉 GUI 환경에서 'Temp'라는 폴더를 하나 생성해보자. 그리고 명령 프롬프트로 돌아와 다시 한번 'dir' 명령을 입력하고 Enter 를 눌러보자. 그러면 다음과 같이 폴더의 내용들이 표시되는데 탐색창에서 생성한 'Temp'라는 폴더가 명령 프롬프트상의 'dir' 명령에 대한 결과에도 나타나고 있는 것을 확인할 수 있다(다음 리스트에서 Temp가 생성돼 있다는 것을 확인). 즉, 탐색창에서의 '〉 내 PC 〉 OS (C:) 〉 사용자 〉 JS'라는 폴더는 'C:\Users\JS'와 정확히 동일한 폴더라는 것을 알 수 있다.

```
...
2019-12-11 오후 01:21 <DIR> Favorites
2019-12-11 오후 01:21 <DIR> Links
2019-12-11 오후 01:21 <DIR> Music
2020-01-19 오후 07:32 <DIR> OneDrive
2020-01-21 오후 02:00 <DIR> Pictures
2019-12-11 오후 01:21 <DIR> Saved Games
2019-12-11 오후 01:21 <DIR> Searches
2020-07-30 오후 06:35 <DIR> Temp
2019-12-11 오후 01:21 <DIR> Videos
                     2개 파일 41,525바이트
          27개 디렉터리 317,799,362,560바이트 남음

C:\Users\JS>
```

디렉터리 변경: cd

이제부터는 폴더라는 명칭보다 디렉터리라는 명칭을 주로 활용한다.

다른 디렉터리로 이동하기 위해서는 'change directory'를 의미하는 'cd' 명령으로, 'cd [디렉터리명]'의 형식으로 명령을 전달한다. 폴더명은 직접 지정할 수도 있지만, 상위 폴더의 경우에는 '..', 현재 폴더의 경우에는 '.'라는 표기를 주로 활용한다. 다음과 같이 명령을 입력해보자.[5]

```
C:\Users\JS> cd ..
```

5 Enter 를 눌러야 명령이 컴퓨터로 전달된다는 것을 잊지 말자.

그러면 프롬프트에서 보여주는 현재 디렉터리가 'C:\Users\JS'에서 'C:\Users'로 변경되는 것을 확인할 수 있다.

```
C:\Users\JS>cd ..
C:\Users>
```

이 명령 뒤에 다시 한번 'dir' 명령을 내려보자. 그러면 현재 디렉터리에서 보여지는 파일 및 디렉터리의 내용을 확인할 수 있다.

```
C:\Users>dir
 C 드라이브의 볼륨: OS
 볼륨 일련번호: 1A48-A239

 C:\Users 디렉터리

2019-07-28  오후 01:37    <DIR>          .
2019-07-28  오후 01:37    <DIR>          ..
2019-07-27  오후 04:58    <DIR>          Administrator
2019-07-17  오전 11:19    <DIR>          GLCache
2020-01-21  오후 02:13    <DIR>          JS
2019-12-09  오전 10:02    <DIR>          Public
               0개 파일                 0바이트
               6개 디렉터리  317,795,811,328바이트 남음

C:\Users>
```

위 리스트에서 '.'으로 표기되는 디렉터리는 현재 명령 프롬프트가 동작하고 있는 디렉터리, 그리고 '..'으로 표기되는 디렉터리는 상위 디렉터리라는 것을 잊지 말기 바란다. 이제 다시 원래의 'JS'라는 디렉터리로 복귀하기 위해서는 'cd JS'라는 명령을 내리면 된다.

```
C:\Users> cd JS
C:\Users\JS>
```

현재 디렉터리의 직접 연결된 상위 또는 하위 디렉터리가 아닌 곳으로 이동하고 싶을 때는 디렉터리의 전체 경로를 입력해주면 된다(다음 예제 참조).

```
C:\Users\JS> cd C:\Windows
C:\Windows>
```

Tip **윈도우 CLI vs. 리눅스 CLI에서의 대소문자 구분**

윈도우에서는 위에서 명령어를 'cd c:\Windows'라고 하지 않고 'cd c:\windows'라고 소문자로 입력해도 동일하게 동작하고, 리눅스에서는 대문자와 소문자를 구분해야 한다. 윈도우는 MS-DOS와의 호환성을 계속 유지하기 위해 대문자와 소문자 구분 없이 동일하게 동작하도록 CLI를 구성했다.

드라이브 변경

C: 외의 드라이브가 컴퓨터 내에 존재할 경우, 다른 드라이브로 이동할 때는 'cd' 명령이 아니라 드라이브명만 입력해도 된다. 드라이브를 바꿨다가 다시 복귀할 때는 이전 드라이브에서의 디렉터리 위치가 기억돼 원래 위치로 돌아간다. 다음 예제에서 'C:\Windows'에서 드라이브를 바꿨다가 다시 C: 드라이브로 돌아가도 'C:\Windows'로 복귀하는 것을 확인할 수 있다.

```
C:\Windows> D:
D:> C:
C:\Windows> cd D:
D:> cd C:
C:\Windows>
```

디렉터리 생성 및 삭제

다음으로 디렉터리를 생성하고 삭제하는 명령어를 연습해보자. 'C:\Windows'는 윈도우의 운영체제 파일들을 보관하는 디렉터리이므로 이를 건드리지 않기 위해 일단 사용자 디렉터리로 복귀한다.

```
C:\Windows> cd c:\Users\JS
C:\Users\JS>
```

디렉터리를 생성하는 명령은 'make directory'를 의미하는 'mkdir' 또는 'md' 명령어이고, 삭제하는 명령은 'remove directory'를 의미하는 'rmdir' 또는 'rd' 명령어이다. 원래 리눅스 계열에서는 'mkdir'과 'rmdir' 명령어를 사용하고, MS-DOS에서는 'md'과 'rd' 명령어를 사용해왔지만, 현재 윈도우의 명령 프롬프트나 파워셸에서는 두 가지 명령을 모두 받아들일 수 있도록 구성했다.

```
C:\Users\JS> md Temp

C:\Users\JS> rd Temp

C:\Users\JS>
```

실행 파일의 실행

윈도우의 '명령 프롬프트'에서는 실행 파일의 명칭을 통해 파일을 실행할 수 있다. 일단 명령 프롬프트 창을 하나 띄운 후 'notepad'라고 입력하고 Enter를 눌러보자.

```
C:\Users\JS> notepad
```

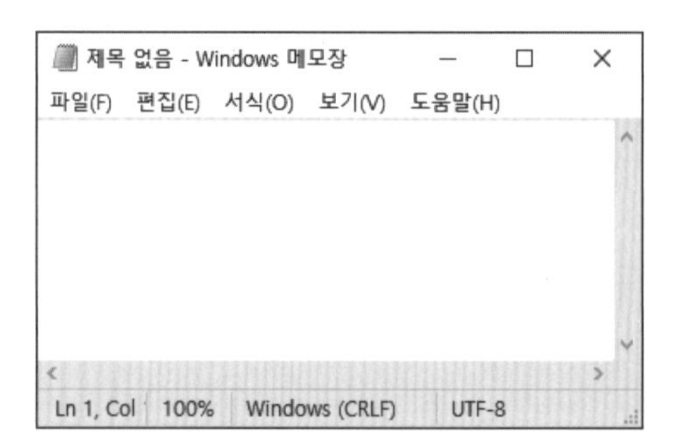

그러면 윈도우 메모장 창이 열리는 것을 확인할 수 있을 것이다. 윈도우의 메모장 프로그램은 'C:\Windows\System32' 폴더 속에 'notepad.exe'라는 파일로 저장돼 있으며, 위와 같이 명령을 키보드로 입력하면 마우스로 프로그램을 구동하는 것과 동일하게 프로그램을 구동할 수 있다.

다음과 같이 파일의 확장자를 포함해 'notepad.exe'라고 입력하고 Enter를 눌러도 동일하게 메모장이 열린다.

```
C:\Users\JS> notepad.exe
```

환경 변수의 설정: set

명령어 'set'은 윈도우 '환경 변수(environment variable)'를 관리하는 명령어다. 환경 변수는 윈도우뿐 아니라 리눅스나 기타 운영체제에서도 활용되는 개념이고, **운영체제에서 프로그램의 실행 시에 간혹 필요한 값들을 보관하는 방식이며, 여기에 값을 설정해 놓으면 운영체제가 동작하는 한 언제 어디서라도 이 값들을 확인해볼 수 있게 된다.** 만약 이미 프로그래밍을 배운 적이 있는 사람이라면, 간단하게 운영체제에서 사용하는 변수라고 이해하면 간단할 것이다.

다음과 같이 'set'이라는 명령어를 입력해보자.

```
C:\Users\JS> set
ALLUSERSPROFILE=C:\ProgramData
APPDATA=C:\Users\JS\AppData\Roaming
```

```
CommonProgramFiles=C:\Program Files\Common Files
CommonProgramFiles(x86)=C:\Program Files (x86)\Common Files
CommonProgramW6432=C:\Program Files\Common Files
COMPUTERNAME=손재범
...(중략)
TMP=C:\Users\JS\AppData\Local\Temp
USERDOMAIN=손재범
USERDOMAIN_ROAMINGPROFILE=손재범
USERNAME=JS
USERPROFILE=C:\Users\JS
windir=C:\WINDOWS

C:\Users\JS>
```

많은 줄이 출력되는데 각각의 줄은 [환경 변수명]=[값]의 형식으로 기술돼 있다. 즉, 왼쪽의 이름으로 오른쪽의 값들을 보관하고 있다는 의미다. 이 값들은 운영체제 자체나 운영체제에서 실행하는 프로그램들이 간혹 필요할 때가 있다. 예를 들어 맨 아랫줄인 'windir=C:\WINDOWS'의 경우에는 윈도우에서 실행한 어떤 프로그램에서도 'windir'이라는 환경 변수의 내용만 확인하면 윈도우가 'C:\WINDOWS'에 설치돼 있다는 것을 알게 되는 것이다.

위에 출력된 환경 변수 중에서 'Path'라는 환경 변수를 발견할 수 있을 것이다. 'Path'는 워낙 자주 사용하는 환경 변수이기 때문에 따로 이 변수의 설정만을 위해 'path'라는 명령어를 만들어 놓고 있다.

```
C:\Users\JS>path
PATH=C:\Python38\Scripts\;C:\Python38\;C:\Program Files (x86)\Common
Files\Oracle\Java\javapath;C:\Windows\system32; ... (후략)

C:\Users\JS>
```

위의 예에서 알 수 있듯이 출력의 형식은 'set'에서와 마찬가지로 [환경 변수명]=[값]으로 나타난다. 'Path'의 값은 세미콜론(;)으로 이어진 여러 개의 디렉터리 경로다. 이 'Path'라는 환경 변수에 디렉터리 경로를 값으로 입력해 놓으면, 윈도우에서 어떤 파일을 사용할 때 먼저 현재 디렉터리에 그 파일이 있는지를 확인하고, 현재 디렉터리에서 찾지 못하면 이 'Path'에 등록된 경로들을 순차적으로 점검해 그 파일이 있는지를 찾게 된다. **즉, 'Path' 변수에 디렉터리 경로를 설정하면 현재 디렉터리를 변경하지 않더라도 'Path' 변수에 등록된 디렉터리 경로상에 있는 파일을 사용할 수 있다는 것이다.**

바로 앞에서 우리는 현재 경로가 'C:\Users\JS'인 상태에서 'notepad.exe'를 실행시켜 윈도우 메모창을 실행시켰다. 우리는 'C:\Users\JS' 안에 'notepad.exe'가 없다는 것을 'dir' 명령을 통해 알 수 있다. 그러나 이것이 가능한 이유는 'C:\Windows\System32' 폴더가 'Path' 변수에 등록된 디렉터리 경로이기 때문이다. 즉, 우리가 'notepad.exe'를 실행하면 먼저 윈도우는 현재 경로상에 이 파일이 있는지를 확인한다. 그리고 이 파일이 없는 경우에는 'Path'의 경로를 순서대로 하나씩 뒤지면서 'notepad.exe'가 있는지를 점검하고, 'notepad.exe'가 발견되면 그 파일을 실행하게 되는 것이다.

이러한 환경 변수는 윈도우의 '제어판 〉 시스템 및 보안 〉 시스템 〉 고급 시스템 설정'에서 GUI 모드로도 설정할 수 있다(다음 그림 참조).

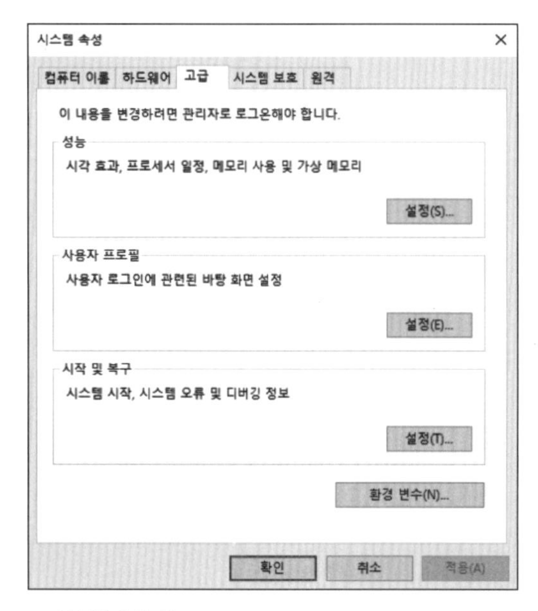

▲ 시스템 속성 창

▲ 환경 변수 설정 창

위의 윈도우 환경 변수 창에서 보면 'set' 명령으로 나타나는 환경 변수들과 달리 '사용자 변수'와 '시스템 변수'로 나뉘어 있는데 여기서는 '사용자 변수'가 '시스템 변수'에 비해 우선권이 있다는 것 정도만 알아놓도록 하자. 즉, '사용자 변수'에서 내용을 찾지 못했을 경우에만 '시스템 변수'가 활용된다.

윈도우 명령 프롬프트의 여러 가지 명령

이외에도 여러 가지 명령이 명령 프롬프트에 존재한다. 다음은 위에서 배운 명령어를 포함해 중요한 20개의 명령어를 정리한 것이다.

```
CD              현재 디렉터리 이름을 보여주거나 변경
CHDIR           현재 디렉터리 이름을 보여주거나 변경
COPY            파일을 다른 위치로 복사
DEL             파일을 삭제
DIR             디렉터리의 파일과 하위 디렉터리 목록
FIND            파일에서 텍스트 문자열 검색
FINDSTR         파일에서 문자열 검색
HELP            도움말
MD              디렉터리 생성
MKDIR           디렉터리 생성
MORE            출력을 한 번에 한 화면씩 표시
MOVE            파일을 다른 디렉터리로 이동
PATH            실팽 파일의 찾기 경로를 표시하거나 설정
PROMPT          프롬프트를 변경
RD              디렉터리 삭제
REN             파일명 변경
RENAME          파일명 변경
RMDIR           디렉터리 삭제
SET             윈도우 환경 변수 표시, 설정, 삭제
TYPE            텍스트 파일의 내용 표시
```

그러나 명령 프롬프트에서 가능한 명령어의 개수는 한정적이기 때문에 실제 윈도우의 모든 기능을 명령 프롬프트의 CLI로 대체할 수는 없다. 따라서 마이크로소프트에서는 명령 프롬프트를 대체하고 거의 모든 윈도우의 기능을 CLI 명령어로 대체할 수 있는 '파워셸'을 윈도우에 포함하고 있다.

리눅스 CLI의 기본

윈도우가 아닌 리눅스 운영체제에서도 GUI 환경을 제공해주고 있지만, 리눅스 운영체제를 사용하기 위해서는 CLI 사용법을 알아야 어느 정도 무리 없이 사용할 수 있다는 것이 정설이다. 리눅스에서도 윈도우 명령어 프롬프트와 비슷하게 '셸'이라고 하는 환경이 CLI로 제공되고 있으며, 리눅스에서 사용되는 CLI 명령어는 동일한 명령을 수행하기 위해 명령 프롬프트의 명령어와 동일한 것도 있지만 다른 명령어를 사용해야 하는 것들도 많다.

폴더(디렉터리) 관리 명령어

	윈도우 명령 프롬프트	리눅스	설명
1	dir	ls	디렉터리 내용 출력
2	md 또는 mkdir	mkdir	디렉터리 생성
3	cd	cd	현재 디렉터리를 다른 디렉터리로 이동
4	rd	rmdir	디렉터리 제거

파일 관리 명령어

	윈도우 명령 프롬프트	리눅스	설명
1	copy	cp	파일 복사
2	ren 또는 rename	mv	파일 명칭 변경
3	del	rm	파일 제거
4	move	mv	파일 이동
5	type	cat	파일 내용을 화면에 출력

기타 명령어

	윈도우 명령 프롬프트	리눅스	설명
1	set	env	환경 변수를 화면에 출력

다음은 우분투 리눅스에서 '배시 셸(Bash shell)'이라는 CLI를 구동한 모습이다.

```
jaebum:~$
```

윈도우 명령 프롬프트의 프롬프트와 형태가 약간 다른 것을 알 수 있다. 하지만 작동하는 방식은 완전히 동일하다. 즉, 리눅스의 명령어를 입력하고 Enter 를 누르면 명령 행이 수행된다. 리눅스를 이용할 수 있는 환경이 되면 각자 연습해보는 것도 큰 도움이 될 것이다.

3 파이썬 다운로드 및 설치 윈도우

학습 목표

리눅스 운영체제에서는 파이썬이 기본적으로 설치돼 있지만, 윈도우에서 파이썬을 이용해 개발하기 위해서는 파이썬을 다운로드해 설치하는 과정이 필요하다. 3장에서는 윈도우 운영체제에서 파이썬을 다운로드하고 설치하는 과정을 익힌다.

파이썬은 쓸수록 편한 언어라는 생각이 들지만, 의외로 초반에 파이썬을 사용하기 위한 환경을 구축하는 것이 매우 힘들다. 그래서 처음에 '파이썬이 좋은 언어라는데 공부 한번 해볼까?' 하고 파이썬을 다운로드해 설치하다가 뭐가 뭔지 몰라 포기하는 사람들이 많다. 많은 사람이 처음에 인터넷을 검색하다가 '파이썬은 아나콘다(Anaconda)라는 개발 환경을 주로 쓴다.'라는 글들을 많이 발견하게 되는데 '그럼 파이썬이 아니라 아나콘다를 깔아야 하나?', '아나콘다는 뭐지?', '가상 환경은 뭐지?', '패키지는 뭐지?'라는 궁금증이 생긴다. 프로그래밍 경험이 상당히 있는 사람들도 까다롭게 느끼는데 프로그래밍 초보들에게는 벽으로 느껴지는 것은 당연하다.

파이썬 개발에 '아나콘다'라는 환경을 많이 쓰는 것은 맞다. 그러나 기본적인 파이썬 프로그래밍을 익히는 과정에서 반드시 아나콘다를 쓸 필요는 없으며, 아나콘다를 사용하지 않는 개발자들도 많다. 아나콘다는 상업 회사에서 개발, 배포하고 있는 소프트웨어이므로 언제 정책이 바뀌어 쓰지 못하게 될 수도 있고, 처음부터 아나콘다만 쓴다면 나중에 GUI를 지원하지 않는 임베디드 리눅스 환경 등에서 곤란을 겪을 수도 있다. 따라서 이 책에서는 기본적인 파이썬 환경에서의 사용법을 일단 배우고, 어느 정도 파이썬에 익숙해지고 나면 아나콘다 환경으로 전환한다.

3장에서는 윈도우 환경에서 파이썬을 다운로드해 설치하는 기본적인 부분을 학습한다. 리눅스 환경에서 파이썬을 공부하는 경우에는 리눅스에 파이썬이 포함돼 배포되므로 다운로드 및 설치를 신경 쓸 필요 없다.

3.1 준비: 사용자 계정 영문명 확인

이 책은 파이썬 홈페이지에서 파이썬을 다운로드해 단계별로 사용하는 방식을 먼저 학습하고, 부록에 아나콘다와 같은 개발 환경을 학습하도록 구성했다. 그런데 윈도우를 사용할 경우에 사용자 폴더명이 한글이라면 아나콘다가 제대로 인식하지 못해 아나콘다를 설치하지 못하는 경우가 종종 발생한다.

따라서 이 문제를 미연에 방지하기 위해 (윈도우 사용자의 경우) '사용자 이름'이 영문인지를 확인하는 것이 좋다. 아나콘다는 윈도우의 사용자 이름이 영문이 아니라 한글로 돼 있을 경우 나중에 문제가 생긴다. 이 부분이 아나콘다의 설치에 실패하는 제일 큰 이유 중 하나라고 생각한다. 이를 확인하기 위해 다음 내용대로 실행해보자.

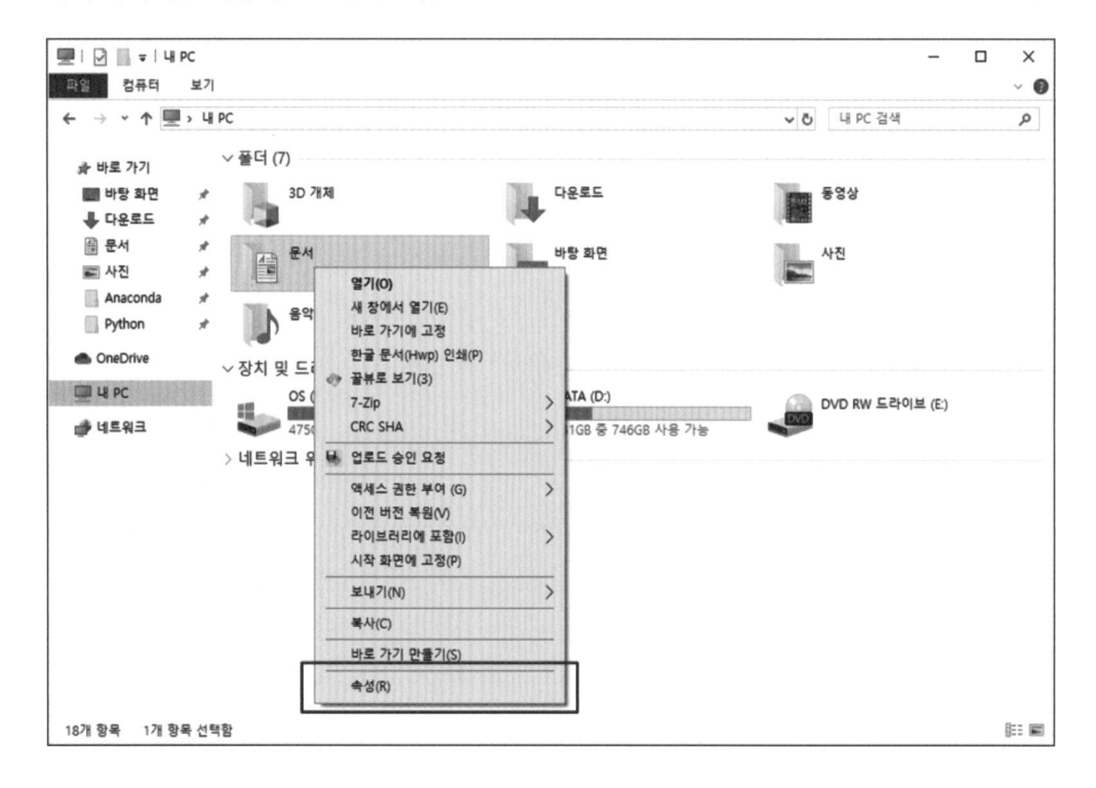

컴퓨터에서 '문서' 폴더를 마우스 오른쪽 버튼으로 클릭한 후 '속성(R)'을 선택한다.

그러면 '문서 속성' 창이 나타나는데 여기서 '위치' 부분을 살펴보면 저자의 경우 'C:\Users\JS'라는 사용자 폴더의 위치가 나타난다. 여기서 'JS'는 저자의 윈도우 사용자명이며, 이 부분이 영문이 아니라 한글로 나타난다면 아나콘다가 설치돼더라도 다른 애플리케이션에서 문제가 생길 수 있다는 것을 의미한다.

이 영문명을 한글로 수정하는 것이 매우 어렵기 때문에[1] 처음부터 계정을 영문명으로 만드는 것을 추천한다.

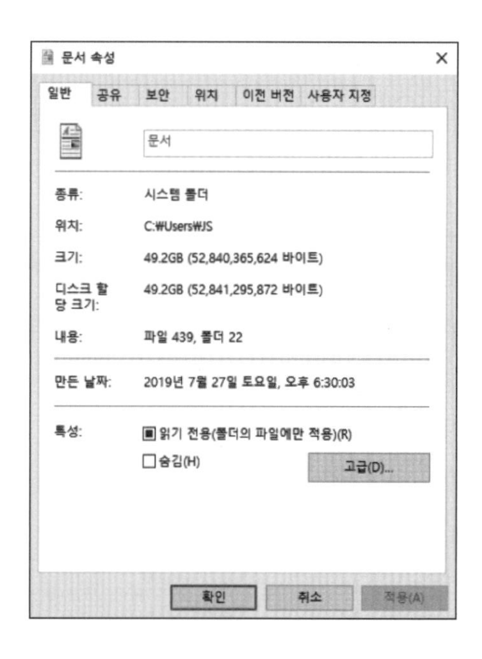

3.2 파이썬 다운로드 및 설치

엄격히 이야기하면 파이썬은 프로그래밍 언어이며, 파이썬을 다운로드해 설치한다는 말은 실제로 파이썬 언어를 사용할 수 있는 인터프리터[2]를 다운로드한다는 의미다. 프로그래밍 언어로서의 파이썬은 표준이 정해져 있지만, 실제 파이썬 인터프리터는 여러 종류가 있으며 필요에 따라 다른 파이썬 인터프리터를 사용한다.

파이썬의 표준을 관리하는 파이썬 소프트웨어 재단은 자체적으로 'CPython'이라는 파이썬의 인터프리터를 개발해 배포하고 있는데, 이를 파이썬 참조 구현체(reference implementation)라고 한다. 그러면 많은 사람이 이 참조 구현체를 본인들의 파이썬 인터프리터를 구현하는 데 참조, 활용, 개조해 다른 종류의 파이썬 인터프리터를 만들어내게 된다. Stackless Python, Cython, Pyston, PyPy, IronPython, Jython 등이 좋은 예제라고 할 수 있다. 이러한 파이썬들은 표준 파이썬의 문법을 대체적으로 따르되, 약간씩 변경한 파이썬 문법을 갖는 경우가 있고, 라이브러리의 호환성 문제도 있으므로 처음 파이썬을 접할 때는 대부분 CPython으로 시작한다고 보면 된다. 따라서 일반적으로 **파이썬을 설치한다고 이야기하면 파이썬 소프트웨어 재단이 배포하는 CPython을 설치하는 것을 의미한다.**

1 시스템 레지스트리까지 건드려야 하므로 잘못하면 컴퓨터를 포맷해야 하는 경우까지 생긴다.
2 정식으로는 '구현체(implementation)'라는 용어를 사용한다.

CPython 다운로드[3]

CPython은 www.python.org에 접속해 무료로 다운로드할 수 있다. 파이썬 홈페이지의 [Downloads] 버튼을 누르면 다운로드 화면으로 이동하는데 2020년 7월 20일자로 파이썬 3.8.5가 릴리즈됐다. 하지만 아래쪽을 보면 3.6.11과 3.7.8 버전도 이와 비슷한 날짜에 릴리즈된 것을 확인할 수 있는데, 여기서 알아야 할 것은 최신 버전이 꼭 좋은 것이 아니라는 점이다. **버전이 올라가면 이전 버전하에서 개발된 라이브러리가 제대로 동작하지 않는 경우가 있으므로** 최신 버전으로 다른 사람들이 이전 버전으로 작성한 코드를 다운로드해 동작하도록 하는 데 실패하는 경우가 종종 발생한다. 따라서 적절한 버전으로 다운로드하는 것이 필요하며, 최신이 3.8 버전인 경우 3.7 버전을 설치한다든지 해서 문제를 미연에 방지하는 것이 나을 수도 있다.

CPython 설치

설치를 시작하면 다음과 같은 화면이 나타난다.

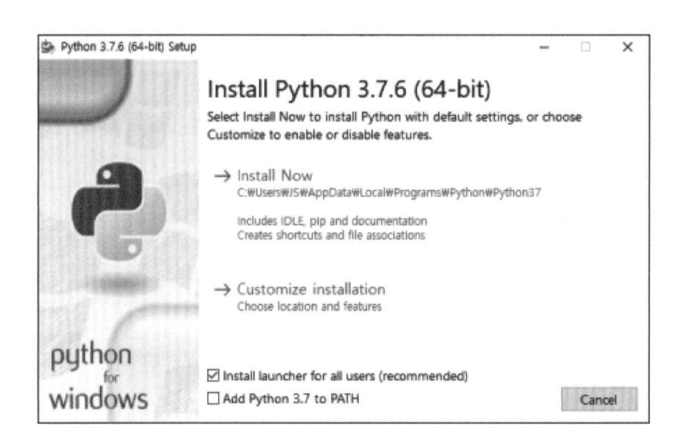

3 제목 아래의 내용은 윈도우 운영체제를 사용하는 사람에게만 해당한다. 리눅스와 맥OS의 경우 파이썬이 설치돼 배포된다.

여기서 우리는 'Install Now'가 아니라 'Customize installation'을 선택한다. 왜냐하면 우리는 지금 파이썬을 체계적으로 배우기 위해 아나콘다를 쓰지 않고 파이썬을 설치하려 하고 있는데 파이썬이 기본적으로 설치되는 폴더 위치인

```
C:\Users\JS\AppData\Local\Programs\Python\Python38
```

는 폴더명이 너무 길기 때문에 파이썬 폴더를 뒤져가면서 뭔가 설명할 때 너무 힘들기 때문이다. 따라서 'Customize installation'을 선택하고 폴더를

```
C:\Python38
```

로 만들어 파이썬 폴더를 뒤지기 쉽게 할 것이다.

이번에는 아래쪽의 '□ Add Python 3.8 to PATH'라는 항목을 살펴보자. 앞에서 1장의 '명령 행 인터페이스'를 공부했다면 이것이 파이썬 3.8을 어느 경로에서라도 실행할 수 있도록 환경 변수 'Path'에 파이썬 설치 경로를 추가하는 옵션이라는 것을 알 수 있다. 처음 학습하는 입장에서는 편의를 위해 체크박스에 체크 표시를 하는 것이 좋을 것이다. 이 경우에는 바로 위에서 언급한 대로 '`C:\Python38`'이라는 경로로 파이썬을 설치하면

```
C:\Python38
C:\Python38\Scripts
```

위의 2개 폴더가 'Path' 환경 변수에 더해진다.

추후 여러 가지 버전의 파이썬을 동시에 사용하는 개발자가 된다면 버전에 따른 호환성 문제 때문에 다른 버전의 파이썬을 설치해야 할 경우가 생길 수도 있다. 이때는 버전들 사이에 충돌이 생기는 등의 문제가 생길 수도 있기 때문에 체크박스를 해제한 후에 설치를 진행한다.

설치를 진행하다 보면 'Advanced Options' 화면에서 설치 위치를 지정하는 부분이 보인다. 이 부분을 '`C:\Python38`'로 변경하자.

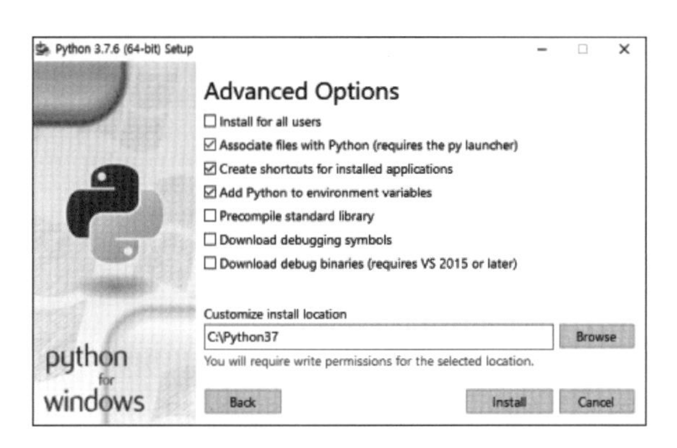

그리고 마지막 단계의 'Setup was successful' 화면에서 'Disable path length limit'라는 문구가 나타나는데, 이는 윈도우의 경로명은 260자를 넘을 수 없다는 기본 설정의 제한을 해제하는 부분이다. 따로 해제해서 손해볼 일은 없기 때문에 해제한 후에 설치를 마치도록 하자.

CPython 설치 확인

파이썬을 설치한 후에 윈도우 메뉴를 확인해보면 `Python 3.7` 밑에 4개의 파일을 확인할 수 있다.

- `IDLE(Python 3.7 64-bit)`
- `Python 3.7(64-bit)`
- `Python 3.7 Manuals(64-bit)`
- `Python 3.7 Module Docs(64-bit)`

4개 중 두 번째로 보이는 '`Python 3.7(64-bit)`'이 기본적인 파이썬 실행 파일이다. 이것의 속성을 확인해보면 '`C:\Python38\python.exe`'를 실행하는 것을 확인할 수 있다.

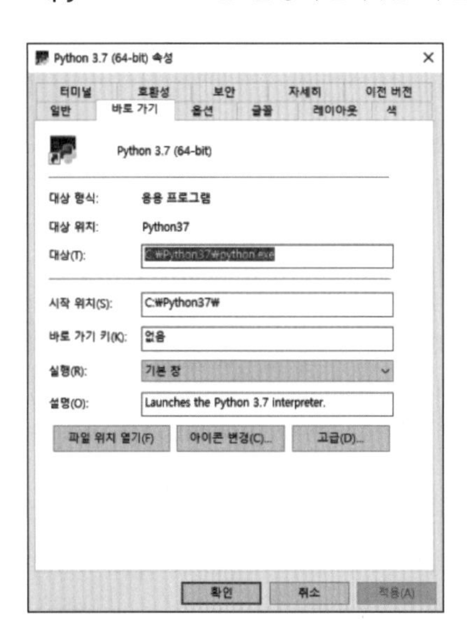

그리고 'IDLE'는 'Integrated Development and Learning Environment'의 약자로, 파이썬과 함께 기본으로 설치되는 '통합 개발 및 교육 환경'이다. 기본적인 파이썬 환경에서는 코드를 저장하거나 불러오는 것이 쉽지 않은 반면, IDLE를 사용할 경우에는 이것이 가능해진다. 나머지 2개는 문서이므로 필요할 때마다 열어서 확인해보면 된다.

추가로 파이썬이 설치된 폴더인 'C:\Python38'을 열어 파일이 제대로 위치하고 있는지 확인해보자.

CPython 실행 확인

윈도우 메뉴상에서 'Python 3.8(64-bit)' 아이콘을 클릭해 선택하면 폴더 내의 'python.exe'가 실행되면서 다음과 같은 창이 나타난다.

명령 행 프롬프트가 실행된 화면을 살펴보면 다음과 같은 문구를 확인할 수 있다.

```
Python 3.8.3 (tags/v3.8.3:6f8c832, May 13 2020, 22:37:02) [MSC v.1924
Type "help", "copyright", "credits" or "license" for more information.
>>>
```

여기서 '>>>'는 파이썬 문법을 받아들이는 프롬프트로, 정식 명칭은 '파이썬 인터프리터 프롬프트'라고 한다. 이는 '파이썬 명령어를 받아들일 준비가 돼 있다.'는 의미다. 파이썬 명령어라는 점 외에는 '명령 프롬프트' 창과 거의 비슷하다고 보면 된다. 이제 다음과 같이 exit()를 입력하고 Enter를 눌러보자. 'exit()'는 파이썬을 종료하라는 명령어다.

```
>>> exit()
```

그러면 파이썬이 종료되면서 명령어를 입력할 수 있는 창이 사라진다.

그런데 우리는 이런 파이썬의 실행을 '명령 프롬프트'를 통해서도 할 수 있다는 것을 배웠다. 이를 복습하기 위해 명령 프롬프트를 열고 'C:\Python38' 디렉터리로 이동해보자. 그리고 'python'을 입력하고 Enter를 눌러 'python.exe'를 실행해보자.

```
C:\Users\JS> cd C:\Python37

C:\Python37> python
Python 3.7.6 (tags/v3.7.6:43364a7ae0, Dec 19 2019, 00:42:30) [MSC ...
Type "help", "copyright", "credits" or "license" for more information.
>>>
```

여기서도 exit() 명령을 입력해보자.

```
>>> exit()

C:\Python37>
```

이전에 아이콘으로 파이썬을 실행시켰을 때는 파이썬이 종료되면서 창이 닫히고 끝났지만, 조금 전에는 명령 프롬프트에서 파이썬을 실행했기 때문에 파이썬을 실행하더라도 명령 프롬프트로 복귀한다. 그러나 윈도우 아이콘으로 파이썬을 실행하는 것과 명령 프롬프트상에서 파이썬을 실행하는 것에는 본질적으로 차이가 없다.

3.3 파이썬 첫 실행

이 책에서는 파이썬 창과 IDLE 중 파이썬 창으로 첫 공부를 시작하려고 한다.[4] 'Python 3.7(64-bit)'를 선택해 파이썬을 실행하면 다음과 같은 창이 나타난다.

```
Python 3.7(64-bit)
Python 3.7.6 (tags/v3.7.6:43364a7ae0, Dec 19 2019, 00:42:30) [MSC v.1916 64 bit (AMD64)]
on win32
Type "help", "copyright", "credits" or "licence" for more information.
>>>
```

이제 우리는 이 창에서 명령을 키보드로 타이핑해 프로그래밍을 한다. 여기서 >>>는 파이썬 명령을 위한 프롬프트다.

4 여기서 기본적인 파이썬을 맛본 후 4장에서 IDLE를 사용하기 시작할 것이다.

매트랩/옥타브 사용자를 위한 파이썬

매트랩/옥타브 사용자는 >> 형식의 프롬프트에 매우 익숙해 있을 것이다. 매트랩에서는 >>, 파이썬에서는 >>>라는 것 외에는 큰 차이가 없다.

이제 파이썬 창에서 '1'을 입력한 후 Enter를 눌러보자.

```
Python 3.7(64-bit)
Python 3.7.0 (v3.7.0:1bf9cc5093, Jun 27 2019, 04:59:51) [MSC v.1914 64 bit (AMD64)] on
win32
Type "help", "copyright", "credits" or "licence" for more information.
>>> 1
```

```
>>> 1
```

이는 1이라는 명령을 컴퓨터에 지시한 것이고(이 명령에 특별한 의미는 없다), 그 결과 다음과 같이 화면이 바뀌는 것을 알 수 있다.

```
>>> 1
1
>>>
```

내가 입력한 줄의 아랫줄에 수행 결과가 '1'이라고 나타나며, 그 다음 줄에 다시 한번 '>>>'가 나타나 '이전에 받은 명령은 수행이 끝났고, 이제 새로운 명령을 받을 준비가 돼 있다.'는 것을 컴퓨터가 알려주고 있다. 이와 비슷한 방식으로 다음과 같이 '2 + 3'이라고 입력한 후 Enter를 눌러보자.

```
>>> 1
1
>>> 2 + 3
```

그러면 다음과 같이 결과가 계산돼 '5'라는 값이 출력된다.

```
>>> 1
1
>>> 2 + 3
5
>>>
```

2 + 3을 입력할 때 공백은 큰 의미가 없기 때문에 2+3, 2+ 3, 2 +3, 2   +3 모두 같은 결과를 출력한다.

```
>>> 1
1
>>> 2 + 3
5
>>> 2+ 3
5
```

그러나 명령문 앞의 공백은 허용되지 않는다.

```
>>> 2+3
  File "<stdin>", line 1
    2+3
    ^
IndentationError: unexpected indent
```

위와 같이 파이썬 창에서 파이썬 명령을 실행하는 것과 같은 환경을 'REPL(read-eval-print loop)'이라고 한다. 프롬프트상에서 명령을 내리면 파이썬은 그 명령을 읽고(read), 실행하고(evaluate), 그 결과를 출력(print)한 후 다시 명령을 기다려 읽는(read) 과정을 반복한다.

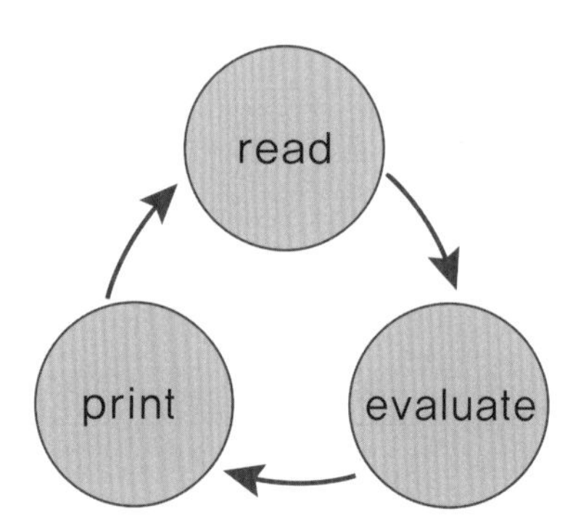

이는 윈도우 명령 프롬프트와 같은 CLI 셸에서 동작하는 방식과 큰 차이가 없다. 사실 윈도우 명령 프롬프트는 윈도우에 명령을 내리기 위한 '셸'이고, 파이썬 창은 파이썬 프로그램을 실행하기 위한 것이라는 것밖에는 차이가 없다. 따라서 파이썬 창과 같은 환경은 운영체제에서 사용하는 셸과 비슷하게 동작한다는 이유로 '언어 셸(language shell)'이라 하기도 한다.

매트랩/옥타브 사용자를 위한 파이썬

매트랩/옥타브와 같은 언어에서는 명령 뒤에 세미콜론(;)을 사용해 결과를 따로 보여주지 않도록 할 수 있지만, 파이썬에서는 의미가 없다. 다음 예를 살펴보면 이해가 될 것이다.

```
>>> 1
1
>>> 1;
1
>>> 2 + 3
5
>>> 2 + 3;
5
```

4 파이썬 입문

학습 목표

파이썬 언어는 일반 프로그램 언어 중에서 혼자 학습해 하나의 프로그램을 빠르게 완성하는 데 적합한 언어 중 하나이다. 이 파이썬 언어가 지니고 있는 장단점과 한계를 이해하고, 다양한 활용 방법을 고찰해보자. 이번에는 파이썬에서 제공하는 수학 함수를 이용해 간단한 공학용 계산기로 활용하는 방법을 익힌다.

4.1 파이썬 언어의 개요

1989년 귀도 반 로섬(Guido van Rossum)이 만든 언어로, 일반 프로그래밍에 사용되는 언어들 중 가장 쉽다는 이유로 사용자층이 늘어나다가 2015년 구글(Google)의 딥러닝 인공지능 라이브러리인 텐서플로(TensorFlow)가 히트를 치면서 대세로 떠올랐다. 사실 텐서플로는 C++이나 자바에서도 구현할 수 있지만 파이썬이 훨씬 더 쉬운 언어이고 훨씬 쉽게 인공지능을 구현할 수 있다는 이유가 크지 않았을까 생각한다.

파이썬의 장점

- **빠른 학습 속도:** 솔직히 이 부분은 100퍼센트 동의할 수 없다. C/C++ 등과 비교하면 엄청나게 빨리 배울 수 있지만, 랩뷰(LabVIEW)나 매트랩(MATLAB)과 비교하면 배우는 데 상당한 시간이 걸린다.
- **쉬운 프로토타이핑:** 이는 빠른 학습 속도와는 약간 다른 이슈로, '내가 원하는 것을 얼마나 빨리 구현할 수 있는지'의 문제다. 특히 대학원이나 연구소 등에서는 논문을 쓰기 위해 새로운 알고리즘을 개발하고 시험하는 경우가 많은데 이런 이유로 매트랩을 선호하는 사람들이 많다. 파이썬도 이와 같은 이유로 장점이 많다.
- **플랫폼 독립성:** 파이썬도 자바와 마찬가지로 하드웨어와 운영체제에 상관없이 동작하는 플랫폼

독립성을 갖고 있는 언어다. 즉, 윈도우하에서 프로그램을 개발하고 리눅스에서 프로그램을 돌려도 된다. 이는 파이썬이 '파이썬 가상머신(Python Virtual Machine, PVM)'이라는 가상머신 하에서 돌아가기 때문이다. 자바와의 차이는 자바의 JVM은 컴퓨터를 켜면 항상 자바를 실행할 대기를 하고 있지만, 파이썬은 파이썬 코드를 실행할 때 로딩된다는 점이다.

- **방대한 라이브러리:** 개발자가 프로그램을 개발할 때 프로그램의 모든 것을 일일이 개발하지는 않는다. 그대신 라이브러리라고 하는 다른 사람/회사가 개발한 프로그램을 나의 프로그램과 붙여 사용하게 되는데, 이렇게 가져다 쓰는 다른 사람/회사의 프로그램을 '라이브러리'라고 한다. 좋은 라이브러리들은 프로그래밍을 전문적으로 하는 사람들이 개발했으므로 본인이 하나하나 고생하면서 개발하는 것보다는 좋은 라이브러리를 가져다 쓰는 것이 전체 프로그램의 성능을 높이고 개발 시간을 단축하는 방법이다.

  학교에서 매트랩으로 숙제나 연구 개발을 하다가 사회로 나오면 중소기업 중에는 매트랩을 구비하고 있는 곳이 거의 없다는 사실에 놀라게 된다. 매트랩의 제일 큰 장점 중 하나는 매우 방대한 라이브러리가 구축돼 있어 웬만한 고급 기능도 몇 줄만에 해결된다는 것이다. 매트랩 대신 무료로 쓸 수 있는 GNU 옥타브(Octave)라는 소프트웨어가 있지만, GNU 옥타브는 매트랩의 방대한 라이브러리를 따라갈 수 없어 어느 정도 쓰다 보면 한계를 느끼게 된다. 이때 파이썬은 놀랄 만큼 방대한 라이브러리를 제공해준다는 점에서 매트랩의 좋은 대안이 된다.

- **방대한 사용 인구:** 언어를 선택할 때 중요한 점 하나는 '얼마나 많은 사람이 그 언어를 사용하는가? 하는 것이다. 사용자가 많다는 것은 도움을 받을 곳도 많고, 그 언어를 사용한 라이브러리를 구하기도 쉽다는 것을 의미한다. 현재 많은 대학에서 프로그래밍 입문 언어를 파이썬으로 교체했다는 것을 생각해보면 얼마나 방대한 사용자들이 파이썬을 사용하게 될 것인지 짐작할 수 있을 것이다.

- **무료:** 자바가 오라클이라는 회사로 저작권이 넘어가며 제일 이슈가 됐던 것이 '자바가 지속적으로 개발될 것인가?' 외에도 '자바 언어를 사용해 뭔가 개발하면 로열티를 내도록 만든다.'라는 말들이 많았기 때문이다. 언어 자체 외에도 많은 언어는 개발 환경을 사용하는 데 많든 적든 비용이 드는 경우가 많다. 랩뷰나 매트랩은 이 언어들을 개발한 회사들이 만든 환경에서만 동작하는데, 랩뷰는 작게는 수백만 원, 매트랩은 수천만 원의 초기 비용이 필요하다. 학교에서는 매우 적은 교육용, 학술 연구용 버전을 사용하므로 큰 부담을 느끼지 않지만, 막상 학교를 졸업하고 상용 소프트웨어를 개발하는 입장에서는 모든 것이 무료인 파이썬이 끌릴 수밖에 없다.

파이썬의 단점

많은 파이썬 교재가 장점을 이야기하지만 사실 단점도 많다.

- **입문의 난해함:** 파이썬은 배우기 쉬운 언어지만, 파이썬을 설치하고 개발 환경을 구축하는 입문 과정은 타 언어에 비해 매우 어렵다. 매트랩, GNU 옥타브 등은 패키지만 깔면 입문할 준비가 끝나지만, 파이썬은 무턱대고 시작하기가 쉽지 않다. 특히 매트랩과 비슷하게 활용하기 위해 시작하는 사람들이 많은데 설치 과정 속에서 미궁 속으로 빠져버리고 만다. 또한 어느 정도 익숙해지더라도 버전에 따라 맞춰야 할 것들이 많아서 고생을 각오해야 한다.
- **느린 속도:** 속도가 느리다. 이는 가상머신을 활용하는 언어로서 어쩔 수 없는 부분이며, C/C++에 비하면 5~10배는 느릴 것이라 예상하면 된다. 따라서 프로그램을 개발할 때는 파이썬으로 일단 시작하고 C/C++로 트랜스코딩을 해서 성능을 높이는 방법을 고려해볼 수 있다.
- **버전 차이로 인한 호환성 문제:** 현재 파이썬 문법의 최신 버전은 3.x인데 파이썬 문법 2.x과 3.x 사이에는 차이가 있어서 둘 사이의 호환성에 큰 문제가 있다. 파이썬은 2.x대에 큰 발전을 이루며 폭넓은 사용자 계층을 확보하고 이와 동시에 오픈 소스 라이브러리도 많이 개발됐다. 그러나 언어의 한계로 업그레이드된 3.x 버전을 내 놓으면서 2.x 버전을 사장시키려고 했지만, 이미 방대한 사용자층과 라이브러리를 확보한 2.x 사용자층으로부터의 엄청난 반발에 마주치게 됐다. 그래서 억지로 2.x에 대한 지원을 유지해왔지만, 2020년 1월부터는 3.x 버전만 공식적으로 릴리즈될 예정이다. 하지만 아직까지 많은 코드가 2.x으로 개발돼 있는 상태이므로 이를 극복하는 것이 파이썬의 큰 숙제 중 하나다.
- **소스 코드의 보안:** 소스 코드의 보안 문제는 가상머신을 사용하는 모든 언어가 겪는 문제이며, 이는 파이썬 역시 예외가 아니다. 바이트 코드는 실행 파일과 달리 역컴파일(de-compile)이나 코드 분석에 매우 취약해 본인이 개발한 알고리즘이 (쉽지는 않지만) 분석을 통해 타인이 알아낼 수 있는 여지가 매우 높다. 따라서 파이썬으로 어떤 개발 프로젝트를 수행할 때 보안이 필요한 중요한 부분은 컴파일형 언어로 제작한 후 래핑과 같은 방식으로 파이썬 코드와 엮어 쓰게 된다.

4.2 파이썬 시작하기

윈도우의 메뉴에서 'Python 3.7(64-bit)'을 선택해 파이썬을 실행하면 다음과 같은 창이 나타난다.

```
Python 3.7(64-bit)
Python 3.7.6 (tags/v3.7.6:43364a7ae0, Dec 19 2019, 00:42:30) [MSC v.1916 64 bit (AMD64)]
on win32
Type "help", "copyright", "credits" or "licence" for more information.
>>>
```

파이썬을 설치하지 않았거나 위의 창을 이해하기 힘든 경우에는 2장을 복습하기 바란다. 이제부터는 다음과 같이 파이썬 창을 파란색 박스로 표기한다.

```
Python 3.7.6 (tags/v3.7.6:43364a7ae0, Dec 19 2019, 00:42:30) [MSC
Type "help", "copyright", "credits" or "licence" for more information.
>>>
```

4.3 파이썬을 공학용 계산기로 사용하기

여기서부터는 파이썬이 컴퓨터에 설치되어 있다고 가정하고 파이썬을 시작한다. 만약 파이썬이 컴퓨터에 설치되어 있지 않다면 2장에 따라 파이썬을 먼저 설치하기 바란다.

다음 그림과 같이 윈도우에는 공학용 계산기가 포함돼 있으므로 log, sin, cos과 같은 삼각함수까지 사용할 수 있다.

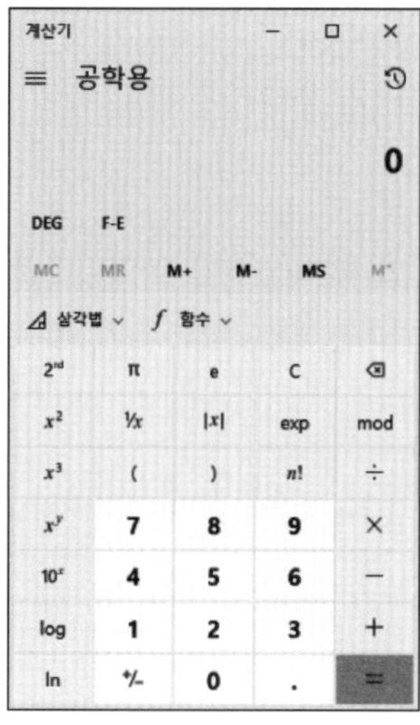

▲ 윈도우 10의 공학용 계산기

우리도 파이썬을 공학용 계산기처럼 사용할 수 있다.

이번 절에서는 파이썬을 공학용 계산기로 활용하기 위한 기본적인 표현식(expression)을 익히고, int형, float형 숫자가 파이썬에서 어떻게 처리되는지에 대해 학습한다. 특히 이번 절의 내용은 많은 초보 프로그래머들이 실수하는 부분들이 담겨 있다. 이 부분을 제대로 이해하고 있지 못하면 어느 수준 이상으로 프로그래밍 실력이 늘지 못하므로 어렵더라도 반드시 이해하고 넘어가기 바란다.

4.3.1 int형 숫자와 float형 숫자

우리는 예전에 컴퓨터 하드웨어 내에서 숫자는 int 또는 float라고 불리는 완전히 다른 방식으로 저장될 수 있다는 사실을 배웠다. 즉, int형은 기본적으로 2의 보수를 사용한 형식, float형은 IEEE 754에서 정의된 형식으로 숫자를 저장한다. 그리고 이러한 int형 또는 float형에서도 몇 바이트를 사용해 저장하느냐, 양수와 음수를 모두 저장하는 형식을 사용하느냐 등에 따라 데이터형이 세분화된다는 사실도 배웠다. 이는 프로그래밍 언어에도 그대로 반영돼 대부분의 언어들은 int형과 float형을 구분해 프로그래밍하도록 설계돼 있다.

파이썬에서도 이 두 가지를 구분하는데 어떤 숫자의 표기에서 소수점이 없으면 int형, 소수점이 있으면 float형으로 자동 인식한다. 예를 들어보자.

```
>>> 3
3
>>> 3.0
3.0
```

여기서 3과 3.0은 우리의 상식선에서는 같은 숫자이지만, 컴퓨터 내부에서는 3은 2의 보수를 활용한 int형으로 저장되는 숫자, 3.0은 IEEE 754의 float형으로 저장되는 숫자로 두 가지가 완전히 다른 형식으로 저장되는 것이다.

소수점으로 float형 숫자를 표기하는 데 있어서 3.0 대신 3.만 써줘도 되고, 0.12의 경우 앞의 0을 제외하고 .12만 써줘도 0.12로 인식한다는 것도 알아두면 코딩할 때 편리하게 사용할 수 있다.

```
>>> 3.
3.0
>>> .12
0.12
```

클래스형을 확인하기 위한 type() 함수

우리는 수학 수업에서 사인(sin), 코사인(cosine)과 같은 삼각함수(trigonometric function)나 다른 여러 가지 함수를 배웠다. 이 중 sin(30°) = 1이라는 수식을 예로 들어보면, 사인 함수의 중간 과정은 잘 모르겠지만, 30°라는 입력값에 대해 1이라는 출력값이 나온다고 설명할 수 있다. 즉, 함수란 어떤 입력값을 주었을 때 그 값을 활용해 다른 출력값을 만들어내는 블랙박스와 같은 것이라고 보면 된다.

프로그래밍에서는 함수에 주어지는 입력값을 '인자(argument)'라 하고, 함수가 출력하는 출력값을 리턴 값(return value)이라고 한다[1].

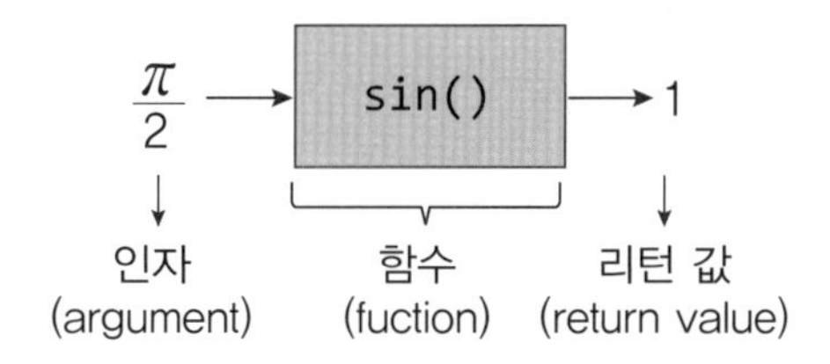

수학에서 사용하는 함수의 개념에서는 인자가 여러 개일 수 있지만 리턴 값은 1개로 제한된다. 파이썬에서는 리턴 값이 필요 없는 경우에는 None이라는 특별한 값을 돌려주고, 리턴 값이 여러 개인 경우에는 여러 개의 값들을 묶어 1개의 묶음으로 돌려주게 된다. 그러면 사용자는 묶음으로 받은 1개의 리턴 값을 푼 후 여러 개의 값으로 쪼개 사용한다. 즉, 파이썬의 리턴 값도 수학에서와 같이 1개라고 볼 수 있다.

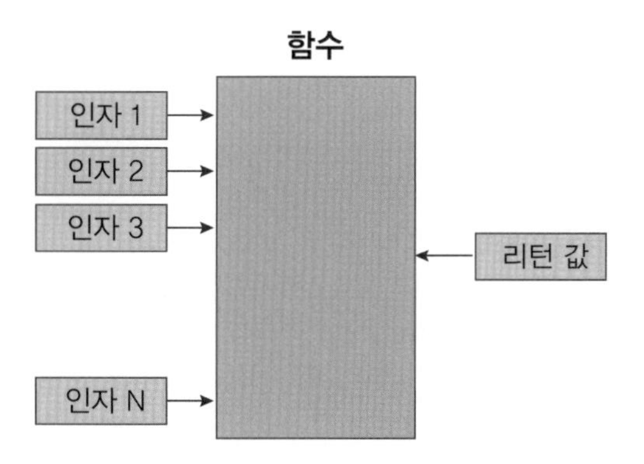

파이썬에는 매우 많은 함수가 존재하는데 그중 type( )이라는 함수는 데이터형을 확인하기 위해 사용하는 함수다. type( ) 함수는 다음과 같이 활용할 수 있다.

1 교재에 따라서 리턴 값 대신 '결괏값'이나 '반환 값'이라는 용어를 사용하기도 한다.

```
>>> 3
3
>>> type(3)
<class 'int'>
>>> 3.0
3.0
>>> type(3.0)
<class 'float'>
```

type( ) 함수는 수학의 sin(·)이나 cos(·) 함수에서와 같이 **type( )** 함수의 괄호 사이에 어떤 데이터를 집어넣고 입력하면(즉, 3을 인자로 전달하면), 그 데이터가 어떤 데이터형인지를 알려준다. 위 예제에서 3은 **int** 클래스에 속하는 데이터[2]로, 3.0은 **float** 클래스에 속하는 데이터[3]로 확인할 수 있다.

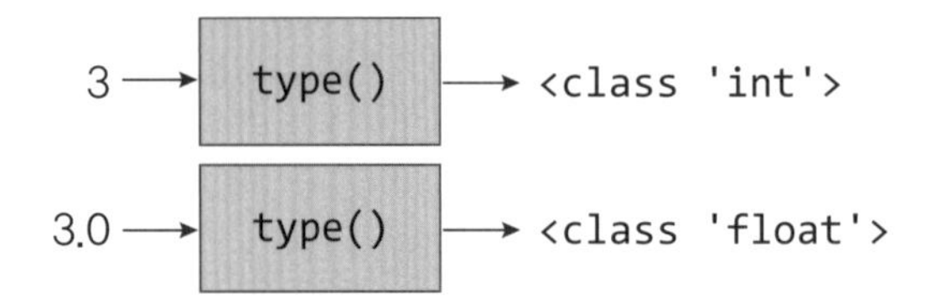

나중에 배우겠지만, '클래스(class)'라는 말은 파이썬과 같은 객체지향 프로그래밍(object-oriented programming) 언어에서 '데이터형'을 포함하는 좀 더 넓은 의미의 용어다. 이와 비슷하게 이 책에서의 '인스턴스'라는 용어는 '데이터'를 포괄하는 의미로 간혹 사용될 것이다. 즉, 3.0은 **float**라는 클래스의 인스턴스가 된다. 이러한 용어들은 프로그래밍 언어에 따라 의미가 달라지기 때문에 현재로서는 너무 심각하게 생각하지 않는 것이 좋겠다.

Tip 데이터형과 클래스

대부분의 프로그래밍 언어에서는 데이터형과 클래스가 구분돼 있다. C/C++ 등에서는 int형이나 float는 클래스가 아니라 원시 데이터형(primitive data type)이라고 한다. 하지만 파이썬에서는 int형이나 float형을 포함한 모든 데이터형은 클래스다. 따라서 이 책에서는 데이터형과 클래스를 같은 의미로 사용하므로 헷갈리지 말기 바란다.

파이썬에서 함수는 (1) **type( )**과 같이 사용하는 '일반 함수'의 형태로 나타날 수도 있고, (2) 어떤 데이터에 붙어 '〈데이터〉.〈메서드명〉'과 같이 사용하는 메서드(method) 함수라 불리는 형태로 나

2 간단히 'int형 데이터'라고 하자.
3 간단히 'float형 데이터'라고 하자.

타날 수 있다는 것도 미리 언급한다.

Tip 함수 vs. 메서드

프로그래밍 언어나 교재에 따라 함수와 메서드의 개념이 약간씩 달라진다. 어떤 언어나 교재는 메서드를 함수와 완전히 구분해 기술하기도 하며, 또 다른 언어나 교재에서는 '메서드 함수'라는 이름을 사용하기도 한다. 파이썬에서는 메서드를 함수의 일종으로 보고 있다. 따라서 파이썬을 학습할 때 메서드는 함수의 표현 형식 중 한 가지로 이해하면 될 것이다. 메서드에 대해서는 앞으로 차근차근 배워나갈 것이다.

형 변환(캐스팅) 함수

필요한 경우 '형 변환 함수(type conversion function)'를 사용해 int형을 float형으로, 또는 float형을 int형으로 변환할 수 있다. int형을 float형으로 변환하기 위해서는 float( )라는 함수에 괄호 안에 int형 숫자를 넣으면 그 결괏값이 float형으로 반환돼 돌아온다(다음 예시 참조. 이런 형태로 사용하는 것들을 모두 함수라고 한다).

```
>>> 3
3
>>> float(3)
3.0
```

참고로 영상 처리(image processing)에서 많은 경우에 데이터가 초기에 int형으로 입력되는데 int형을 이용하는 연산이 float형을 이용하는 연산보다 훨씬 빠르기 때문에 가능한 int형을 유지하고 계산하다가 float형이 필요해지는 시점에 float형으로 변환하는 것이 상례다.

이와 반대로 float형을 int형으로 변환할 때는 소수점 이하 자리는 '버림'을 취하며, 거의 모든 컴퓨터 언어가 '버림'을 기본으로 한다는 것을 알아두는 것이 좋다.

```
>>> 3.0
3.0
>>> int(3.0)
3
>>> int(1.1)
1
>>> int(0.1)
0
>>> int(0.6)
0
```

4.3.2 기본적인 산술 연산

연산(operation)		연산자(operator)			
		파이썬	C/C++	JAVA	MATLAB/Octave
사직 연산	더하기	+	+	+	+
	빼기	-	-	-	-
	곱하기	*	*	*	*
	나누기	/	/	/	/
기타 산술 연산	몫	//			
	나머지	%	%	%	mod()
	거듭제곱	**	pow()	Math.pow()	^

먼저 우리가 원하는 기본적인 수식을 구성하기 위해 산술 연산의 심벌에 대해 살펴보자. 컴퓨터 프로그래밍에서는 키보드를 이용해 입력하므로 곱하기(×)나 나누기(÷) 표시들이 애매하다. 따라서 거의 모든 프로그래밍 언어에서 곱하기는 '*', 나누기는 '/'를 사용해 표현한다.

사용 방법은 PC의 계산기 입력과 비슷하다. 중간에 공백이 어떻게 주어지라도 연산을 하는 데는 문제가 없다.

```
>>> 4 + 2
6
>>> 4+ 2
6
>>> 4 + 2
6
>>> 4+2
  File "<stdin>", line 1
    4 + 2
    ^
IndentationError: unexpected indent
```

하지만 파이썬은 맨 앞의 공백을 허용하지 않는다. 이는 나중에 배울 들여쓰기의 법칙과도 일치하는데 '아름다운 것이 추한 것보다 낫다(Beautiful is better than ugly).'라는 파이썬의 철학에 따른 것이다.

```
>>> 4+2
6
>>> 4-2
2
```

```
>>> 4*2
8
>>> 4/2
2.0
```

위 예제에서 나눗셈의 결과에만 소수점이 찍힌 이유에 대해서는 나중에 설명한다. 위 테이블에서 알 수 있듯이 사칙 연산 외의 산술 연산은 프로그래밍 언어마다 달라 개별 언어에 따라 사용법을 익혀야 하는데, 이 또한 파이썬에서는 몫, 나머지, 거듭제곱을 활용하는 연산자들이 존재한다는 정도만 언급한다.

이러한 연산자들은 float형에도 동일한 방식으로 사용할 수 있다.

```
>>> 4.0+2.0
6.0
>>> 4.0-2.0
2.0
>>> 4.0*2.0
8.0
>>> 4.0/2.0
2.0
```

이렇게 수학식을 표현하기 위해 사용하는 연산자를 '산술 연산자(arithmetic operator)'라고 한다. 이외에도 파이썬에는 할당 연산자(assignment operator), 비교 연산자(comparison operator), 논리 연산자(logical operator), 비트 연산자(bit operator), 식별 연산자(identity operator) 등이 존재한다. 이러한 연산자들을 사용하는 연산들은 대부분 컴퓨터 하드웨어상에서 수행되도록 전자 회로로 구성돼 있으며, (결국 프로그래밍이라는 것은 컴퓨터 하드웨어를 돌리기 위해 작성하는 것이므로) 모든 프로그래밍 언어에서 공통적으로 이러한 연산자들을 지원한다.

Tip 연산자와 피연산자

수학에서 +(더하기), −(빼기), ×(곱하기), ÷(나누기)와 같은 연산자들은 2개의 숫자를 갖고 결과를 얻어내므로 '이항 연산자(binary operator)'라고 하며, 연산에 사용하는 숫자들은 각각 '피연산자(operand)'라고 한다. 반면 −(−1)의 결괏값이 1이 나올 때 앞의 '−' 기호는 빼기의 의미가 아니라 숫자의 부호를 바꾸라는 연산자라고 할 수 있다. 이런 연산자는 1개의 숫자(또는 피연산자)만을 갖고 결과를 얻어내므로 단항 연산자(unary operator)'라고 하며, 우리가 자주 사용하는 sin, cos과 같은 함수들도 일종의 '단항 연산자의 일종으로 볼 수 있다. 이외에도 입력값이 3개가 들어가는 삼항 연산자 등도 존재한다.

4.3.3 int형과 float형 숫자의 산술 연산

우리는 앞에서 컴퓨터 안에는 int형 데이터 연산기와 float형 데이터 연산기가 따로 있고, int형 데이터와 float형 데이터는 섞을 수 없다고 설명했다. 따라서 int형 사이의 연산은 int형 결과, float형 사이의 연산은 float형 결과가 얻어진다.

```
>>> 2+4
6
>>> 2.+4.
6.0
```

그런데 int형과 float형 숫자의 연산 결과는 다음과 같이 float형으로 나타난다.

```
>>> 2+4.
6.0
```

이는 컴퓨터 내부적으로 int와 float를 연산하기 위해 int형인 2를 2.으로 형 변환하고 float형 연산기를 통해 결괏값을 얻어냈기 때문이다. 즉, int형으로 저장된 숫자와 float형으로 저장된 숫자를 연산하기 위해서는 float형을 int형으로 바꿔주거나 int형을 float형으로 바꿔 2개의 데이터형을 통일해주는 형 변환(type conversion)을 거쳐야 한다[4](다음 그림 참조).

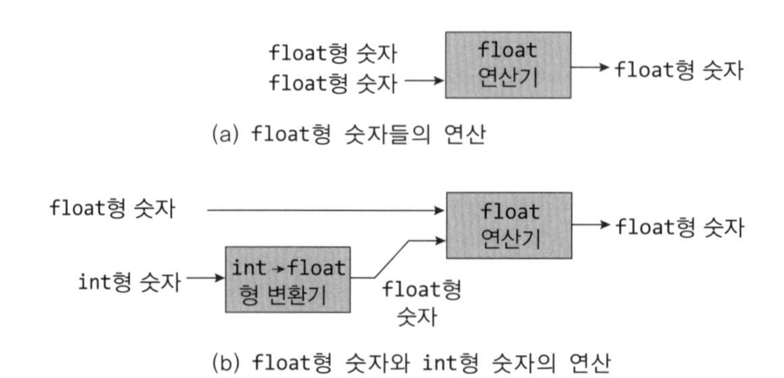

(a) float형 숫자들의 연산

(b) float형 숫자와 int형 숫자의 연산

이는 컴퓨터 하드웨어에 의해 결정되는 것이기 때문에 어떠한 프로그래밍 언어를 사용한다고 하더라도 고급 프로그래밍 수준으로 올라가기 위해서는 필수적으로 알아야 하는 상식이다. 그런데 데이터형 변환을 어떻게 해주는지는 프로그래밍 언어마다 약간씩 다를 수 있기 때문에 어떤 프로그래밍 언어를 사용하기 위해서는 반드시 숙지해야 할 필요가 있다.

4 int형을 float형으로 형 변환하는 것이 일반적이다.

파이썬에서는 기본적으로

❶ `int`형끼리의 연산 결과는 '나눗셈'을 제외하고 `int`형이다.

❷ `int`형의 나눗셈 연산 결과는 `float`형이다. 나눗셈은 2개의 숫자 모두 `float`형으로 형 변환을 한 후 나눗셈 연산을 수행하고 `float`형 결과를 돌려준다(주의!).

❸ `int`와 `float`형 사이의 연산 결과는 `float`형이다.

C/C++ 사용자를 위한 파이썬

C/C++에서 int형끼리의 나눗셈은 int이고, 소수점 이하 부분은 무조건 버림으로 처리된다. 즉, 3/2는 1이 된다. 그러나 파이썬에서는 3/2는 위의 3번 룰에 따라 1.5라는 결괏값이 생성된다.

Tip int형 연산 vs. float형 연산

1. int형 연산기는 float형 연산기보다 연산 속도가 100배 빠르다. 따라서 int형 연산으로 충분한데도 float형 숫자를 사용해 float형 연산기를 사용하는 것은 개발 프로그램의 효율을 떨어뜨리는 일이다. 형 변환의 효율이 매우 좋지 않기 때문에 어중간하게 int형으로 연산하다가 float형으로 형 변환하면 그냥 전체를 float형으로 코딩한 것보다 효율이 떨어진다. 어쩔 수 없는 경우를 제외하고는 형 변환을 피하는 것이 좋다는 것이 프로그래밍의 상식이다.
2. 이외에 알아두면 좋은 상식은 다음과 같다.
   ❶ 덧셈은 항상 뺄셈보다 빠르다.
   ❷ 곱셈은 항상 나눗셈보다 빠르다.

   하드웨어적으로 뺄셈은 2의 보수로 음수를 만들고 그 음수를 더해 뺄셈의 결과를 얻어내는 것이 일반적이다. 그러므로 '3−2'보다는 '3+(−2)'가 효율이 좋다. 물론, 요즘은 컴퓨터 개발 환경이 좋아져서 '3−2'라고 코딩하더라도 내부적으로 '3+(−2)'로 바꾼 후 기계어로 번역하기 때문에 이런 사실을 별로 느끼지 못한다.
3. 사실 파이썬 자체가 효율이 좋은 프로그래밍 언어가 아니기 때문에 이런 부분을 꼭 생각해가면서 효율 좋은 프로그래밍하는 것이 우스울 수 있겠지만, 이런 사실은 어떤 프로그래밍 언어를 선택하더라도 변함이 없으므로 프로그래밍의 '좋은 버릇'을 익힌다고 생각하고 몸에 익혀 놓는 것이 좋다.

연습문제

E1. 다음의 파이썬 연산 결과를 예측하시오.

(a) `2+5`

(b) `3.*2`

(c) `4/2`

E2. 다음의 파이썬 연산 결과를 예측하시오.

(a) `5 // 2`

(b) `5 % 2`

(c) `4 % 2`

(d) `4.2 // 2.1`

(e) `4.2 % 2`

(f) `2 ^ 3`

(g) `2 ** 3`

4.3.4 기본적인 산술 표현식

산술 표현식(arithmetic expression)이란, 수학식을 컴퓨터 프로그래밍 언어로 표현한 것을 말한다. 즉, 2 × 3 + 3이라는 수학식이 있을 때 이를 표현식으로 바꾸면 2 * 3 + 3이 되고, $\frac{2^3}{8}$을 계산하고 싶으면 2 ** 3 / 8이라고 적으면 된다. 별거 아닌 것 같지만 실제 프로그래밍에서는 이렇게 수학식을 표현식으로 바꿀 때 실수하는 부분들이 부분에 대해 살펴보고, 기본적으로 내장돼 있는 함수 몇 가지도 함께 살펴본다.

연산자 우선순위

2 + 3 * 3이라는 산술 표현식에서 우리는 3 * 3을 먼저 계산하고 그다음에 2를 더해야 한다는 것을 알고 있다. 실제로 우리는 수학식의 계산에서 각종 연산자의 우선순위를 자연스럽게 활용하고 있다. 컴퓨터 프로그래밍에서는 이런 우리의 버릇을 잘 구현해 놓고 있어서 큰 문제없이 산술 표현식을 구현할 수 있다. 혹시라도 헷갈리는 부분이 있으면 2 + (3 * 3)처럼 괄호를 이용해 적어주면 된다.[5]

5 괄호를 이용할 때 속도 저하는 거의 없다.

따라서 연산자 우선순위에 대해 지금 언급할 것은 없지만, 프로그래밍 초보들이 실수하는 거듭제곱과 섞어 쓸 때와 연속된 나눗셈이 나올 때의 두 가지는 짚고 넘어가는 것이 좋을 것 같다.

첫째, 거듭제곱의 경우,

```
>>> (2*2)**3
64
>>> 2*(2**3)
16
>>> 2*2**3
16
```

위 예제에서 알 수 있듯이 거듭제곱 연산자 **는 *와 같은 사직 연산자보다 항상 먼저 계산된다는 것을 잊지 말아야 한다.

둘째, 컴퓨터 프로그래밍에서는 나눗셈에 특히 조심해야 한다. 예를 들어 $\frac{4}{2 \cdot 2}$를 계산한다고 가정할 때 `4 / 2 * 2`라고 입력하면 $\frac{4}{2} \cdot 2$로 인식해 다음과 같은 결과가 출력된다.

```
>>> 4/2*2
4.0
```

(먼저 여기서 왜 4가 아니라 `4.0`이 출력되는지는 앞 절을 참고하기 바란다. `4/2*2`에서는 먼저 `4/2`가 계산되고 그 결괏값에 *2가 다시 연산된다. 4/2가 두 `int`형의 나눗셈으로 float형으로 2.0이라는 결과로 나오고, `2.0*2`이 계산되므로 뒤의 2가 다시 float형으로 형 변환돼 `2.0*2.0`으로 `4.0`이라는 결과가 나오게 되는 것이다.)

원 주제로 돌아와, $\frac{4}{2 \cdot 2}$를 계산하고 싶으면 `4/(2*2)`나 `4/2/2`와 같은 표현을 사용해야 한다.

```
>>> 4/(2*2)
1.0
>>> 4/2/2
1.0
```

파이썬뿐 아니라 거의 모든 컴퓨터 언어에서는 이와 같은 형식으로 인식하므로 잊지 않도록 하자.

내장 수학 함수

파이썬에는 많은 수학적 기능이 함수라는 형태로 제공된다. 다음과 같이 입력한 후 실행해보자.

```
>>> abs(-2)
```

실행 결과는 다음과 같을 것이다.

```
>>> abs(-2)
2
```

`abs( )`는 어떤 숫자의 절댓값(absolute value)을 계산하기 위한 함수이며, 괄호 안에 입력값을 주면 그 절댓값을 계산한다. 이와 비슷하게 반올림을 계산하기 위한 함수인 `round( )`도 있다.

```
>>> round(1.6)
2
>>> round(1.3)
1
>>> round(1.7)
2
```

파이썬에는 수십 개의 기본 내장 함수들이 존재하는데, 그중 공학용 계산기처럼 쓸 수 있는 함수는 절댓값을 구하는 `abs( )`와 반올림을 위한 `round( )` 두 가지밖에 없다. 이외에 sin( ), cos( ), log( )와 같은 다른 수학 함수들을 사용하기 위해서는 다음 절에 나오는 모듈(module)을 활용해야 한다.

4.3.5 math 모듈의 수학 함수의 사용

파이썬은 범용 프로그래밍 언어로, 그래픽, 데이터베이스 등 여러 가지 목적을 위해 사용된다. 쓰지도 않을 함수들을 항상 준비시켜 놓고 있는 것은 메모리도 낭비하고 전체적인 속도도 저하시킬 수 있기 때문에 파이썬에서는 꼭 필요한 함수를 제외하고는 필요할 때마다 그때그때 컴퓨터에 로딩해 사용할 수 있도록 하고 있다.

이렇게 어떤 목적에 필요한 함수들을 묶어 필요할 때마다 불러 쓸 수 있도록 한 것을 '모듈(module)'이라고 하며, sin( ), cos( ), log( )와 같은 수학 함수를 파이썬에서 사용하기 위해서는 math 모듈을 사용해야 한다. math 모듈에는 수학 함수뿐 아니라 몇 가지 수학에서 주로 사용되는 π와 같은 상수도 정의하고 있다(다음 표 참조).

파이썬 math 모듈 내의 함수들

표기 함수		거듭제곱 및 로그 함수	삼각함수	각도 변환 함수	하이퍼볼릭 함수	특수 함수	상수
ceil	isfinite	exp	acos	degrees	acosh	erf	pi
comb	isinf	expm1	asin	radians	asinh	erfc	e
copysign	isnan	log	atan		atanh	gamma	tau
fabs	isqrt	log1p	atan2		cosh	lgamma	inf
factorial	ldexp	log2	cos		sinh		nan
floor	modf	log10	dist		tanh		
fmod	perm	pow	hypot				
frexp	prod	sqrt	sin				
fsum	remainder		tan				
gcd	trunc						
isclose							

위 표와 같이 math 모듈 내에는 sin(), cos( ) 등 보통 우리가 수학에서 사용하는 대부분의 함수가 정의돼 있고, 표의 맨 오른쪽에서 알 수 있듯이 π(= 3.141592⋯.)는 pi라는 이름으로 정의돼 있다.

이런 함수들을 이름 그대로 사용하려고 시도하면 다음과 같은 결과가 나타난다.

```
>>> sin(1)
Traceback (most recent call last):
  File "<stdin>", line 1, in <module>
NameError: name 'sin' is not defined
>>>
```

에러가 나타난 이유는 처음 파이썬을 실행시켜 나타난 환경에서는 수학 함수들이 준비돼 있지 않기 때문이다. 따라서 이런 함수를 사용하기 위해서는 math 모듈을 `import`라는 명령어를 통해 먼저 파이썬 환경 내로 불러들이는(다른 말로 로딩하는) 과정이 필요하다.

```
>>> import math
>>>
```

명령을 실행하면 별다른 반응 없이 다음 프롬프트가 나타나는 것을 볼 수 있는데, 이는 문제없이 math 모듈이 로딩됐다는 것을 뜻하며, 한번 `import` 명령으로 모듈을 로딩하고 나면 파이썬을 종료할 때까지 계속 모듈 속의 함수들을 쓸 수 있다. 만약 파이썬이 임포트(import)할 모듈을 발견할 수 없으면 다음과 같이 에러가 발생한다.

```
>>> import sky
Traceback (most recent call last):
  File "<stdin>", line 1, in <module>
ModuleNotFoundError: No module named 'sky'
>>>
```

'import math' 명령이 성공적으로 수행된 후, 다시 한번 sin() 함수를 쓰려고 시도하면,

```
>>> import math
>>> sin(1)
Traceback (most recent call last):
  File "<stdin>", line 1, in <module>
NameError: name 'sin' is not defined
>>>
```

와 똑같은 에러가 발생하는데, 그 이유는 파이썬에서 모듈로 제공된 함수를 사용하기 위해서는 '〈모듈명〉.〈함수명〉'의 형태로 함수를 사용해야 하기 때문이다. 따라서 다음과 같은 형식으로 sin(1)을 계산하면 에러가 발생하지 않고 잘 실행되는 것을 알 수 있다.

```
>>> import math
>>> sin(1)
Traceback (most recent call last):
  File "<stdin>", line 1, in <module>
NameError: name 'sin' is not defined
>>> math.sin(1)
0.8414709848078965
>>>
```

이와 비슷하게 상수 pi를 사용하기 위해서는

```
>>> math.pi
3.141592653589793
```

와 같이 사용할 수 있다. pi는 함수가 아니라 그냥 정의된 숫자이기 때문에 ()를 쓰지 않는다는 것을 유념하기 바란다.[6]

제곱근을 구하기 위한 함수인 sqrt()와 같은 함수들을 사용할 때는 약간 주의해야 하는데 그 이유는 제곱근 계산에 음수가 입력되면 에러가 발생해 프로그램이 중단되는 경우가 생기기 때문이다.

6 math.pi가 상수가 아니라 상수가 들어 있는 변수라는 것을 나중에 배우게 되는데, 지금은 간략하게 상수 정도로 이해하고 넘어가도록 한다.

```
>>> math.sqrt(-1.0)
Traceback (most recent call last):
  File "<stdin>", line 1, in <module>
ValueError: math domain error
```

따라서 실제 프로그래밍에서는 sqrt( ) 함수에 입력할 값이 음수인지 먼저 확인하는 부분을 추가해 음수의 입력을 방지하도록 하는 것이 일반적이다(나중에 조건문에서 다룬다).

수학 함수를 사용할 때 주의해야 할 점 몇 가지

컴퓨터 프로그래밍에서 수학 함수를 사용할 때 수학에서 사용하는 방식과 프로그래밍에서 사용하는 방식이 다르기 때문에 주의해야 할 점들이 몇 개 있다. 다음에 대표적인 세 가지를 기술했다. 처음 두 가지는 반드시 알아둬야 할 내용들이고, 세 번째에 언급한 arctan 함수의 사용법은 공학도가 아닌 이상 그다지 쓸 일이 없으므로 내용을 건너뛰어도 된다. 어쨌든 이 세 가지는 거의 모든 프로그래밍 언어에서 동일하게 사용되는 방식이므로 다른 언어에서도 똑같이 적용할 수 있다.[7]

첫째, 모든 삼각함수는 degree가 아니라 radian을 기준으로 계산된다.

```
>>> math.sin(90)
0.8939966636005579
>>> math.sin(math.pi/2)
1.0
>>> math.sin(math.pi*0.5)
1.0
```

위의 예에서 알 수 있듯이 90도라는 생각에 90이라는 값을 sin( ) 함수에 넣으면 원하는 값을 얻지 못하고 π/2를 넣어야 원하는 값을 얻을 수 있다. 그리고 이전에 설명했듯이 math.pi/2라고 적는 것보다 math.pi*0.5라고 적는 것이 효율적이다.

둘째, 수학에서의 로그 함수는 주로 log라는 상용 로그와 ln이라고 표기하는 자연 로그 두 가지를 사용한다. 이를 좀 더 자세히 표현하면, log는 $\log_{10}$, ln은 $\log_e$를 의미한다. 그런데 프로그래밍에서는 표기가 달라 log10()는 $\log_{10}$, log()는 $\log_e$를 의미한다.

	수학	프로그래밍
$\log_{10}$	log	log10()
$\log_e$	ln	log()

7 이런 이유로 한 가지 프로그래밍 언어를 어느 정도 이상 사용하면 다른 언어의 습득이 매우 빨라진다.

셋째, 아크탄젠트(arctangent) 함수에는 `atan( )` 함수와 `atan2( )` 함수의 2개가 존재한다. 이 두 가지 함수는 거의 모든 프로그래밍 언어에 존재하므로 확실히 알아두는 것이 좋다. `atan( )` 함수는 우리가 보통 수학에서 사용하는 arctan에 해당하고, 1개의 입력을 받아 $-\pi/2$에서 $\pi/2$ 사이의 값을 돌려준다. 예를 들어, 우리는 45도의 탄젠트 값은 1이라는 것을 알고 있다. 따라서

```
>>> math.atan(1)
0.7853981633974483
```

으로 1을 입력해 45도에 해당하는 라디안 값을 얻을 수 있다. 이를 좀 더 쉽게 볼 수 있도록 $180/\pi$를 이 라디안 값으로 나온 결괏값에 곱해 degree 값으로 표현할 수 있다.

```
>>> math.atan(1)*180/math.pi
45.0
```

이러한 `atan( )` 함수는 실제 프로그래밍에서는 별로 사용되지 않고, `atan2( )`가 주로 사용되는데 그 이유는 컴퓨터 프로그래밍에서는 좌표를 이용해 각도를 계산할 일이 많기 때문인 듯하다. `atan( )` 함수는 $-\pi/2$에서 $\pi/2$ 사이의 값을 돌려주기 때문에 $-\pi/2$보다 작거나 $\pi/2$보다 큰 값은 얻어낼 수 없고, 좌표를 주었을 때 그 위치를 각도로 표현하면 중복이 발생한다. 반면, `atan2( )` 함수는 2개의 인자를 요구하는 대신, $-\pi$에서 π 사이의 값을 돌려준다.[8]

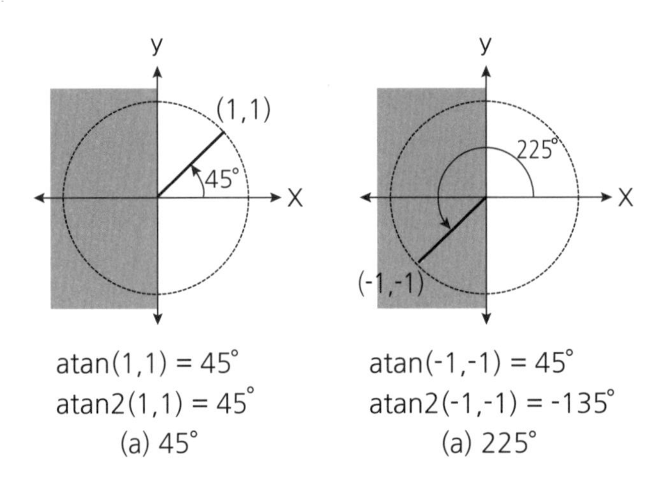

▲ atan()과 atan2()의 차이

이를 이해하기 위해 위 그림을 살펴보자. (1,1)의 위치를 각도로 표현하는 것은 `atan( )`이든, `atan2( )`이든 45도를 돌려준다.

8 이 책에서 함수가 2개의 인자를 갖는 첫 번째 예제다.

```
>>> math.atan(1/1)*180/math.pi
45.0
>>> math.atan2(1,1)*180/math.pi
45.0
```

그러나 (−1, −1)의 위치를 각도로 표현할 때 **atan()**은 결괏값이 −π/2에서 π/2 사이로 한정되므로 45도를 출력하고, **atan2()**를 사용해야 정확한 위치인 −135도를 얻어낼 수 있다.

```
>>> math.atan(-1/-1)*180/math.pi
45.0
>>> math.atan2(-1,-1)*180/math.pi
-135.0
```

225도가 아니라 −135도인 이유는 **atan2()**의 결괏값이 −π에서 π 사이의 값이기 때문이다. 즉, **atan2()**가 필요한 경우는, 보통 우리가 2개의 x, y 좌푯값을 주고 그 각도를 구하는 경우인데 컴퓨터 프로그래밍에서는 대부분 **atan()**보다 **atan2()**가 사용된다.

4.3.6 int 클래스와 float 클래스의 메서드

앞에서 함수는 (1) **type()**과 같이 보통 수학에서 사용하는 형태로 사용하는 함수가 있고 (2) 어떤 데이터에 붙어 '〈데이터〉.〈메서드명〉'과 같은 형태로 사용하는 메서드 함수도 있다는 것을 언급했다. 4장에서 기본적인 함수를 사용하는 방법을 배운 김에 메서드를 사용하는 방법에 대해서도 학습하고 4장을 마치려고 한다. 아래에서 예제로 든 메서드 함수는 일반적으로 활용되지는 않으므로 그냥 '이런 형태로 사용하는구나'. 정도로만 익혀 놓으면 좋을 것 같다.

일반적인 **float**형 숫자의 연산은 다음과 같이 실행할 수 있다.

```
>>> 3.14 + 2.0
5.140000000000001
```

이 **float** 숫자의 덧셈은 위와 같은 표현 말고도 메서드 함수를 사용해 다음과 같이 구현할 수도 있다.

```
>>> 3.14.__add__(2.0)
5.140000000000001
```

이 명령이 내리는 의미는 매우 명백하다. 이 명령의 형식을 살펴보면, 3.14는 float형 데이터이고, 메서드는 데이터에 붙인 '.'에 이어서 type( )과 같은 함수와 동일한 형식으로 나타난다는 것을 알 수 있다. 즉, 다음과 같은 형식으로 주어진다.

```
<데이터>.<메서드명>(<전달 인자>)
```

이러한 메서드 함수는 그 데이터가 속한 '클래스'에 따라 어떤 메서드 함수를 사용할 수 있는지가 정해진다. int형이나 float형에 대해 어떤 메서드 함수를 사용할 수 있는지 좀 더 알고 싶으면, 파이썬 셸에서 help(int)나 help(float) 명령을 사용해 확인해보자.[9]

메서드 함수의 이름이 add()가 아니라 __add__( )인 이유는 파이썬 내부적으로 활용하도록 만들었기 때문에 혹시라도 이름이 겹치거나 함부로 사용하는 것을 방지하기 위해서다. 실제로 이런 연산을 할 때 그냥 덧셈 연산자 '+'로 표현하면 될 것을 굳이 메서드를 사용해 위와 같이 표현할 일은 거의 없을 것이다. 하지만 앞으로 int와 float 외에도 많은 클래스를 학습하게 될 것이며, 이때는 이러한 메서드를 좀 더 자연스럽게 사용하게 될 것이다.

참고로 C와 같은 언어에서는 메서드가 존재하지 않고 type( )과 같이 일반 함수로 모든 것을 처리하게 되고, 이와 반대로 일반 함수는 존재하지 않고 메서드 함수만 존재하는 프로그래밍 언어도 있다. C++이나 파이썬과 같은 언어에서는 함수와 메서드 함수가 모두 존재한다.

9 현재 단계에서는 help에서 나타난 많은 용어를 이해하기 쉽지 않을 것이다.

연습문제

E1. 다음 math 모듈의 수학 함수를 파이썬으로 실행하고 결과를 예측하시오.

(a) `ceil(3.14)`

(b) `floor(3.14)`

(c) `floor(-3.14)`

(d) `trunc(-3.14)`

(e) `trunc(3.14)`

(f) `copysign(3.14, -1)`

(g) `fabs(-3.14)`

(h) `factorial(10)`

(f) `gcd(6, 4)`

E2. 원의 넓이를 구하시오.

E3. 피타고라스 정리를 사용해 직각삼각형의 빗변 길이를 구하시오.

5 변수

학습 목표

흔히 '프로그래밍의 시작은 변수(variable)의 활용부터'라고 말한다. 변수를 쓰지 않는 것은 고급 공학용 계산기와 다를 바가 없기 때문에 변수를 정확하게 이해하는 것이 매우 중요하다.

5장에서는 변수를 어떻게 사용하는지에 대해 배우고, 변수를 활용한 파이썬 명령문들을 작성하면서 파이썬 프로그램의 동작에 대해 좀 더 공부할 것이다. 5장에서 변수를 학습하면 한 줄 이상의 코드를 작성할 수 있게 되므로 6장에서 에디터를 사용해 이런 여러 줄의 파이썬 명령들을 1개의 파일로 작성, 저장, 불러오는 방법에 대해 익힌다.

5.1 변수의 기본 활용

파이썬이 아닌 일반적인 프로그래밍 언어에서의 변수

일반적으로 사용하는 프로그래밍 언어에서 말하는 변수는 데이터를 저장한 메모리 공간을 의미한다. 1.5절에서 메모리 공간에 대해 설명한 것을 다시 한번 떠올려보자. 컴퓨터의 데이터는 모두 메모리 또는 램(RAM)이라는 영역에 저장하게 되는데, 이러한 데이터를 저장하기 위한 영역은 바이트 단위로 주소(address)라는 것이 지정돼 있으므로 이러한 주소를 활용해 각 공간에 저장된 데이터를 중앙 처리 장치에서 가져다 쓰게 된다.

주소	메모리
0	B_0
1	B_1
2	B_2
3	B_3
4	B_4
5	B_5
6	B_6
7	B_7
⋮	⋮

그런데 우리가 직접 주소에 해당하는 숫자를 사용해 데이터를 저장하거나 옮기는 것은 너무 힘들기 때문에 이를 쉽게 쓸 수 있는 방식을 고안하게 됐는데, 이를 '변수명(variable name)'이라고 한다. 변수명은 우리가 주로 사용하는 언어로 만들어진 태그를 복잡하게 기술된 숫자인 주소와 매칭시켜 사용하는 방법이다.

이는 옷 가게에서 우리가 필요로 하는 옷을 찾을 때 사용하는 방식에 비유할 수 있다. 가게의 모든 옷은 공장에서 나올 때 나름의 숫자로 된 일련번호로 관리한다. 그런데 우리가 그 일련번호로 옷을 주문하면 너무 번거롭기 때문에(예 '0543B78 한 벌 주세요') 일반인들도 사용할 수 있고 광고에도 활용할 수 있는 모델명을 붙이게 된다(예 '여름 시원시원 시리즈 흰색 미디움 사이즈 한 벌 주세요'). 물론 일반인도 자신이 있다면 '0543B78 한 벌 주세요'라고 주문할 수도 있지만, '여름 시원시원 시리즈…'라고 표현하는 것이 일반인에게는 훨씬 더 편리하게 느껴질 것이다.

이렇게 '변수명'을 활용하면 변수명이 지칭하는 메모리 공간, 즉 변수에 데이터를 보관, 활용하는 것이 매우 간편해진다.

```
>>> cat = 10
```

위 명령은 `cat`이라는 변수에 10이라는 데이터를 저장[1]한다는 의미로, 좀 더 풀어서 이야기하면

(1) 10이라는 `int`형 4바이트 데이터를 보관하기 위해

(2) 컴퓨터가 자동으로 메모리에서 비어 있는 4바이트 공간을 찾아 지정하고

(3) 그 공간에 10을 `int`형으로 보관한다.

(4) 이 메모리 공간은 cat이라는 이름을 붙여 언제든지 쉽게 접근할 수 있도록 한다.

라는 의미가 내포돼 있다. 프로그래밍에서는 '='를 '할당 연산자(assignment operator)'라고 하며, 할당 연산자를 활용한 위와 같은 문장을 '할당문(assignment statement)'이라고 한다.

학생들이 많이 실수하는 부분은 '=' 심벌 때문에 'cat이 10과 같다.'라는 뜻으로 이해하는 것이다. 하지만 대부분 프로그래밍에서의 '=' 심벌은 절대로 둘이 같다는 의미가 아니라 왼쪽에 오른쪽의 내용을 할당하라는 의미이며, 만약 키보드에 화살표 심벌이 존재한다면 '→' 심벌이 더 정확한 표현일 것이다. 따라서 `cat = 10`은 '`cat` → `10`'이라는 뜻으로 cat이라는 태그가 붙은 메모리 공간에 `10`을 할당하라는 뜻으로 이해하는 것이 좀 더 정확할 것이다.

---

1 '할당(assignment)'이라고 표현한다.

C/C++ 사용자를 위한 파이썬

C/C++와 같은 언어와 달리, 매트랩/옥타브나 파이썬과 같은 언어는 미리 사용할 변수의 데이터형을 선언(declaration)할 필요가 없다. 변수가 int형인지, float형인지의 여부는 변수를 사용하는 시점의 데이터에 따라 그때그때 판단하고 생성된다. 그래서 미리 선언을 요구하는 C/C++와 같은 언어를 '정적 언어(static language)', 실행 즉시 변수의 데이터형을 판단해 동작하는 언어를 '동적 언어(dynamic language)'라고 한다. 동적 언어의 경우 따로 데이터형을 처음부터 생각하지 않아도 되는 편리한 면이 있지만, 정적 언어에 비해 메모리에 공간을 확보하는 시간 때문에 프로그램의 실행 속도가 많이 떨어진다는 단점이 있다. 그래서 동적 언어에서도 프로그램의 앞부분에 정적 언어와 같이 변수들을 미리 생성하는 구문들을 넣어 어느 정도 속도 저하를 방지하는 테크닉을 사용하기도 한다.

이 내용을 확인하기 위해 cat이라고 입력하면 언제든지 cat에 해당하는 메모리 공간의 내용이 출력된다.

```
>>> cat
10
```

cat은 우리가 메모리 공간에 붙여준 명칭이므로 언제든지 재활용해 다른 데이터를 보관하는 데 활용할 수 있다. 따라서 cat = 20이라는 명령을 다시 입력하면 cat의 내용이

```
>>> cat = 20
>>> cat
20
```

와 같이 바뀐 것을 확인할 수 있다.

위 내용을 이해했으면 다음과 같은 구문이 가능하다는 것을 알 수 있을 것이다.

```
>>> cat = 10
>>> cat
10
>>> cat = cat + 5
>>> cat
15
```

코드 설명 먼저 cat이라는 변수에 10을 할당한다. cat = cat + 5에서 '='의 오른쪽에 cat의 내용과 5를 더한다. 그리고 그 결괏값을 다시 cat에 할당한다. 따라서 최종적으로 cat의 값은 15가 된다. 다시 한번 cat = cat + 5이라는 문장을 설명하면 'cat에 (현재) cat의 값과 5를 더해 할당하라.'라고 해석할 수 있다.

파이썬의 변수

파이썬의 변수는 C와 같이 컴퓨터 구조에 기반을 둔 프로그래밍 언어에서 활용하는 변수의 개념과 다르다. C와 같은 언어에서 변수는 '데이터를 저장하기 위한 컴퓨터의 메모리 공간'이고, 변수명은 그 공간에 사용자가 붙인 이름이라고 배우게 된다. 컴퓨터 구조상으로 볼 때 이는 매우 당연한 개념이다.

그런데 이와 달리 **파이썬의 변수는 '데이터에 붙이는 라벨'과 같이 생각해야 한다.** 이는 다른 언어에서는 변수가 직접적으로 컴퓨터의 하드웨어 메모리와 연동되는 반면, 파이썬에서는 언어에서 자체적으로 변수와 데이터를 관리하고, 간접적으로 하드웨어 메모리와 연동시키기 때문이다.

앞에서 변수에 대한 할당문을 설명할 때 '`cat = 10`'은 '`cat ← 10`'과 같이 '`cat`이라는 변수에 `10`이라는 int형 데이터를 할당한다.'라고 설명했다. 그런데 파이썬에서는 '10이라는 int형 데이터에 cat이라는 변수를 할당한다.'라고 표현하는 것이 더 적절하다. 즉, '`cat ← 10`'이 아니라 '`cat → 10`'이 되는 것이다.[2]

이제 앞 절에 배웠던 내용을 파이썬의 변수의 개념으로 다시 한번 설명한다. 파이썬에서는 메모리 공간에 데이터에 변수명이라는 라벨을 붙이기 위해[3] `=` 연산자를 사용한다. 파이썬에서 변수를 활용하는 방법은 다음과 같다.

```
>>> cat = 10
```

위 명령은 10이라는 데이터에 `cat`이라는 라벨을 할당한다는 의미로, '`=`'를 '할당 연산자(assignment operator)'라고 하고, 할당 연산자를 활용한 위와 같은 문장을 '할당문(assignment statement)'이라고 한다.

학생들이 많이 실수하는 부분은 '`=`' 심벌 때문에 '`cat`이 `10`과 같다.'라는 뜻으로 이해하는 것이다. 하지만 파이썬에서의 '=' 심벌은 절대로 '둘이 같다.'라는 의미가 아니라 '오른쪽 데이터에 라벨을 할당하라.'는 의미이며, 만약 키보드에 화살표 심벌이 존재한다면 '→' 심벌이 좀 더 정확한 표현일 것이다. 따라서 '`cat = 10`'은 '`cat → 10`'이라는 뜻으로 `10`이라는 데이터에 cat이라는 라벨을 붙이라는 뜻으로 이해하는 것이 좀 더 정확할 것이다.

이 내용을 확인하기 위해 `cat`이라고 입력하면 언제든지 `cat`이라는 라벨이 붙은 데이터의 내용이 출력된다.

---

2 변수의 기초를 설명하면서 객체 참조(object reference)의 개념까지 깊숙이 들어가지 않기 위해 위와 같이 설명했다.
3 컴퓨터공학에서는 '할당'이라는 표현을 사용한다.

```
>>> cat
10
```

만약 cat = 20이라는 명령을 다시 입력하면

```
>>> cat = 20
>>> cat
20
```

10이라는 데이터에 붙였던 cat이라는 라벨을 떼내 20이라는 데이터로 옮겨 붙였다고 생각하면 된다. 그리고 cat이 어떤 형의 데이터에 붙은 라벨인지 확인하려면 예전 클래스 확인에서 쓰였던 것처럼 type( ) 함수를 사용할 수 있다.

```
>>> type(1)
<class 'int'>
>>> type(3.14)
<class 'float'>
>>> type(cat)
<class 'int'>
```

많은 다른 프로그래밍 언어에서는 어떤 변수를 사용할 때 그 변수의 클래스가 고정되며, 이를 '정적 언어(static language)'라고 한다. 즉, cat이라는 변수명을 int형으로 지정하면, 코드 내에서 cat은 int형 데이터만 저장하기 위해 사용돼야 한다. 이 경우 cat에 10이나 20과 같이 int형 데이터는 할당할 수 있지만[4] 3.14와 같은 float형 데이터를 cat에 할당하면 에러가 발생한다. 따라서 'cat은 int형 변수'와 같은 표현을 자주 사용한다.

하지만 파이썬과 같은 동적 언어(dynamic language)에서는 변수가 데이터에 붙은 라벨과 같은 역할을 하므로 변수가 어떤 데이터에 할당돼도 상관없다. 다음 예제를 살펴보자.

```
>>> cat = 10
>>> type(cat)
<class 'int'>
>>> cat = 3.14
>>> type(cat)
<class 'float'>
```

10에 cat이 할당된 상태에서는 cat은 type( ) 명령으로 cat이 지시하는 데이터 10의 클래스

4 이러한 언어들은 데이터를 변수에 할당한다.

인 int를 돌려준다. 그런데 바로 이어서 3.14를 cat에 다시 한번 할당해주면, cat이라는 라벨은 3.14로 옮겨 붙기 때문에 type() 명령은 3.14의 클래스인 float를 돌려준다.

위의 내용에도 불구하고 **파이썬 실무에서는 정적 언어의 방식으로 변수가 어떤 클래스를 갖는 것처럼 그 동작을 설명**하는 것을 많이 볼 수 있을 것이다. 이는 파이썬을 이해하지 못하고 있다기보다는, 프로그래머들 사이의 관용적인 표현인 경우가 많다. 예를 들어, 'cat은 int형 변수'라는 표현은 'cat이라는 라벨은 현재 int형 데이터를 지시하고 있다.'의 의미로 이해해야 한다. 또 'cat은 int형 변수에서 float형 변수로 바뀌었다.'라는 표현은 'cat이라는 라벨은 int형 데이터에 붙어 있다가 float형 데이터에 옮겨 붙였다.'라는 의미로 이해해야 한다.

사실 프로그래머의 입장에서는 이렇게 이해하든, 저렇게 이해하든 대부분 문제없이 동작하기 때문에 여러 가지 언어를 동시에 활용하며 개발하는 입장(예 하루에 C/C++과 파이썬을 둘 다 사용해 작업해야 하는 경우)에서는 정적 언어 표현이 편하게 느껴지고, 이러한 파이썬 특유의 변수의 개념이 동작에 크게 영향을 미치는 중요한 부분에서만 파이썬의 논리를 적용하면서 한 줄 한 줄 코딩하는 경우가 많은 것 같다. 이 말을 이해하기 위해 다음 예제를 한번 살펴보자.

```
>>> a = 1.1
>>> a = int(a)
>>> a
1
```

먼저 파이썬 방식으로 위의 코드를 설명해보자.

(1행) 1.1에 a라는 변수를 붙이고,

(2행) 이를 int(a)를 통해 형 변환한 내용, 즉 1에 a라는 변수를 다시 할당한다.

(3행) a를 확인하면 1이라는 결과가 나온다.

그런데 정적 언어의 개념으로 설명해도

(1행) a에 1.1을 할당했다가,

(2행) a의 내용을 int(a)를 통해 형 변환한 후에 다시 a에 할당한다.

(3행) a를 확인하면 1이라는 결과가 나온다.

라고 우리가 원하는 작업의 결과에는 전혀 차이가 발생하지 않는다.

C/C++/매트랩/옥타브 사용자를 위한 파이썬

위에서 설명한 바와 같이 일반적인 프로그래밍 언어에서 사용하는 변수의 개념과 파이썬에서 사용하는 변수의 개념은 상당히 다른 측면이 있기 때문에 다른 프로그래밍에서 사용하는 변수의 개념에 익숙한 사용자들은 파이썬의 변수의 개념이 반대로 돼 있기 때문에 배우기 힘들어하기도 한다.

보통 다른 언어, 특히 정적(static) 언어에서는 '데이터가 없어도 변수가 존재한다.' 즉, 'int a'라고 변수를 선언하고 그 변수에 값을 할당하는 것은 나중에 하면 되고, 아예 할당하지 않고 그냥 두어도 문제가 생기지 않는다. 하지만 파이썬에서의 변수는 라벨과 같은 개념이기 때문에 '데이터가 없는 변수는 존재하지 않는다.'라고 이해할 수 있다.

파이썬 변수명 작명법

파이썬 변수명은 다음과 같은 법칙을 지켜 이름을 정해야 한다. 사실 다음에 언급한 작명법은 변수에만 해당하는 것이 아니라 추후 배울 함수, 클래스 등 우리가 프로그래밍에서 명칭을 붙여야 할 모든 경우에 해당한다. 이렇게 **변수, 함수, 클래스 등에 우리가 붙여주는 명칭을 '식별자(identifier)' 또는 단순히 '명칭(name)'이라고 한다.**

(1) 파이썬 변수명은 **알파벳 대소문자, 밑줄(_), 또는 숫자로만 구성**된다.

(2) 파이썬 변수명은 **알파벳 대소문자 또는 밑줄(_)로 시작**해야 한다.[5]

(3) 파이썬 변수명은 **대소문자를 구분**한다.

(4) 파이썬의 **키워드(keword)는 변수명으로 사용하지 못한다.** 키워드는 파이썬 명령문을 구성하기 위해 미리 지정해 놓은 단어들을 말하고, 다음과 같이 35개가 존재한다.

```
False      await      else       import     pass
None       break      except     in         raise
True       class      finally    is         return
and        continue   for        lambda     try
as         def        from       nonlocal   while
assert     del        global     not        with
async      elif       if         or         yield
```

이 룰을 적용한 다음 예시들을 살펴보면 변수명을 정하는 방법을 좀 더 쉽게 이해할 수 있을 것이다.

5 숫자는 불가하다. 밑줄(_)로 시작하는 식별자들은 특별한 용도로 사용하겠다는 의도를 포함하기 때문에 가급적 작명 시에 밑줄로 시작하는 것을 피해야 한다는 것이다. 한 가지 예로 밑줄 2개(__)로 시작하고 밑줄 2개로 끝나는 식별자들은 주로 파이썬 인터프리터가 내부적으로 자신이 사용하기 위해 활용하는 이름들이다.

예 1 cat은 적절한 변수명이다.

예 2 aBC_123은 적합한 변수명이다.

예 3 cat#은 #으로 인해 적절한 변수명이 아니다.

예 4 1dog는 숫자로 시작했으므로 부적절한 변수명이다.

예 5 _123은 밑줄로 시작했으므로 적절한 변수명이다(하지만 권장하지 않는다).

예 6 Apple과 apple은 다른 변수다.

예 7 assert는 키워드이므로 부적절한 변수명이다.

파이썬의 변수 작명법

변수명을 포함한 식별자의 명칭을 결정할 때 대문자, 소문자에 따라 여러 가지 형태로 나타날 수 있다. 파이썬은 대소문자를 구분하기 때문에 cat의 경우만 보더라도 CAT, Cat, cat의 세 가지 경우로 이름을 지을 수 있다. 파이썬에서는 이럴 때 **소문자로 식별자명을 지어줄 것**을 권장한다.

또한 프로그래밍을 하다 보면 변수명 등을 명확한 의미로 전달하기 위해 몇 개의 단어를 붙여 식별자명을 지어주는 경우도 있다. 수학 성적의 합은 math_sum, 수학 성적의 평균은 math_avg와 같이 단어를 붙여 식별자명을 지어주면 따로 문서화할 필요 없이 변수명만 봐도 이 변수가 어떤 역할을 하는지 알 수 있도록 하는 것이 필요하다.

이럴 때 **파이썬은 단어와 단어 사이에 밑줄을 사용해 단어를 분리**할 것을 '권고'한다. 이는 프로그래밍 언어마다 차이가 있으며 어떤 형태로 식별자명을 지을 것인지에 따라 명칭이 존재한다. 대표적인 몇 가지만 예로 들어보자.

(1) 플랫 케이스(flatcase): mathsum과 같이 밑줄 없이 모두 소문자로 연결한다.

(2) 파스칼 케이스(PascalCase): 모든 단어들을 붙여 사용하되, 단어의 시작은 대문자를 사용한다. 예전 파스칼이라는 프로그래밍 언어에서 주로 활용되던 작명법이다.

(3) 캐멀 케이스(camelCase): mathSum과 같이 시작은 소문자, 이어 붙는 단어들은 대문자를 사용한다. 형태가 낙타와 비슷하다고 해서 '캐멀 케이스'라는 이름이 붙었다.

(4) 스네이크 케이스(snake_case): 모두 소문자로 하되, 단어와 단어 사이는 밑줄을 활용한다. 파이썬도 snake_case를 권장한다. C의 경우에도 스네이크 케이스를 주로 활용한다.

이런 스타일들은 모두 권고사항이며 반드시 지켜야 할 필요는 없지만, 한 프로그램 내에서는 일관된 스타일로 식별자명을 지어주는 것이 좋다.

깃허브와 같은 웹 사이트에서 다른 사람들이 짠 파이썬 코드들을 살펴보면 사실 위의 권고사항을 그다지 지키지 않는 것을 알 수 있다. 이는 보통 프로그램 개발에 한 가지 스타일에 익숙해지고 나면 바꾸는 것이 쉽지 않아 언어를 바꿔도 이전 방식을 고집하는 경우가 많기 때문이다. 또 파이썬은 이식성이 좋기 때문에 다른 언어로 개발한 코드가 접목되는 경우가 많다는 것도 권고사항을 지키지 않는 이유 중 하나다. 다른 언어에서 다른 작명 스타일을 사용하면서 파이썬과 혼용하면 아무래도 원래 언어의 스타일을 그대로 활용하게 되는 듯하다. 참고로 파이썬에서 클래스는 변수명의 작명과 달리 캐멀 케이스를 권장한다.

연산식을 통한 변수의 할당

데이터에 변수를 할당하는 것은 단순히 데이터를 직접 입력하는 방식이 아니라 오른쪽에 연산식을 배치해 그 연산식에서 계산되는 데이터를 사용할 수도 있다. 4장에서 수학함수를 이용해 sin(90°)을 구하는 예제를 다음과 같이 배웠다.

```
>>> import math
>>> math.sin(math.pi*0.5)
1.0
```

이를 할당문을 통해 결괏값에 sin90이라고 이름 붙인 변수를 할당하는 형식으로 바꾸면

```
>>> import math
>>> sin90 = math.sin(math.pi*0.5)
>>> sin90
1.0
```

과 같은 결과로 연산식을 통해 나온 결과에 변수를 할당할 수 있다는 것을 알 수 있다.

변수의 활용(1)

위에서 배운 사실들을 조합하면 변수를 중간 매개체로 사용해 좀 더 복잡한 연산을 할 수 있게 된다. 첫 번째 예제로 원기둥의 체적을 구하는 문제를 살펴보자. 원기둥의 반지름(r)이 2, 높이(h)가 3일 때의 체적($\pi r^2 h$)을 구하기 위해 다음과 같이 계산할 수 있을 것이다.

```
>>> import math
>>> math.pi*2*2*3
37.69911184307752
```

그런데 이 과정을 세분화해 먼저 원의 면적을 계산하고, 면적에 높이를 구하는 형태로 변수들을 구성하면

```
>>> import math
>>> area = math.pi*2*2
>>> volume = area*3
>>> volume
37.69911184307752
```

와 같이 과정이 매우 이해하기 쉬운 형태로 구현할 수 있다. 여기에 반지름(r)과 높이(h)까지 변수를

활용하면, 다음과 같이 나타낼 수도 있다.

```
>>> import math
>>> r = 2
>>> h = 3
>>> area = math.pi*r*r
>>> volume = area*h
>>> volume
37.69911184307752
```

변수를 활용하지 않고 구현한 경우에 비해, 같은 연산을 하는 내용이라 하더라도 읽기가 쉽다는 것을 알 수 있다.

그러면 변수를 쓰지 않은 첫 번째 경우와 변수를 활용한 세 번째 경우 중 어떤 방식이 더 나을까? 변수를 사용하지 않으면 변수를 사용할 때보다 실행 속도면에서 장점이 있을 것이다. 특히 파이썬의 경우에는 변수를 일일이 생성하면서 메모리 공간을 확보하는 시간을 낭비하게 되므로 변수를 쓰지 않는 것이 나을 수도 있다. 그러나 (1) 요즘 컴퓨터 하드웨어의 발전으로 이 정도의 성능 증가는 중요하지 않은 경우가 많고 (2) 컴파일러나 인터프리터의 발전으로 내가 구성한 문장을 알아서 최적화해 실행해주는 경우가 많으므로 실제 변수를 쓰지 않아도 장점은 그다지 체감하기 힘들 것이다.

변수를 활용하는 것은 다음과 같은 장점이 있다.

(1) 프로그램의 가독성이 좋아진다(즉, 프로그램 문장들을 보았을 때 어떤 내용인지 이해하기 쉽다).

(2) 프로그램 구문을 재활용하기 좋다. 나중에 배우겠지만, 파이썬을 계산기 이상의 용도로 사용하기 위해서는 예제와 같은 여러 줄의 컴퓨터 명령들을 모두 모아 1개의 파일로 저장한 후 묶음으로 실행해야 한다. 이때 프로그램을 수정하기 위해서는 맨 앞부분의 r과 h 변수의 값만 바꿔주면 된다.

변수의 활용(2)

변수를 활용할 때는 할당 연산자의 왼쪽과 오른쪽 모두에 같은 변수가 나타나는 경우가 많이 발생한다. 일단 다음 예부터 시작해보자.

```
>>> cat = 1
>>> cat = cat
>>> cat
1
```

위에서 'cat = cat'이라는 문장은 'cat이라는 변수가 할당된 데이터에 cat이라는 변수를 다시 할당하라.'는 의미로, 실제 실행에서는 특별한 의미가 없지만 에러가 발생하지도 않는다. 이를 확장하면 다음과 같이 표현할 수 있다.

```
>>> cat = 1
>>> cat = cat + 1
>>> cat
2
```

즉, cat을 사용한 연산 결과에 cat을 다시 할당할 수 있다는 것이다. 여기서 'cat = cat + 1'이라는 문장의 의미는 'cat이 할당된 데이터를 1만큼 증가시키고, 그 결과에 다시 cat을 할당한다.'가 된다. 이런 형태의 문장은 프로그래밍에 매우 빈번하게 나타난다.

앞에서 구현했던 원통의 체적을 구하는 소스 코드를 같은 방식을 사용해 좀 더 간결하게 바꿔보자.

```
>>> import math
>>> r = 2
>>> h = 3
>>> area = math.pi*r*r
>>> volume = area*h
>>> volume
37.69911184307752
```

➡

```
>>> import math
>>> r = 2
>>> h = 3
>>> volume = math.pi*r*r
>>> volume = volume*h
>>> volume
37.69911184307752
```

area라는 변수는 volume을 계산하기 위한 중간 단계다. 따라서 알아보기 쉽다는 장점은 있지만, area라는 변수를 활용하게 되므로 이 변수를 활용하기 위해 메모리를 확보하는 시간과 메모리를 차지하는 공간을 낭비할 수 있다. 따라서 volume이라는 변수를 재활용해 전체적으로 효율성 있는 소스 코드를 구성할 수 있게 된 것이다. 사실 메모리가 부족하고 속도가 느린 임베디드 환경에서는 이런 방식이 요구될 수도 있지만, 요즘 PC에서 이 정도는 무시해도 전혀 문제가 없다.

이런 명령 행을 사용할 때 할당 연산자와 산술 연산자를 결합해 다음과 같이 좀 더 간략하게 표현할 수도 있다.

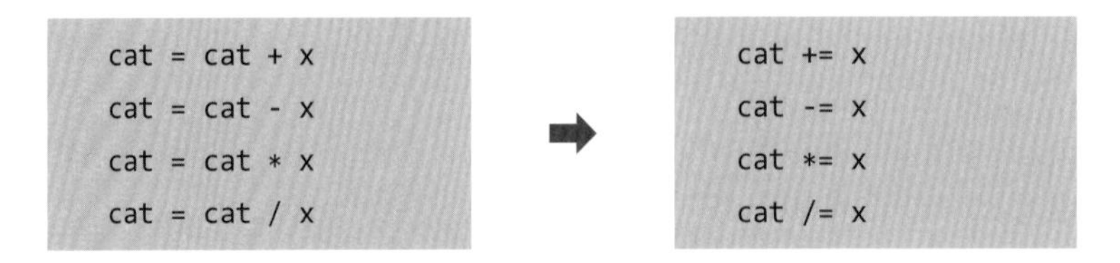

```
cat = cat + x
cat = cat - x
cat = cat * x
cat = cat / x
```

➡

```
cat += x
cat -= x
cat *= x
cat /= x
```

이때 할당 연산자와 결합된 연산은 오른쪽 연산이 모두 끝난 후에 마지막으로 적용된다는 점에 주의해야 한다. 다음 예를 살펴보자.

```
>>> a = 2
>>> a *= 3+2
>>> a
10
```

'a += 3*2'의 의미가 'a = a*3+2'라면 결과는 8, 'a = a*(3+2)'라면 결과는 10일 것이다. 따라서 *= 연산자를 사용할 경우, 곱셈은 오른쪽 연산이 모두 끝난 후에 추가로 적용된다는 것을 확인할 수 있다.

5.2 파이썬 변수의 활용

파이썬의 변수 활용에서는 다른 프로그래밍 언어와 다른 측면이 많은데, 조금 전에 나왔던 대로 변수를 따로 선언하지 않고 변수를 사용할 수 있는 부분 외에도 특이한 점들이 꽤 존재한다.

다중 할당

첫째, 파이썬에서는 다른 많은 프로그래밍 언어에서 허용하지 않는 다중 할당(Multiple Assignment)이 가능하다.

```
>>> cat = dog = 10
>>> cat
10
>>> dog
10
```

만약 cat과 dog를 각각 다른 데이터에 할당하고 싶으면 다음과 같이 사용할 수도 있다.

```
>>> cat, dog = 10, 20
>>> cat
10
>>> dog
20
```

변수의 삭제 del 명령어

둘째, 파이썬에서는 MATLAB/Octave와 같이 언제든지 변수를 del 함수를 사용해 삭제할 수 있다.

```
>>> cat = 3
>>> cat
3
>>> del(cat)
>>> cat
Traceback (most recent call last):
    File "<stdin>", line 1, in <module>
NameError: name 'cat' is not defined
>>>
```

매트랩/옥타브 사용자를 위한 파이썬

매트랩/옥타브에서 clear 명령을 이용해 변수를 삭제할 수 있는 것과 마찬가지로 파이썬에서도 del 명령을 사용해 변수를 삭제할 수 있다. 다만 매트랩/옥타브에서는 clear all 명령으로 현재의 모든 변수를 삭제할 수 있는 반면, 파이썬에서는 모든 변수를 삭제하기가 매우 힘들기 때문에 현재 사용 환경을 초기화할 때는 아예 파이썬 커널을 다시 로딩하는 방식을 주로 사용한다.

위 결과에서 알 수 있듯이 cat이라는 변수를 삭제했기 때문에 cat의 내용을 확인하려고 하면 에러가 발생한다. 몇 가지를 더 이야기하면 다음과 같다.

- **del 함수는 1개 이상의 변수에 대해서도 동작한다.**

```
>>> cat = 10
>>> dog = 20
>>> del(cat,dog)
>>> cat
Traceback (most recent call last):
  File "<stdin>", line 1, in <module>
NameError: name 'cat' is not defined
>>> dog
Traceback (most recent call last):
  File "<stdin>", line 1, in <module>
NameError: name 'dog' is not defined
>>>
```

- del 함수는 꼭 괄호를 사용할 필요 없이 del 다음에 공백을 주고 변수명을 주는 것만으로도 동작한다.

```
>>> cat = 3
>>> cat
3
>>> del cat
>>> cat
Traceback (most recent call last):
  File "<stdin>", line 1, in <module>
NameError: name 'cat' is not defined
>>>
```

데이터에 할당된 변수의 변경

앞에서 설명했던 내용을 다시 한번 설명한다. 다음 예제에서 cat은 3이라는 4바이트 int형 데이터에 할당된 변수였다. 그런데 cat을 다시 3.4와 같은 8바이트 float형 데이터에 할당하면 cat이라는 라벨을 3에서 떼어다 3.4에 붙인 것이나 마찬가지가 된다.

```
>>> cat = 3
>>> cat
3
>>> type(cat)
<class 'int'>
>>> cat = 3.14
>>> cat
3.14
>>> type(cat)
<class 'float'>
```

모듈의 상수

다음 두 가지 항목은 중요하지 않지만, 알아두면 좋은 파이썬의 변수에 대한 지식이다.

우리가 math 모듈을 사용할 때 math.pi, math.e와 같은 상수가 있다는 것을 학습했다. 이러한 상수들은 바꿀 수 없는 값들이 아니라 실제로는 모듈에서 상숫값에 할당한 변수를 가져다 사용하는 것이다. 이를 확인하기 위해 다음과 같이 실행할 수 있다.

```
>>> import math
>>> math.pi
3.141592653589793
>>> math.pi = 1
>>> math.pi
1
>>> del math.pi
>>> math.pi
Traceback (most recent call last):
  File "<stdin>", line 1, in <module>
AttributeError: module 'math' has no attribute 'pi'
>>>
```

위 예에서 알 수 있듯이 1이라는 숫자에 math.pi를 할당하면 math.pi는 1을 지시하도록 바뀌어 버린다. 그리고 'del math.pi'라는 명령을 주면 math.pi가 지워진다.

주석문

위에서 우리가 작성한 명령문들은 아주 짧기 때문에 빠른 타이핑도 가능하고 이해하기도 쉽다. 그러나 이런 명령문들이 길어져 수백 줄, 수천 줄이 되면 타이핑하면서 작업하기엔 무리인 상황에 도달한다. 결국 이런 명령문들을 모아 하나의 파일로 저장하는데, 이런 파일을 '소스 코드(source code)'라고 한다.

소스 코드에서 명령문들을 모아 저장하더라도, 너무 명령문이 많아 내용을 파악하기 힘들어지므로 소스 코드에 메모를 남겨 각 부분이 어떤 역할을 하는 부분인지 기록하고 싶어질 때가 있다. 이럴 때 '주석(comment)'이라는 것을 사용한다. 주석은 프로그래밍을 하는 개발자가 남기는 메모로, 컴퓨터에서는 없는 것처럼 무시되는 부분이다.

이 주석은 꼭 소스 코드가 아니라 파이썬 창의 명령문 입력에서도 똑같이 작용한다. '#' 기호를 넣고 그 오른쪽에 우리가 남기고 싶은 메모를 작성하면 '#'의 오른쪽부터는 컴퓨터에 전달하는 명령문이 아니라 컴퓨터가 무시하는 주석으로 간주된다. 앞에서 나온 예제에 주석을 달면서 작업했다고 가정하면,

```
>>> import math                                         # 수학 모듈을 불러온다.
>>> r = 2                                               # 원통 반지름
>>> h = 3                                               # 원통 높이
>>> area = math.pi*r*r                                  # 상단 표면적을 계산한다.
>>> volume = area*h
```

```
>>> volume
37.69911184307752
```

와 같이 주석을 달아도 명령문의 실행에는 전혀 문제가 없다는 것을 확인할 수 있다. 사실 파이썬 창에서는 주석을 달아가면서 작업할 일이 별로 없고, 소스 코드 파일로 저장할 때 주로 활용되지만 주석이 이런 식으로 돌아가는 것이라는 것을 미리 알아놓는 것이 나쁘지는 않을 것이다.

Tip 다른 프로그래밍 언어의 주석

❶ 파이썬에서는 # 기호를 사용한다.

❷ 매트랩/옥타브와 같은 언어에서는 % 기호를 사용해 주석을 표시한다. % 기호 다음에 나오는 내용은 모두 주석으로 간주한다.

❸ C/C++에서는 // 기호를 사용한다.

파이썬 변수에서 메서드 함수 사용하기

우리는 다음 예제와 같이 함수를 사용할 때 함수의 인자로 숫자와 같은 데이터 대신 변수를 넣을 수 있다는 것을 배웠다.

```
>>> type(1)
<class 'int'>
>>> a = 1
>>> type(a)
<class 'int'>
```

이와 비슷하게 우리는 메서드 함수를 사용할 때도 데이터가 아니라 변수명을 대신 사용할 수 있다. 즉,

〈데이터〉.〈메서드명〉(〈인자〉)
〈변수명〉.〈메서드명〉(〈인자〉)

위 두 가지 중 어떤 방식을 사용하더라도 상관없다. 왜냐하면 변수는 데이터에 붙은 라벨과 같은 것이기 때문에 결국 '〈데이터〉.〈메서드명〉(〈전달 인자〉)'로 받아들이기 때문이다. 이는 다음 예제를 보면 쉽게 이해할 수 있을 것이다.

```
>>> 3.14.__add__(2.0)
5.140000000000001
>>> a = 3.14
>>> a.__add__(2.0)
5.140000000000001
```

요약하면, 데이터나 그 데이터를 지시하는 변수에는 데이터의 클래스에 속하는 메서드를 사용할 수 있다. 클래스에 따라 사용할 수 있는 메서드가 정해진다는 것을 잊지 않도록 하자.

5.3 파이썬 변수와 아이덴티티

이전에 파이썬의 변수가 타 프로그래밍 언어의 변수와 다른 형식으로 동작한다는 것을 언급했다. 여기서는 이것이 실제로 파이썬 내부에서 어떤 식으로 동작하는지 설명한다. 만약 다음 내용이 이해하기 힘든 경우에는 건너뛰어도 좋다.

파이썬의 모든 데이터에는 주민등록번호와 같은 `int`형의 식별 값(아이덴티티, identity)이 자동으로 부여된다. 식별 값은 위에서 언급한 식별자(identifier)와는 다른 개념이기 때문에 혼동하지 않기 바란다. 구현에 따라 달라질 수 있지만 CPython에서 이 식별 값은 컴퓨터의 메모리상에 데이터가 위치하는 주소에 해당한다.[6] 식별 값은 `id()`라는 함수로 확인할 수 있는데, 이 함수는 데이터에 부여된 식별 값을 돌려주는 역할을 한다. 다음 예제를 살펴보자.

```
>>> a = 123
>>> id(123)
140720248923616
>>> id(a)
140720248923616
```

예를 들어 123이라는 숫자를 사용하면 이 데이터에 자동으로 식별 값이 부여되고, `a`라는 변수를 123에 할당하면, `a`는 123의 식별 값을 보관한다. 위 예제에서 `id(123)`으로 아이덴티티를 확인하면 140720259868128로 나타나며, `id(a)`로 변수의 식별 값을 확인하더라도 `a`는 123이라는 데이터에 붙인 라벨과 같은 것이기 때문에 123과 동일한 식별 값을 돌려준다.

6 파이썬 공식 문서 참조

이번에는 1이라는 숫자에 a라는 변수와 b라는 변수를 두 문장에 걸쳐 할당해보자. 1이라는 데이터에 대해 a와 b라는 2개의 라벨을 붙인 것에 해당하므로(즉, 1개의 데이터에 a라는 라벨을 붙이고 또 b라는 라벨을 붙인 것이다), a와 b의 식별 값은 동일하게 나타난다.

```
>>> a = 1
>>> b = 1
>>> id(a)
140720248919712
>>> id(b)
140720248919712
```

그런데 '500'이라는 숫자를 사용해 똑같은 파이썬 구문을 실행하면 2개의 식별 값들이 다르게 나타난다(다음 예제 참조).

```
>>> a = 500
>>> b = 500
>>> id(a)
2423693048048
>>> id(b)
2423725615536
```

파이썬에서 −5~256까지의 숫자는 동일한 식별 값을 생성하고, −5보다 작거나 256보다 큰 숫자는 다른 식별 값을 생성한다. 이는 파이썬에서 −5~256까지의 숫자는 자주 사용된다고 가정하고 메모리를 절약하기 위해 설정한 방법이다.

큰 숫자에서도 동일한 식별 값을 생성할 수도 있는데, 다음과 같이 다중 할당을 사용해 '500'이라는 데이터에 a와 b라는 변수를 할당해보자.

```
>>> a = b = 500
>>> id(a)
2423725615536
>>> id(b)
2423725615536
```

그러면 두 변수가 할당된 데이터의 식별 값들은 동일한 것을 확인할 수 있다.

C/C++ 사용자를 위한 파이썬

파이썬은 C/C++과 같은 언어와 달리, 앞에서 설명한 형태로 변수의 개념이 달리 정립된다. 특히 C/C++과 파이썬을 함께 사용하려는 사용자의 입장에서는 이 부분이 더욱 헷갈릴 수 있다. 쉽게 생각하는 방법은 **파이썬의 모든 변수는 일종의 '포인터 변수' 또는 '포인터를 포함한 클래스'[7]의 인스턴스**라고 생각하면 좋을 것이다[8]. 즉, 데이터는 따로 저장되고, 포인터 변수는 그 데이터를 지시하는 주소를 보관하며, 포인터의 개념을 잘 이해하고 있으면 파이썬을 무리 없이 익힐 수 있다.

연습문제

E1. 다음 파이썬 변수명들이 적절한지, 부적절한지 판단해 ○ 또는 ×로 표시하시오.

(a) animals

(b) sty1e

(c) m___

(d) 365home

(e) dgmif_001

(f) min*t

(g) a b(중간에 공백이 있음)

(h) _0

(i) ___(밑줄 3개)

E2. $ax^2 + bx + c = 0$의 형태로 주어지는 이차방적식의 해를 구하기 위해 근의 공식

$$x = \frac{-b \pm \sqrt{b^2 - 4ac}}{2a}$$

를 사용할 수 있다. 근의 공식한 사용한 $3x^2+4x+1=0$의 근을 파이썬을 이용해 계산하시오. 단, 제곱근을 구하는 부분을 (1) 변수를 활용하지 말고 근을 계산 (2) 변수를 활용해 근을 계산하는 두 가지 방법을 모두 활용하시오(주: 근의 공식을 사용할 경우 +/−의 두 가지 근이 존재하며, 두 가지 근을 모두 계산해야 한다).

7 C++에서의 클래스이다.

8 사실 객체 참조의 의미에서 볼 때 단순한 포인터 변수와는 또 다르다.

6 데이터의 묶음: 이터러블 데이터형

학습 목표

컴퓨터 프로그래밍에서 사용되는 여러 개의 데이터를 묶음으로 보관, 처리하는 방법에 대해서 이해한다. 파이썬 언어에서 자주 사용되는 순서 있는 묶음을 위한 list, tuple, str과 순서 없는 묶음을 위한 set, dict의 클래스를 익힌다.

6장에서는 여러 개의 데이터를 묶음으로 보관, 처리하는 클래스들을 배운다. 파이썬에서는 6장에서 다루는 클래스들을 '이터러블(iterable)'이라는 추상 기본 클래스(abstract base class, abc)에서 파생된 클래스들로 분류한다. 따라서 '이터러블'이라는 용어를 사용하는 교재도 있지만, 프로그래밍에 익숙하지 않고 반복문 등을 사용할 줄 모르는 학생의 입장에서는 마음에 와 닿지 않는 명칭이기도 하므로 '데이터의 묶음'이라는 명칭으로 고정했다. 따라서 공식적인 파이썬의 분류 체계와는 다른 방식으로 설명하고 있다는 것을 미리 주지하기 바란다.

많은 경우 컴퓨터 프로그래밍에서는 데이터를 묶음으로 보관하고 처리하는 것이 편리할 때가 많다. 만약 한 수업을 듣는 학생들이 100명이라고 가정할 때 이 100명의 성적을 처리하기 위해 각각에 대해 변수를 타이핑하면서 생성하는 것은 너무나 힘든 일일 것이다. 이럴 때 데이터를 묶음으로 손쉽게 처리할 수 있도록 해주는 편리한 클래스들이 존재한다. 데이터의 묶음이라고 하면

- 사과, 딸기, 바나나와 같은 냉장고 속의 과일 묶음
- 나이, 키, 체중과 같은 사람들의 신체 정보 묶음
- 80, 90, 92, 73, … 등과 같은 한 클래스 학생들의 성적 정보 묶음

등을 예로 들 수 있다. 데이터의 묶음은 '순서 있는 묶음(ordered collection)'과 '순서 없는 묶음(unordered collection)'으로 분류할 수 있다.

순서 있는 묶음의 예를 들어보면, 학생 번호에 따른 학점 데이터의 묶음, 수학의 x, y, z 좌표와 같은 숫자의 묶음[1]이 있다. 2차원 (x, y) 좌표에서 (2, 3)과 (3, 2)는 둘 다 2와 3의 2개의 숫자를 묶어 놓은 데이터의 묶음이지만, 첫 번째와 두 번째 숫자의 위치를 바꾸면 그 순서를 함부로 바꾸지

1 수학에서는 이를 '벡터'라고 한다.

못한다. 따라서 이는 순서 있는 묶음이라고 볼 수 있다. 반면, 사과, 딸기, 바나나와 같은 냉장고 속의 과일의 묶음은(특별히 우리가 냉장고 속의 위치 같은 사실에 신경 쓸 필요 없으면) 순서가 의미가 없다. 따라서 이는 순서가 없는 묶음이다.

앞에서 설명한 바와 같이 6장에서는 여러 개의 데이터를 묶음으로 한 데이터형 안에 보관하는 클래스 중 다섯 가지, 순서 있는 묶음을 위한 `list`(리스트), `tuple`(튜플), `str`(string의 약자, '스트링'이라고 읽으며 '문자열, 문장'이라는 뜻)의 세 가지와 순서 없는 묶음을 위한 `set`(세트, '집합'이라는 뜻), `dict`(dictionary의 약자, '딕셔너리'라고 읽으며 '사전'이라는 뜻)의 두 가지 클래스를 배운다.[2]

간략히 언급하면 `list`형은 대괄호([ ])로 표시하며, 셋 중 제일 포괄적인 형태다. 한편, `tuple`형은 소괄호(( ))로 표시하며 내용을 바꿀 수 없는 `list`형이라고 볼 수 있고, `str`형은 따옴표("" "" 또는 '' '')로 표시하며 문자열에 특화된 `tuple`형이라고 볼 수 있다. 따라서 세 가지 클래스는 `list`형만 제대로 익히고 나면 매우 쉽게 익힐 수 있으므로 이 책의 내용은 대부분 `list`형의 사용에 집중한다. 나머지 두 가지인 `set`과 `dict`의 두 클래스도 용도에 따라 매우 편리하게 사용할 수 있는 클래스들이다. 그러나 일반적인 프로그래밍 언어에서 공통적으로 나타나는 클래스의 형태가 아니므로 적용 예제만 몇 개 들면서 간단히 넘어간다.

6장에서 배울 다섯 가지 클래스의 특징을 다음과 같이 표로 정리했으므로 먼저 숙지하기 바란다.

분류	클래스	표기 심벌	내용 변경	비고
순서 있는 묶음 (ordered collection)	list	[ ]	가능	-
	tuple	( )	불가능	-
	str	" " 또는 ' '	불가능	문자열 특화
순서 없는 묶음 (unordered)	set	{ }	가능	-
	dict	{ : }	가능	쌍으로 저장

6.1 list 클래스

6.1.1 list 인스턴스의 생성

파이썬에는 여러 개의 데이터를 묶음으로 처리할 수 있는 `list`(리스트)라는 클래스가 있다. 다른 프로그래밍 언어의 행렬(array)과 비슷하다고 할 수 있으며, 나중에 배울 NumPy라는 모듈을 추가로 설치해 쓰지 않는 경우에는 행렬을 사용하기 위해 `list`를 사용할 수밖에 없다. 다른 언어에서의

2 이외에도 데이터를 묶음으로 처리하기 위해 여러 가지 클래스가 존재하지만, 자주 사용하는 다섯 가지만 배운다.

행렬과 비교하면, list 안에는 어떤 종류의 인스턴스라도 보관할 수 있다는 차이가 있다.[3] list형은 일반적인 용도에서는 나쁘지 않지만, 속도가 너무 느려 공학적 계산 용도에는 맞지 않다는 것 정도는 미리 알아두는 것이 좋다.

list 인스턴스는 다음과 같이 대괄호([ ]) 안에 원하는 데이터를 콤마(,)를 끼워넣어 나열한다. 1, 2, 3, 4의 4개의 숫자를 보관하는 리스트를 만들면

```
>>> a = [1, 2, 3, 4]
>>> a
[1, 2, 3, 4]
>>> type(a)
<class 'list'>
```

와 같이 된다. 여기서 콤마를 쓰지 않으면

```
>>> a = [1 2 3 4]
  File "<stdin>", line 1
    a = [1 2 3 4]
           ^
SyntaxError: invalid syntax
>>>
```

와 같이 에러가 발생하므로 반드시 콤마를 잊지 말아야 한다. 다른 프로그래밍 언어에서 비슷한 데이터형을 사용할 경우에는 콤마가 없어도 되는 경우들이 있어서 학생들이 간혹 실수하는 부분이기도 하다.

list 인스턴스 속에는 어떤 클래스의 인스턴스를 넣어도 된다.

```
>>> a = [1, 0.1, [1, 2],(1, 2),'hello',{1, 2}]
```

위의 변수 a를 할당한 list 인스턴스의 맨 앞 데이터는 int형, 두 번째는 float형 데이터다. 세 번째는 list형(즉, list 안에 list를 넣을 수도 있다), 네 번째, 다섯 번째, 여섯 번째는 (아직 배우지 않았다) tuple형, str형, set형 데이터다.

list 데이터에 몇 개의 요소가 들어 있는지 확인할 수 있는 유용한 함수에는 len( )이 있다. 이 함수는 tuple형과 str형에 모두 사용할 수 있다.

3 매트랩/옥타브의 cell 데이터형과 비슷하다고 할 수 있다.

```
>>> a = [ 1, 2, 3 ]
>>> len(a)
3
```

매트랩/옥타브 사용자를 위한 파이썬

매트랩/옥타브의 경우 length( )라는 함수를 사용하지만, 파이썬에서는 len( )이다. 함수를 사용할 때 헷갈리지 말자.

6.1.2 list 데이터의 인덱싱

기본적인 요소 접근

list와 같은 데이터에서 보관하고 있는 여러 요소(element) 중 필요한 내용을 첨자(index)라는 숫자를 이용해 사용하는 것을 '인덱싱(indexing)'이라고 한다. 첨자는 맨 처음의 요소가 0, 그다음이 1, 2, 3, …의 순으로 지정된다. 다음 예를 보면 쉽게 이해될 것이다.

```
>>> a = [ 1, 2, 3, 4 ]
>>> a[0]
1
>>> a[1]
2
>>> a[2]
3
>>> a[3]
4
```

따라서 3개의 요소가 있는 list는 대괄호([ ]) 기호와 0~2까지의 첨자로 접근한다. 다른 프로그래밍 언어들에도 이와 비슷한 데이터형이 존재하는데 C/C++과 같은 언어는 파이썬과 비슷하게 첨자가 0에서 시작되지만, 매트랩/옥타브와 같은 언어는 1에서 시작한다. 따라서 매트랩/옥타브 사용자들은 첨자의 사용에서 실수하지 않도록 조심해야 한다. 만일 a[4]에 접근하면,

```
>>> a[4]
Traceback (most recent call last):
  File "<stdin>", line 1, in <module>
IndexError: list index out of range
```

으로 'IndexError'라는 에러가 뜨면서 'list index out of range', 즉 리스트의 첨자가 범위를 벗어났다는 친절한 설명이 나타난다.

좀 더 복잡한 예로 앞의

```
>>> a = [1, 0.1, [1, 2],(1, 2),'hello',{1, 2}]
```

에서 인덱싱을 확인해보자.

```
>>> a[0]
1
>>> type(a[0])
<class 'int'>
>>> a[1]
0.1
>>> type(a[1])
<class 'float'>
```

복합적인 요소 접근

이러한 법칙은 리스트 안에 리스트가 포함돼 있는 경우에도 적용될 수 있는데

```
>>> a = [ [1, 2], [3, 4] ]
>>> a[0]
[1, 2]
>>> a[1]
[3, 4]
>>> a[0][0]
1
>>> a[0][1]
2
```

대괄호를 중첩해 사용하면 리스트 내의 리스트에 포함된 요소에도 접근할 수 있다.

음수 첨자

파이썬의 인덱싱은 특별한 점이 있는데 보통의 프로그래밍 언어들은 첨자에 음수가 들어갈 수 없지만, 파이썬은 음수가 첨자로 들어갈 수가 있다는 점이다.

```
>>> a[-1]
4
>>> a[-2]
3
>>> a[-3]
2
>>> a[-4]
1
```

음수 첨자의 경우 어떤 식으로 동작하는지 알 수 있을 것이다. 맨 오른쪽의 내용부터 시작해 음수의 크기가 커짐에 따라 왼쪽으로 이동한다. 이는 끝에서부터 반대로 list형에 접근할 때 매우 편리한 기능이다.

기타

첨자를 이용해 리스트 내의 각각의 요소에 접근하는 방식은 리스트의 내용을 바꿀 때도 사용할 수 있다.

```
>>> a = [ 1, 2, 3, 4 ]
>>> a[2] = 5                                  # 첨자가 0에서 시작하므로 a[2]는 3이다.
>>> a
[1, 2, 5, 4]
```

간혹 하는 실수가 첨자 2개를 대괄호 2개로 분리하지 않고 콤마(,)로 연결해 사용하는 것인데, 이렇게 하면 에러가 발생한다.

```
>>> a = [ [1, 2], [3, 4] ]
>>> a[0,0]
Traceback (most recent call last):
  File "<stdin>", line 1, in <module>
TypeError: list indices must be integers or slices, not tuple
```

나중에 배울 NumPy라는 패키지에서는 a[0,0]과 같은 표현을 허용하기 때문에 NumPy를 사용하다가 일반 파이썬의 리스트에 같은 방식으로 인덱싱을 하다 자주 발생하는 에러다.

6.1.3 list 데이터의 슬라이싱

파이썬에서는 매트랩/옥타브와 비슷하게 슬라이싱(slicing) 기능을 제공하는데, 여기서 슬라이싱이란, list에서 콜론(:)을 이용해 어떤 부분을 통째로 인덱싱하는 것을 의미한다. 슬라이싱은 대괄호 안에 'list에서 선택할 부분의 인덱스 시작 위치'와 'list에서 선택할 부분의 인덱스 끝 위치 -1'을 ':'의 앞뒤에 넣어주면 된다.

```
>>> a = [1, 2, 3, 4]
>>> a[0:3]
[1, 2, 3]
>>> a[1:4]
[2, 3, 4]
>>> a[2:3]
[3]
>>> a[3:3]
[]
```

위 예제가 많이 헷갈릴 수 있을 것이다. a[0:3]이라고 하면 콜론 뒤의 숫자에 -1을 한 a[0]~a[2]까지를 의미한다. 만약 앞의 첨자보다 뒤의 첨자가 작으면

```
>>> a[3:2]
[]
```

와 같이 내용이 없는 빈 리스트가 결과로 돌아온다.

첨자의 생략

첨자가 0로 시작하거나 맨 오른쪽 끝까지 가서 끝나면 첨자를 생략할 수 있다.

```
>>> a = [1, 2, 3, 4]
>>> a[0:4]
[1, 2, 3, 4]
>>> a[:4]
[1, 2, 3, 4]
>>> a[:2]
[3, 4]
>>> a[:]
[1, 2, 3, 4]
```

이렇게 첨자를 생략하는 것은 슬라이싱에서 자주 쓰이므로 잘 알아 놓을 필요가 있다.

슬라이싱을 활용한 list 조작

이외에도 슬라이싱을 사용하면 개발이 매우 간단해질 수 있는데 몇 가지 예를 더 들어보자.

```
>>> a = [1, 2, 3, 4]
>>> a[1:3] = [5, 6]
>>> a
[ 1, 5, 6, 4 ]
```

이와 같이 할당할 변수에 슬라이싱을 사용해 원하는 부분만 내용을 바꿀 수 있다. 이를 응용하면

```
>>> a = [1, 2, 3, 4]
>>> a[1:3] = []
>>> a
[1, 4]
```

이렇게 원하는 부분을 삭제할 때 사용할 수도 있다. 또한

```
>>> a = [1, 2, 3, 4]
>>> a[2:] = [5, 6, 7]
>>> a
[1, 2, 5, 6, 7]
```

```
>>> a = [1, 2, 3, 4]
>>> a[1:3] = [5, 6, 7]
>>> a
[1, 5, 6, 7, 4]
```

와 같이 2개의 요소를 빼내고 3개의 요소로 대체하는 작업도 가능하다.

매트랩/옥타브 사용자를 위한 파이썬

매트랩/옥타브의 경우 슬라이싱에서 항상 a[1:3]이나 a[2:end]와 같이 시작점과 끝점을 표시해야 하지만, 파이썬에서는 0과 end을 생략할 수 있다.

6.1.4 list 데이터의 연산

`list` 클래스는 +와 *와 같은 연산 기호를 사용해 연산이 가능한데, `list`는 행렬을 연산하기 위해 나온 것이 아니기 때문에 다르게 동작한다.

```
>>> a = [1, 2, 3]
>>> b = [4, 5]
>>> a + b
[1, 2, 3, 4, 5]
```

```
>>> a * b
Traceback (most recent call last):
  File "<stdin>", line 1, in <module>
TypeError: can't multiply sequence by non-int of type 'list'
>>> a*2
[1, 2, 3, 1, 2, 3]
```

6.1.5 list 클래스의 함수와 메서드

list 클래스를 인자로 자주 사용하는 함수들

list 클래스의 메서드를 배우기 전에, list 클래스와 자주 사용하는 함수 몇 가지를 익히도록 하자. 다음 함수들은 list 클래스 인스턴스뿐 아니라 tuple이나 str 클래스에서도 자주 사용하는 함수들이다.

```
>>> a = [1, 5, -3, 10]
>>> len(a)
4
>>> max(a)
10
>>> min(a)
-3
```

len( ) 함수는 리스트에 들어 있는 요소들의 개수를 돌려주는 함수다. 위 예제에서는 a라는 list에 4개의 요소들이 있으므로 len(a)는 4를 반환한다. 그리고 max( )와 min( )는 list 내의 요소들 중 최댓값과 최솟값을 돌려주는 함수다. 이 두 함수들은 list의 요소가 int형이나 float형이 섞여 있더라도 최댓값과 최솟값을 찾아준다. 다음 예를 보면 쉽게 이해될 것이다.

```
>>> a = [1, 5.0, -3, 10.0]
>>> max(a)
10.0
>>> min(a)
-3
```

만약 list의 요소로 숫자와 문자열이 섞여 대소를 판별할 수 없는 경우에는 max( )와 min( ) 함수가 에러를 발생시킨다. 다음 예제에서는 이전의 숫자로 이뤄진 list a에 'cat'이라는 문자열을 넣어보았다. 이때 max( ) 함수는 숫자와 'cat' 사이의 대소를 판별할 수 없으므로 에러가 발생했다.

```
>>> a = [1, 5.0, 'cat', -3, 10.0]
>>> max(a)
Traceback (most recent call last):
  File "<stdin>", line 1, in <module>
TypeError: '>' not supported between instances of 'str' and 'float'
```

그러나 만약 list의 모든 요소가 문자열인 경우에는 서로 간의 대소를 판별할 수 있다. 문자열의 대소 관계는 사전에 그 문자열들이 배치돼 있을 때 사전의 뒤쪽에서 찾을 수 있는 문자열이 앞쪽에서 찾을 수 있는 문자열보다 크다고 판별한다. 다음 예를 살펴보자.

```
>>> a = ['dog', 'cat', 'rat']
>>> max(a)
'rat'
>>> min(a)
'cat'
```

list 클래스의 중요 메서드 함수들

앞에서 우리는 클래스에 따라 사용할 수 있는 메서드 함수가 정해진다고 했다. list형도 int형이나 float형과 같이 __add__( )라는 메서드를 사용할 수 있다. 이 __add__( ) 메서드는 int형이나 float형과 같이 list + list를 연산한다.

```
>>> 3.14.__add__(2.0)
5.140000000000001
>>> [1, 2].__add__([3, 4])
[1, 2, 3, 4]
>>> [1, 2] + [3, 4]
[1, 2, 3, 4]
```

사실 이런 __add__( )와 같은 메서드 함수들은 개발자가 파이썬 프로그래밍을 위해 직접 사용하라고 만든 것이 아니다. 그래서 밑줄을 메서드 함수명에 붙여 사람들이 쉽게 이런 이름을 사용하지 못하도록 하고 있으며, 일반적인 메서드 함수들은 보통 일반 함수와 같이 밑줄이 없는 형태로 주어진다.

메서드 함수의 첫 번째 예제로 append( )라는 메서드를 살펴보자. append( )는 list의 마지막에 아이템을 추가하는 메서드 함수다. 그런데 이 메서드 함수는 __add__( )와 달리 결괏값을 돌려주지 않기 때문에(즉, None을 돌려준다) 이제까지 사용해온 함수와 다른 방식으로 메서드를 활용해야 한다. 다음 예제부터 살펴보자. 이 예제는 [1, 2]라는 list에 3이라는 아이템을 덧붙여 [1, 2, 3]

을 만들기 위한 시도이다.

```
>>> [1, 2].append(3)
>>> print([1, 2].append(3))
None
```

첫 번째 명령의 결과는 에러가 발생하지 않고 잘 수행된다. 하지만 두 번째 명령에서 알 수 있듯이 이 메서드는 None을 리턴 값으로 돌려주기 때문에 [1, 2, 3]을 구성할 수 없다. 따라서 [1, 2, 3]을 만들기 위해서는 변수를 활용해야만 한다.

```
>>> a = [1, 2]
>>> a
[1, 2]
>>> a.append(3)
>>> a
[1, 2, 3]
```

위와 같이 a라는 변수를 활용하면 append( ) 메서드로 [1, 2]에 3을 추가해 list를 변경할 수 있다는 것을 알 수 있다.

여기서 학생들은 '[1, 2] + [3]'을 사용해도 같은 결과를 얻을 수 있는데 왜 이런 방식으로 사용하는지에 대해 의문이 생길 수 있을 것이다. 프로그래밍에 있어서는 어떤 동작을 구현하기 위해 한 가지 방법만 있는 것이 아니라 여러 가지 방법이 있을 수 있다. 추후 각각의 방식에 어떤 미묘한 차이가 있는지를 이해하게 되면 이런 차이까지 고려해 적재적소에 활용할 수 있다.

'[1, 2] + [3]'과 같은 표현에서는 [3]뿐 아니라 여러 아이템이 들어 있는 list를 앞의 list에 덧붙일 수 있다. 그렇다면 내부적으로 뒤에 덧붙일 list의 길이 유형 등을 일일이 확인하는 과정이 포함될 것이다. 하지만 append( )를 사용하면 1개의 아이템만 추가할 수 있으므로 길이나 유형 등을 생각하는 과정이 생략될 수 있다. 따라서 '[1, 2] + [3]'보다 빠르게 동작할 것이라는 것을 유추할 수 있을 것이다. 이를 요약하면, 아이템 1개만 덧붙일 경우에는 '+' 연산자를 사용하는 것보다 append( )를 사용하는 것이 효율적이라고 볼 수 있다.

append( ) 메서드를 사용할 때 실수하지 말아야 할 부분은 append( )의 인자로 전달해야 할 것이 list가 아니라 추가해야 할 아이템이라는 것이다. 다음에서 알 수 있듯이 [3]을 인자로 전달해 버리면 [3] 자체가 list의 아이템으로 추가돼 버린다.

```
>>> a = [1, 2]
>>> a.append([3])
>>> a
[1, 2, [3]]
```

다른 list 클래스 메서드인 sort( )를 살펴보자. sort( )는 리스트의 아이템들을 오름차순 또는 내림차순의 크기 순서대로 정렬하는 메서드다. 다음 예를 살펴보면 쉽게 어떤 식으로 활용하면 되는지 알 수 있을 것이다.

```
>>> a = [1, 3, -2]
>>> a.sort()
>>> a
[-2, 1, 3]
>>> a.sort(reverse=True)
>>> a
[3, 1, -2]
```

list 클래스에서 사용할 수 있는 메서드들은 dir( ) 함수로 확인할 수 있다.

```
>>> dir(list)
['__add__', '__class__', '__contains__', '__delattr__', '__delitem__', '__dir__', '__
doc__', '__eq__', '__format__', '__ge__', '__getattribute__', '__getitem__', '__gt__',
'__hash__', '__iadd__', '__imul__', '__init__', '__init_subclass__', '__iter__',
'__le__', '__len__', '__lt__', '__mul__', '__ne__', '__new__', '__reduce__', '__
reduce_ex__', '__repr__', '__reversed__', '__rmul__', '__setattr__', '__setitem__',
'__sizeof__', '__str__', '__subclasshook__', 'append', 'clear', 'copy', 'count',
'extend', 'index', 'insert', 'pop', 'remove', 'reverse', 'sort']
```

이 중 개발자가 list 클래스에서 사용하도록 된 메서드들은 다음 11개로 정리할 수 있다(doc.python.org 참조).[4]

	메서드	설명
1	list.append(x)	list의 맨 뒤에 아이템을 덧붙인다.
2	list.extend(iterable)	list에 다른 list 등을 합친다.
3	list.insert(i, x)	아이템을 원하는 위치에 삽입한다.
4	list.remove(x)	list 내의 x라는 요소를 제거한다(1개만).
5	list.pop([i])	원하는 위치의 아이템을 꺼내고 삭제한다.
6	list.clear()	list의 모든 요소를 제거한다.
7	list.index(x[, start[, end]])	list 내의 x라는 요소의 위치를 찾는다.
8	list.count(x)	list 내에 x라는 요소가 몇 개 있는지 센다.
9	list.sort(key=None, reverse=False)	list를 정렬한다.
10	list.reverse()	list의 요소의 순서를 뒤집는다.
11	list.copy()	list를 복사한다.

4 여기서 __add__()와 같은 메서드들은 일반적인 파이썬 프로그래밍에서 사용하라고 만든 메서드가 아니기 때문에 제외한다.

6.2 tuple 클래스

list 클래스가 대괄호([ ])로 list 인스턴스를 표시하듯이 tuple 클래스는 소괄호(( ))로 tuple 인스턴스를 표시한다. tuple 인스턴스는 list 인스턴스와 동일하지만 내용을 바꿀 수 없고, list 인스턴스보다 메모리를 약간 더 적게 요구하며, 속도가 더 빠르다는 정도의 차이만 있을 뿐이다. 다음 예제를 보면 쉽게 이해할 수 있을 것이다.

```
>>> a = (1, 2, 3, 4)
>>> a
(1, 2, 3, 4)
>>> type(a)
<class 'tuple'>
>>> a[0]
1
>>> a[2:4]
(3, 4)
```

요소가 1개인 tuple을 생성할 때는 list와 달리 조심해야 한다. 요소가 1개인 list를 생성할 때는 다음과 같이 그냥 대괄호 속에 요소를 넣고 생성하면 되지만, 요소가 1개인 tuple을 생성할 때는 컴퓨터의 입장에서 연산식에 사용되는 괄호로 착각한다.

```
>>> a = [1]
>>> a
[1]
>>> type(a)
<class 'list'>
>>> a = (1)
>>> a
1
>>> type(a)
<class 'int'>
>>>
```

따라서 요소가 1개인 tuple을 생성할 때는 다음과 같이 해야 한다.

```
>>> a = (1,)
>>> a
(1,)
>>> type(a)
<class 'tuple'>
>>>
```

그러나 list형과 달리 내용을 바꾸는 것은 허용되지 않는다.

```
>>> a = (1, 2, 3, 4)
>>> a[2] = 5
Traceback (most recent call last):
  File "<stdin>", line 1, in <module>
     a[2] = 5
TypeError: 'tuple' object does not support item assignment
```

따라서 tuple형의 내용을 바꾸기 위해서는 tuple을 list로 형 변환하고, 내용을 바꾼 후에 다시 tuple로 변환해야 한다.

```
>>> a = (1,2,3)
>>> a = list(a)      # a를 리스트 데이터 타입으로 변환
>>> a
[1, 2, 3]
>>> a[1] = 0
>>> a = tuple(a)     # a를 튜플 데이터 타입으로 변환
>>> a
(1, 0, 3)
```

한편 다음과 같이 tuple형의 연산은 허용된다.

```
>>> a = ( 1, 2, 3 )
>>> b = ( 4, 5 )
>>> a + b
(1, 2, 3, 4, 5)
>>> a * 2
(1, 2, 3, 1, 2, 3)
```

6.3 str 클래스

str[5] 데이터형은 문자열에 특화된 tuple이라고 보면 된다.[6] str형은 큰따옴표(" ")나 작은따옴표(' ') 사이에 문자열을 넣어 문자열이라는 것을 표기하며, 두 가지 표현에서 차이는 따로 없다. 그

5 '스트링'이라고 읽는다.
6 우리나라에서는 '문자열 데이터형'이라 하기도 한다

런데 파이썬에서는 문자열 출력에서 작은따옴표를 기본으로 사용하므로 우리가 프로그램을 작성할 때도 작은따옴표를 사용하는 것이 보기 좋기 때문에 작은따옴표를 쓰는 것을 추천한다.[7]

```
>>> s = 'Python'
>>> s
'Python'
>>> s = "Python"
>>> s
'Python'
>>> s = "Python' # Do not mix " and '
  File "<stdin>", line 1
    s = "Python'
               ^
SyntaxError: EOL while scanning string literal
```

str 클래스를 사용할 때 주의해야 할 점 중 하나는 간혹 인터넷에서 소스 코드를 복사해 사용하는 경우가 있는데 잘 살펴보면 따옴표의 문자가 열고닫는 방향이 있는 따옴표(‘ ’)가 있고, 방향이 없는 따옴표(' ')가 있다. 열고닫는 따옴표를 잘못 복사하는 경우에는 소스 코드 해석에 따라 에러가 날 수가 있는데 따옴표가 워낙 작은 기호이다 보니 쉽게 눈에 띄지 않아 원인을 찾아내지 못하는 경우가 종종 발생한다. 따라서 문자열과 관련해 이상한 에러가 발생하면 이런 부분을 확인해보자.

```
>>> s
'Python'
>>> type(s)
<class 'str'>
>>> len(s)
6
>>> s[1]
'y'
>>> s[2:4]
'th'
>>> s[-1]
'n'
```

그리고 str 데이터형은 tuple과 비슷하기 때문에 내용을 변경할 수 없다.

```
>>> s = 'Python'
>>> s[1] = 'i'
Traceback (most recent call last):
  File "<stdin>", line 1, in <module>
TypeError: 'str' object does not support item assignment
```

7 전혀 중요하지 않다.

이와 비슷한 이유로 tuple과 같은 연산이 가능하다.

```
>>> s = 'Python'
>>> s + s
'PythonPython'
>>> s * 2
'PythonPython'
>>>
```

6.3.1 str형 변환

이전에 int( )와 float( ) 함수로 형 변환을 했던 것처럼 str( ) 함수로 int형이나 float형 데이터를 str형으로 형 변환할 수 있다.

```
>>> str(1)
'1'
>>> str(1.23)
'1.23'
```

이와 반대로 str형 데이터를 int( ), float( ) 함수를 이용해 int형이나 float형으로 형 변환을 할 수 도 있다. 먼저 str형 데이터를 float( ) 함수로 형 변환하는 경우를 살펴보자.

```
>>> float('1')
1.0
>>> float('1.23')
1.23
>>> float('a')
Traceback (most recent call last):
  File "<stdin>", line 1, in <module>
ValueError: could not convert string to float: 'a'
```

위와 같이 형식이 float형으로 변환 가능한 경우에는 문자열을 float형으로 형 변환해준다. 그러나 'a'와 같이 float형으로 형 변환이 곤란한 경우는 에러가 발생한다. 이와 비슷하게 int( ) 형 변환 함수에 문자열로 표시된 숫자를 입력하는 경우도 살펴보자.

```
>>> int('1')
1
>>> int('1.0')
Traceback (most recent call last):
  File "<stdin>", line 1, in <module>
ValueError: invalid literal for int() with base 10: '1.0'
```

'1'의 경우에는 문제가 없지만, '1.0'과 같이 문자열이 float 형식으로 주어진 경우에는 에러가 발생한다. 간혹 학생들이 '1.0'은 int로 변환돼도 상관없지 않느냐고 질문할 때가 있다. 이때에는 "파이썬이 이렇게 동작하게 만들어 놓았다."라고 대답할 수밖에 없다. 기술적으로는 충분히 '1.0'을 int형 1로 변환할 수 있지만 동작하지 않는 것에 대해서는 프로그래밍 언어도 영어나 중국어와 같이 그냥 몸으로 익혀야 하는 언어라고 받아들이는 것이 좋을 것이다.

6.3.2 따옴표 섞어 쓰기와 이스케이프 문자

위에서 str형은 큰따옴표나 작은따옴표 사이에 문자열을 넣어 문자열을 표기한다고 했다. 그런데 문자열을 사용하다 보면 큰따옴표 사이에 큰따옴표를 넣어야 한다든지 하는 복잡한 경우가 발생한다. 이럴 때 따옴표를 어떻게 섞어 쓰는지에 대해 설명하려고 한다.

다음 예를 살펴보자. test"test라는 문자열을 출력하기 위해서는 문자열을 print('test"test')라고 표기하면 문제 없지만, print('test'test')를 사용하면 에러가 발생한다. 왜냐하면 작은따옴표의 시작과 끝을 구분하기 힘들어지기 때문이다. 이때는 작은따옴표 대신 큰따옴표로 문자열의 표기를 바꿔 print("test'test")를 사용하면 된다. 반대로 test"test라고 출력하기 위해서는 print("test"test")가 아니라 print('test"test')라고 작성하면 된다.

```
>>> print('test"test')
test"test
>>> print('test'test')
  File "<stdin>", line 1
    print('test'test')
              ^
SyntaxError: invalid syntax
>>> print("test'test")
test'test
>>> print("test"test")
  File "<stdin>", line 1
    print("test"test")
              ^
SyntaxError: invalid syntax
```

그러면 작은따옴표, 큰따옴표 둘 다 존재하는 문자열을 print( ) 함수를 사용해 출력하고 싶다면 어떻게 하면 될까? 따옴표 앞에 \를 하나 추가해 \'와 \"를 사용하면 어떤 따옴표를 사용했는지에 상관없이 \'는'로, \"는"로 출력된다.

```
>>> print('test\'test\"test')
test'test"test
```

이렇게 '\' 기호를 사용해 표기하기 힘든 문자를 문자열에서 사용하게 해주는 것을 '이스케이프 문자(escape character)'라고 한다. 이외에도 만약 '\'를 출력하고 싶으면 '\\'를 사용해 출력해야 한다.

```
>>> print('\')
  File "<stdin>", line 1
    print('\')
           ^
SyntaxError: EOL while scanning string literal
>>> print('\\')
\
```

그리고 아주 유용한 이스케이프 문자로는 '\n'이 있는데, 이를 '개행 문자(new line character)'라고 한다. 실제 화면에 찍히지는 않지만 '줄을 바꿔주는' 문자다. 다음 예제의 문자열에 사용된 '\n'의 역할을 잘 살펴보기 바란다.

```
>>> print('hello\nworld')
hello
world
```

6.3.3 str 클래스의 메서드

str 클래스에는 list 클래스보다 훨씬 많은 메서드 함수가 존재한다. str 클래스에서 사용하는 몇 가지 중요한 메서드를 살펴보자. 그 첫 번째로 upper( ) 메서드는 str 인스턴스에 포함된 모든 문자를 대문자로 바꿔준다. 하지만 list의 append( ) 메서드처럼 내용이 자동으로 변경되는 것이 아니라 리턴 값으로 돌아오기 때문에 변수가 지시하는 인스턴스를 변경하고 싶으면 's = s.upper( )'와 같이 변수를 다시 s.upper( )에 할당해야 한다.

```
>>> s = 'Cats hate dogs'
>>> s.upper()
'CATS HATE DOGS'
>>> s
'Cats hate dogs'
>>> s = s.upper()
```

```
>>> s
'CATS HATE DOGS'
```

이와 비슷하게 모든 문자를 소문자로 바꾸기 위해서는 lower( ) 메서드를 사용할 수 있다. swapcase( )는 대문자는 소문자, 소문자는 대문자로 바꿔주는 메서드다.

find( )는 str 내에서 어떤 특정 str을 찾아 그 위치를 반환하는 메서드다.

```
>>> a = 'Dogs hate cats'
>>> a.find('cats')
10
```

위 예제에서 'cats'가 시작하는 문자열 위치가 10이므로[8] 10이라는 숫자를 돌려준다. 만약 find( )가 문자열을 찾을 수 없으면 -1을 반환한다.

6.3.4 input()과 print() 함수를 이용한 대화형 입출력

키보드로부터의 입력: input()

파이썬에는 키보드로부터의 입력을 지원하기 위한 input( )이라는 함수가 있다. input( ) 함수를 통해 키보드로부터 입력받은 모든 내용은 str 데이터형으로 인식되며, 숫자를 입력받기 위해서는 일단 str 데이터형으로 받은 데이터를 형 변환해야 한다.

input 함수를 사용해 변수 s에 값을 받아들이는 명령을 다음과 같이 실행해보자.

```
>>> s = input()
```

Enter를 누르더라도 프롬프트가 나타나지 않는다. 이는 줄이 바뀌면서 키보드로부터 입력을 기다리는 상태가 되기 때문이다. 여기에 어떤 문자열(이나 숫자)을 입력하고 Enter를 누르면 입력한 값이 s라는 변수에 저장된다.

```
>>> s = input()
Python
>>> s
'Python'
>>>
```

8 첨자가 0에서 시작한다는 것을 잊지 말자.

input( ) 함수를 통해 입력되는 모든 값들은 문자열로 인식된다. 즉,

```
>>> s = input()
10
>>> s + 10
Traceback (most recent call last):
File "<stdin>", line 1, in <module>
TypeError: can only concatenate str (not "int") to str
>>> s
'10'
>>>
```

과 같이 결과를 확인해볼 수 있다. 위 결과와 같이 input( ) 함수에서 돌아온 결과가 문자열이기 때문에 10을 더할 수 없으므로 파이썬은 에러 메시지를 돌려준다. 이는 키보드에서 입력하는 모든 것은 숫자 키를 누르더라도 숫자가 아니라 문자를 입력하는 것이라는 사실과 일치한다.

input( ) 함수의 괄호 속에는 입력받기 전에 화면에 띄워줄 메시지를 문자열로 적어줄 수도 있다. 예를 들어,

```
>>> s = input('Enter a number: ')
Enter a number:
```

'Enter a number: '라는 문자열이 그대로 화면에 출력된다. 그러면 키보드로 원하는 내용을 입력해보자.

```
>>> s = input('Enter a number: ')
Enter a number: 10
>>>
```

그러면 숫자를 입력받기 위해서는 어떻게 해야 할까? input( ) 함수와 함께 int( )라는 int형으로 변환하는 형 변환 함수를 사용해 정수로 변환해야 코드가 문제없이 동작한다.

```
>>> x = int(input('Enter a number: '))
Enter a number: 10
>>> x
10
>>> type(x)
<class 'int'>
>>> x + 10
20
```

화면 출력: print()

우리는 에디터를 배울 때 간단히 데이터를 출력하기 위해 특별한 설명 없이 print( ) 함수를 사용해왔다. print( ) 함수를 제대로 사용하는 법은 한 챕터를 할애해야 할 정도로 분량이 많지만, 이 책에서는 파이썬 프로그래밍의 큰 줄기를 빠르게 이해하는 데 좀 더 집중하기 위해 특별히 많은 것은 설명하지 않고 몇 가지 간단히 추가할 부분만 언급한다.

파이썬은 다음과 같이 타 언어들과 달리 어떤 데이터형이나 변수라도 알아서 구분해 출력해준다. 이런 부분은 처음 프로그래밍을 접하는 사람들이 매우 편리하게 생각하는 부분이며, 특히 인터프리트 방식의 프로그래밍에서 디버깅을 하는 데 많은 도움이 된다.

```
>>> print(1)
1
>>> print(1.23)
1.23
>>> print('hello world')
hello world
>>> cat = 'hello world'
>>> print(cat)
hello world
```

더욱이 1개의 데이터나 숫자만 출력하는 것이 아니라 여러 개의 데이터를 1개의 print( )문을 이용해 출력하고 싶을 때는 콤마로 구분해주기만 하면 된다.

```
>>> cat = 'hello world'
>>> print(1, 1.23, cat)
1 1.23 hello world
```

이렇게 콤마로 구분할 경우에는 각 출력값들 사이에 공백(space)이 하나씩 들어가 출력된다. 이를 이용하면 다음과 같이 문장을 구성하는 것이 매우 간편해진다.

```
>>> a = 2
>>> b = 4
>>> print(a,'divided by',b,'is',a/b)
2 divided by 4 is 0.5
```

6.4 set 클래스

set 클래스는 순서가 없는 list라고 볼 수 있다. set형은 중괄호({ })에 데이터를 넣어 생성하며, set() 함수 안에 list를 넣어 생성할 수도 있다.

```
>>> a = {1, 2, 3}
>>> a
{1, 2, 3}
>>> a = set([1, 2, 3])
>>> a
{1, 2, 3}
```

순서가 없기 때문에 다음과 같이 첨자를 사용해 요소를 접근하려면 에러가 발생한다.

```
>>> a[0]
Traceback (most recent call last):
  File "<stdin>", line 1, in <module>
TypeError: 'set' object is not subscriptable
```

따라서 in이라는 키워드를 사용해 생성한 set의 내부에 어떤 데이터가 존재하는지, 아닌지를 확인한다.

```
>>> 2 in a
True
>>> 0 in a
False
```

6.5 dict 클래스

dict 클래스는 데이터가 쌍으로 이어진 set라고 볼 수 있다. dict형은 set와 마찬가지로 중괄호([ ])에 데이터를 넣어 생성하며, 이 데이터는 ':'으로 맺어진 쌍으로 정의된다.

다음 예제를 살펴보자. 다음은 사람의 이름(저자의 이니셜인 'JS'를 사용했다)에 전화번호를 매칭시킨 데이터다. 따라서 JS의 전화번호는 010-8033, EJ의 전화번호는 010-4507을 다음과 같이 dict 형태로 생성하고, tel이라는 변수를 할당했다. 여기서 EJ의 전화번호를 찾고 싶을 때는

tel['EJ']와 같이 숫자 첨자가 아니라 사람 이름에 해당하는 부분을 입력하면 된다.

```
>>> tel = {'JS': '010-8033', 'EJ': '010-4507'}
>>> tel
{'JS': '010-8033', 'EJ': '010-4507'}
>>> type(tel)
<class 'dict'>
>>> tel['EJ']
'010-4507'
```

연습문제

E1. 1개의 input() 함수를 통해 2개의 숫자를 한 번에 입력받아 2개의 변수에 각각 데이터를 받을 수 있는 방법이 있는가? 파이썬을 통해 실험해보고 '예', '아니요'로 답하시오.

7 에디터와 IDLE를 이용한 파이썬 개발

학습 목표

프로그램 개발에서 사용되는 에디터의 개념을 이해하고, 파이썬을 개발할 때 기본으로 사용되는 통합 개발 환경(IDLE)의 활용을 익힌다.

우리가 파이썬을 공부하는 것은 단순히 공학 계산기 정도로 쓰기 위해서가 아니다. 이를 넘어 여러 개의 명령문이 연계된 프로그램을 개발할 수 있어야 본격적으로 프로그래밍의 영역에 들어간다고 말할 수 있을 것이다. 여러 개의 명령문이 연계돼 구성된 프로그램은 이제까지 경험한 한두 줄이 아니라 몇 천 줄, 몇 만 줄이 될 수도 있기 때문에 한 번에 모든 작업을 끝낼 수 없다. 따라서 개발한 프로그램을 저장하고 다시 불러오고 작업하는 일이 빈번히 일어나며, 이때에는 메모장, 아래한글, 마이크로소프트 워드와 같은 '에디터(editor)' 소프트웨어를 사용한다. 물론 아래한글이나 마이크로소프트 워드보다는 프로그래밍에 특화된 에디터를 사용하는 것이 일반적이다. 브이아이(vi), 이맥스(Emacs), 이클립스, 비주얼 스튜디오 코드(Visual Studio Code) 등이 유명한 프로그래밍 전용 에디터다.

요즘은 에디터뿐 아니라 에디터의 기능에 각종 프로그램 개발을 위한 편의(예 프로젝트 관리, 디버깅 등) 기능을 부가해 IDE(통합 개발 환경(Integrated Development Environment))라는 소프트웨어를 많이 사용하는 것이 대세다. 윈도우 환경에서 C/C++/C# 등으로 프로그램을 개발하기 위해서는 마이크로소프트의 비주얼 스튜디오(Visual Studio)가 IDE의 좋은 예가 될 것이다.

사람에 따라서는 IDE가 아니라 약간의 부가 기능만 포함된 프로그래밍 전용 에디터를 사용하는 것을 선호하기도 한다. 프로그래밍 전용 에디터와 IDE 사이의 명확한 구분은 없지만, 프로그래밍 언어의 컴파일 기능을 내장하고 있을 경우에는 IDE, 컴파일 기능이 없는 경우에는 에디터라고 하는 것이 보편적인 듯하다.

7장에서는 본격적으로 (여러 개의 명령문으로 구성된) 프로그램을 개발하는 것을 학습하기 위해 '메모장'과 같은 에디터를 활용해 파이썬 코드를 작성하고 실행하는 방식을 먼저 익히고, 이후 파이썬 설치와 함께 자동으로 함께 설치되는 통합 개발 환경인 IDLE의 활용을 학습한다. 어느 정도 파이썬을 사용하면 더 좋은 IDLE나 프로그래밍 전용 에디터를 사용하게 되지만, 프로그래밍에 필요한 개념들을 익히기 위해서는 아주 기본적인 것부터 순서대로 하나씩 익혀나가는 것이 좋을 것이다.

7.1 에디터를 이용한 파이썬 개발

파이썬 소스 코드의 작성 및 실행

아래한글로 작성한 내용은 '.hwp'라는 확장자를 가진 파일로 저장되고, 워드로 저장된 내용은 '.docx'라는 확장자를 가진 파일로 저장된다는 것은 모두가 잘 알고 있는 사실이다. 프로그래밍을 위해 작성된 명령어의 집합은 소스 코드(source code)라고 하며, 윈도우의 메모장으로 저장하는 '.txt' 파일과 동일한 형식을 사용한다. 다만 '.txt'라는 확장자보다는 어떤 프로그래밍 언어의 소스 코드인지를 기억하기 위해 확장자에 다른 이름을 사용하는데, C 언어의 경우 '.c', C++의 경우 '.cpp', 자바의 경우 '.java', MATLAB/Octave의 경우 '.m'이라는 확장자를 사용한다. 여기서 잊지 말아야 할 것은 어떤 확장자가 붙든, 기본적으로는 윈도우 메모장에서 쓰는 '.txt'와 같은 형식의 파일에 확장자만 바꾼 파일들이라는 사실이다. 따라서 이러한 소스 코드들은 윈도우 메모장, 워드패드, 아래한글, 워드 등 대부분의 텍스트 에디터로 열어서 작업할 수 있다.

파이썬도 다른 프로그래밍 언어에서 각자의 특정한 확장자 이름을 권유하는 것과 마찬가지로 '.py'라는 이름을 확장자로 요구하고 있다.

파이썬 창에서 연습했던 명령어를 상기해보자.

```
>>> import math
>>> r = 2
>>> h = 3
>>> area = math.pi*r*r
>>> volume = area*h
>>> volume
37.69911184307752
```

여기서 명령어 부분만 메모장을 열어 다음과 같이 작성하고 'test.py'라는 이름으로 예전에 파이썬을 설치했던 디렉터리인 'C:\Python38' 아래에 저장한다.

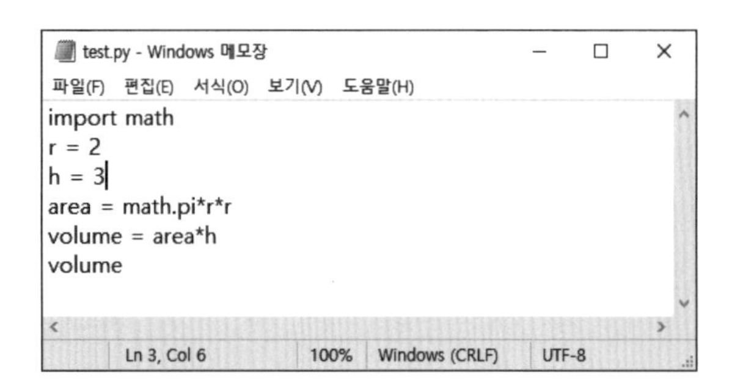

앞서 이 책에서 기술한 대로 파이썬을 설치했다면 경로(path) 설정을 하지 않았기 때문에 다른 디렉터리에서는 파이썬을 실행할 수 없다. 따라서 윈도우 '명령어 프롬프트'를 실행한 후 명령어 프롬프트 창에서 'cd C:\Python38' 명령어를 실행시켜 파이썬 디렉터리 'C:\Python38'로 이동하자.[1]

```
C:\Users\JS>cd C:\Python38
```

그리고 'test1.py' 소스 코드를 파이썬을 통해 실행하기 위해서는 'python<파일명>'을 입력하면 된다.

```
C:\Python38> python test.py

C:\Python38>
```

그런데 위의 출력에서 알 수 있듯이 마지막에 volume 변수의 값을 출력하는 부분이 제대로 동작하지 않는다는 것을 알 수 있다. 이는 파이썬 창에서 명령문을 하나하나 실행할 때와 '.py' 파일을 통째로 수행할 때 파이썬에서 동작하는 방식에 차이가 있기 때문인데 파이썬 창에서 실행할 때는 인터랙티브 모드(interactive mode)라고 해서 명령문 하나하나에 대해 피드백을 주게 돼 있으며, '.py' 파일을 실행할 때는 변수 이름을 명령으로 주었을 때 변숫값을 출력하지 않는다. 따라서 volume이라는 명령문을 print() 함수를 사용해 print(volume)이라는 명령문으로 수정해야 한다.

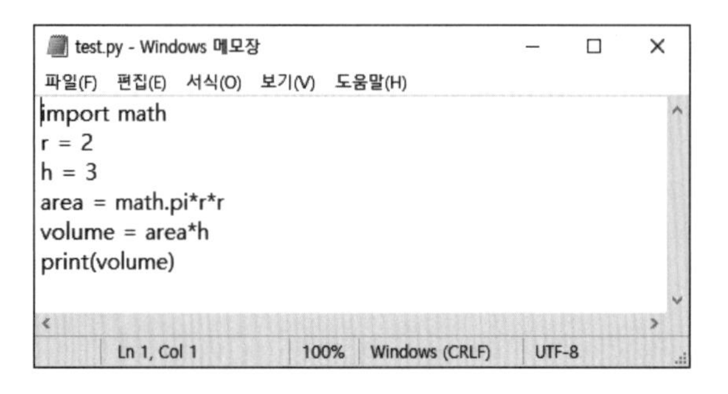

1 'cd'는 'change directory'의 약자로, 현재 디렉터리를 바꾸는 명령어다.

volume을 print(volume)로 바꿔주면 원하는 결과를 다음과 같이 얻어낼 수 있다.

```
C:\Python38> python test.py
37.69911184307752

C:\Python38>
```

프로그램을 작성할 때 print( )와 같은 함수를 사용하지 않고 volume과 같이 변수명을 명령어로 주는 것은 인터랙티브 모드(interactive mode)(즉, 파이썬 창에서 직접 명령을 하나하나 입력하는 것)에서 프로그램의 동작을 검증하는 용도로만 활용한다고 이해하면 좋을 것이다.

주석문

위에서 우리가 작성한 소스 코드는 매우 짧기 때문에 한 번에 무슨 일을 하는 코드인지 쉽게 이해된다. 그러나 소스 코드가 길어질수록 내용을 파악하기 힘들어지므로 소스 코드에 메모를 남겨 각 부분이 어떤 역할을 하는지 기록하고 싶어질 때가 있다. 이럴 때 '주석'을 사용한다.

'#' 기호를 넣고 그 오른쪽에 우리가 남기고 싶은 메모를 작성하면 '#'의 오른쪽부터는 컴퓨터에 전달하는 명령문이 아니라 컴퓨터가 무시하는 주석으로 간주된다. 위 예제를 주석을 달아 수정하면 다음과 같이 나타난다.

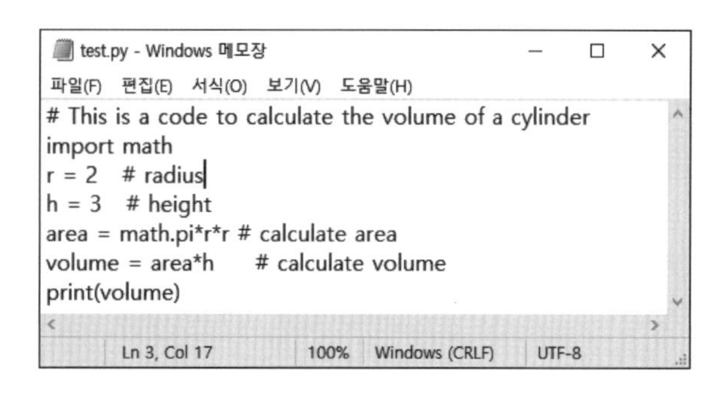

매트랩/옥타브 사용자를 위한 파이썬

매트랩/옥타브와 같은 언어에서는 '%', 파이썬에서는 '#'을 사용한다.

저자의 경우 박사 과정에서 작성했던 코드가 1,000개가 넘었다. 그런데 3년 정도 지나 같은 분야의 개발이 필요해 예전 코드를 살펴보니 당시에는 주석을 꽤 달아놓았다고 생각하는 데도 뭐가 어떻게 돌아가는지 이해되지 않는 부분들이 많았다. 따라서 주석은 옵션이 아니라 개발의 필수 요건이라 생각하는 것이 좋다.

에디터에서 코딩하는 방식을 대략 설명했으므로 이제부터는 파이썬 코드를 에디터상에서 작성할 경우 다음과 같이 표기한다. 다음 박스의 왼쪽에 행 번호가 나타나 있는 것을 알 수 있는데, 만약 왼쪽에 행 번호가 표시돼 있다면 '.py'로 저장하는 파이썬 코드를 의미하고, 그렇지 않으면 프롬프트와 함께 사용하는 대화형 모드나 윈도우 명령 프롬프트와 같은 환경에서 작업하는 것으로 이해하는 것이 좋다.[2]

```
1   # 원통의 부피를 계산하는 코드
2   import math
3   r = 2                  # radius(반지름)
4   h = 3                  # height(높이)
5   area = math.pi*r*r     # 면적을 계산
6   volume = area*h        # 부피를 계산
7   print(volume)
```

.py 확장자의 의미

'test.py'라는 파일의 확장자가 사용자 편의를 위한 부분 외에는 아무런 의미가 없다는 것을 확인하기 위해 파일명을 'test.py'를 'test.txt'라고 변경해보자. 그리고 다시 파이썬을 다음과 같이 실행해보면 조금 전과 같은 결과가 나타난다는 것을 확인할 수 있다.

```
C:\Python38> python test.txt
37.69911184307752

C:\Python38>
```

이상과 같이 윈도우의 메모장을 이용해도 파이썬 프로그램을 개발하는 데는 문제가 없다는 것을 이해하게 됐다. 하지만 프로그래밍을 위해서는 프로그래밍에 편리한 기능을 추가한 프로그래밍 특화 에디터를 쓰는 것이 일반적이다.

리눅스 운영체제하에서는 윈도우 메모장의 리눅스판이라고 말할 수 있는 vi를 기본적으로 사용하는데, 1970년대에 개발된 vi는 GUI가 없어도 사용할 수 있다는 장점이 있지만, GUI가 일반적으로 활용되는 요즘에는 사용을 기피하고 있다. 그럼에도 리눅스 서버 등에서 GUI를 사용하지 않을 경우에는 아직도 많은 프로그래머나 서버 관리자들이 사용하고 있다.

최근 들어 제일 선호되는 에디터는 마이크로소프트에서 2016년 무료로 출시한 '비주얼 스튜디오

2 많은 프로그래밍 전용 에디터에서는 이렇게 행 번호를 표시해 코드에서 잘못된 부분이나 찾아야 할 부분을 쉽게 행 번호를 통해 알 수 있도록 해주는 기능이 있다.

코드(Visual Studio Code, VS Code)'라는 에디터로, 윈도우, 리눅스, 맥 등에서 모두 동작하고, 빠르고 가벼우며 기능이 강력해 사용자 수가 급속도로 늘어나고 있다.

Tip 리눅스의 쉬뱅

파이썬은 윈도우, 맥OS, 리눅스 등의 플랫폼에 상관없이 같은 코드로 똑같이 동작한다. 따라서 'test1.py'라는 파일을 윈도우에서 작성해 리눅스에서 실행하거나 이와 반대로 해도 전혀 문제가 없다는 장점이 있다.
리눅스에는 윈도우에 없는 '쉬뱅(shebang)'이라는 기능이 있는데, 다음과 같이 맨 첫줄에 '#!/usr/bin/env python3'이라고 삽입하면[3] 'python3 test1.py'가 아니라 'test1.py'만 입력하더라도 파이썬 소스 코드가 실행된다. 이렇게 텍스트 파일의 맨 앞줄에 넣어 실행할 수 있는 파일처럼 동작하게 만드는 것을 쉬뱅 기능, 그런 명령 행을 쉬뱅 라인(shebang line)이라고 한다.

```
#!/usr/bin/env python3
import math
r = 2
h = 3
area = math.pi*r*r
volume = area*h
print(volume)
```

인터넷에서 파이썬 코드를 다운로드하면 쉬뱅 라인이 포함돼 있는 경우가 많다.

7.2 IDLE를 이용한 파이썬 개발

에디터의 기능에는 한계가 있기 때문에 통합 개발 환경을 사용하는 것도 좋은 방법이다. 통합 개발 환경은 주로 프로그래밍 언어나 플랫폼(즉, 윈도우, 리눅스 등)에 특화돼 배포되는 경우가 많으므로 그 언어와 운영체제에 맞는 통합 개발 환경의 선택이 필요하다. 통합 개발 환경이 있더라도 에디터를 선호하는 개발자들도 많은데, 에디터는 프로그래밍 언어의 선택과 상관없기 때문에 여러 가지 언어를 사용하는 개발자들이 손에 익은 에디터로 계속 작업을 하고 싶어 하는 경우에 주로 해당한다.

이번 절에서는 파이썬의 통합 개발 환경 중 하나인 IDLE(Integrated Development and Learning Environment)를 사용해 파이썬을 개발하는 방법에 대해 학습한다. 파이썬 IDLE는 파이썬을 처음 설치할 때 자동으로 설치되며, 다시 한번 복습하면 파이썬을 설치한 후에 윈도우 메뉴에서 확인되

3 최근 리눅스에는 python3라고 해서 파이썬이 기본으로 설치돼 배포된다.

는 4개의 파일들(다음 참조) 중 하나다.

- IDLE(Python 3.7 64-bit)
- Python 3.7(64-bit)
- Python 3.7 Manuals(64-bit)
- Python 3.7 Module Docs(64-bit)

통합 개발 환경이라는 명칭은 파이썬뿐 아니라 다른 프로그래밍 언어를 개발할 때도 많이 활용되는데, IDLE라는 이름이 아니라 IDE라고 하는 것이 일반적이다. 따라서 저자의 추측으로 IDE는 일반 명사이므로 파이썬 특정의 IDLE라는 이름으로 배포하는 것이 아닐까 생각한다.

IDLE를 처음 실행하면 다음과 같은 화면이 나타난다.

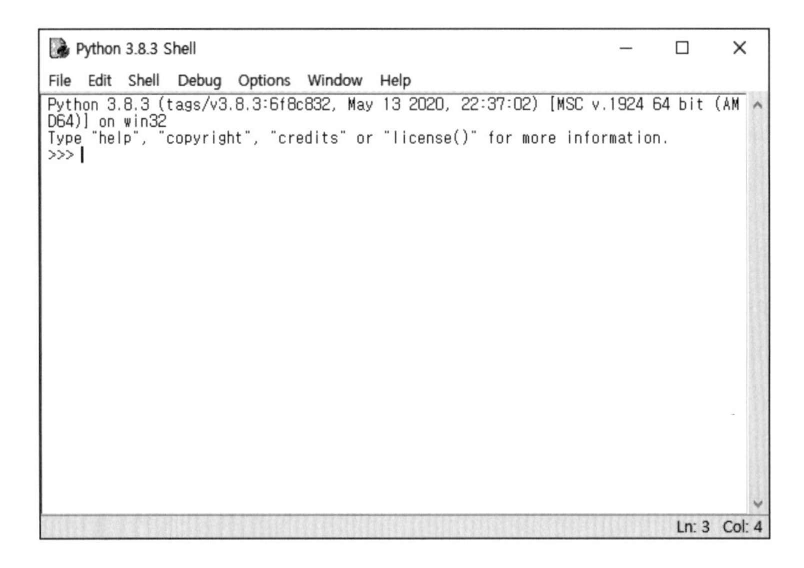

파이썬 IDLE의 셸(shell) 창

이 화면은 셸(shell) 창이라고 하며, 파이썬 창을 실행시켰을 때 나타나는 화면과 비슷한 역할을 할 것이라 추측할 수 있다. 한 가지 차이점은 위쪽에 [File] – [Edit] – [Shell] – [Debug] – [Options] – [Window] – [Help]와 같은 메뉴가 붙어 있다는 점이다. 이제 [File] → [New File]을 선택해보자(다음 참조).

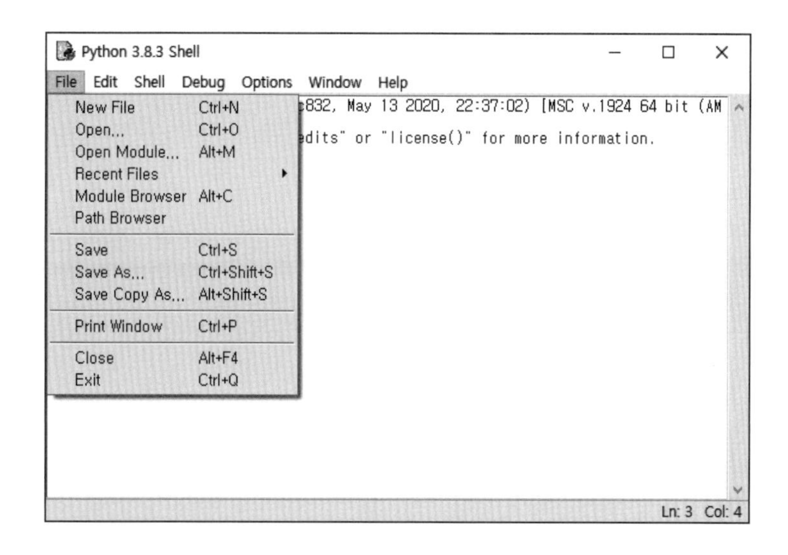

그러면 메모장과 비슷한 형식으로 다음과 같은 창이 하나 더 나타난다.

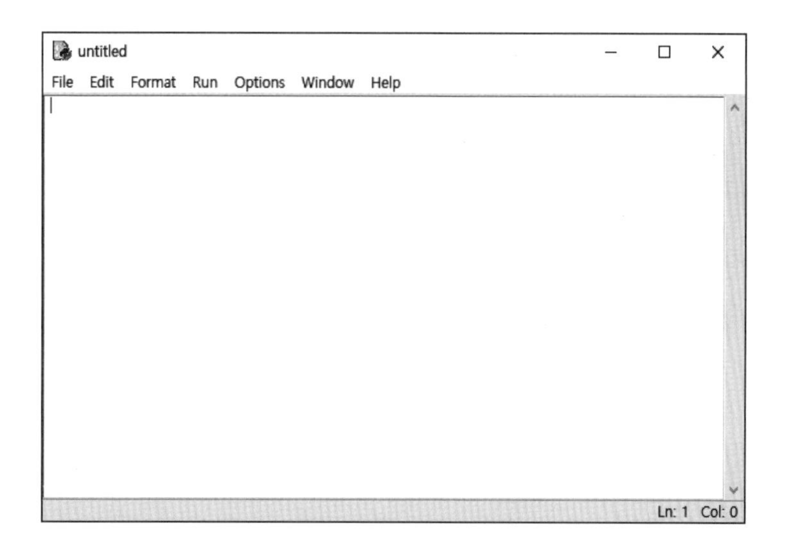

파이썬 IDLE의 에디터(editor) 창

대강 눈치챌 수 있듯이 처음에 나타난 셸 창은 파이썬 창, 두 번째에 나타난 에디터 창은 프로그램 코딩 작업을 담당한다. 따라서 에디터를 따로 사용하지 않고 이전 파이썬 창에서 명령어를 직접 입력했던 것처럼 명령어를 직접 입력하면 파이썬 명령어를 실행할 수 있다.

하지만 우리의 목적은 IDLE의 에디터 기능을 학습하는 것이므로 'Untitled'라는 이름이 붙은 창에 이전 윈도우 메모장에서 사용했던 코드를 복사해 붙여 넣고 'test.py'라고 저장하자.

test.py - C:/Python38/test.py (3.8.3)

File Edit Format Run Options Window Help

```
import math
r = 2
h = 3
area = math.pi*r*r
volume = area*h
print(volume)
```

Ln: 7 Col: 0

위 에디터상의 내용은 편의를 위해 다음과 같이 표기한다.

```
1    import math
2    r = 2
3    h = 3
4    area = math.pi*r*r
5    volume = area*h
6    print(volume)
```

이제까지 보아왔던 인터랙티브 모드의 파이썬 창과 달리 위의 파란색 상자 왼쪽에는 각 명령문의 행에 번호가 달려 있다. 이는 인터랙티브 모드를 위한 명령 구문이 아니라 에디터를 위한 명령 구문이라는 것을 구분하기 위한 것이므로 참고하기 바란다.

IDLE 에디터 창에서 [Run] → [Run Module]을 클릭하면 셸 창에서 이전과 같은 결과를 얻어낼 수 있다. 즉, 에디터상에서 곧바로 파이썬을 실행할 수 있는 편리함이 부가된 것이다.

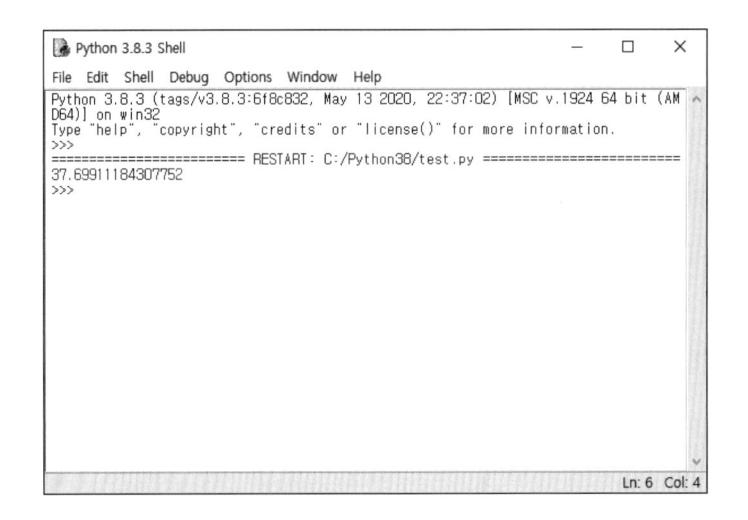

```
=================== RESTART: C:/Python37/test.py =====================
37.69911184307752
>>>
```

셸 창의 아래쪽에 프롬프트가 보이는데, 이는 한 번에 'test.py'를 실행한 후 명령을 이어서 입력할 수 있다는 것을 의미한다. 원래 소스 코드에 'volume'이라는 변수가 존재하므로 다음과 같이 명령어를 이어서 입력하면

```
=================== RESTART: C:/Python37/test.py =====================
37.69911184307752
>>> volume * 2
75.39822368615503
>>>
```

와 같이 'test.py'에서 사용했던 변수를 그대로 활용할 수 있다.

IDLE의 자세한 기능을 좀 더 학습하는 것도 나쁘진 않지만, IDLE의 기능은 IDE의 관점에서 볼 때 기능이 너무 제한적이고 부족한 면이 많다. 우리는 최종적으로 'Spyder'라는 파이썬 전용의 IDE를 사용하게 될 것이므로 IDLE라는 것이 이런 식으로 돌아간다는 정도만 알려주고 7장을 마무리하려고 한다.

8 파이썬 모듈의 기본 이해

학습 목표

우리는 이전에 import 명령어로 math 모듈을 불러들여 math 모듈 내의 수학 함수를 사용하는 방법을 배웠다. 따라서 import 명령어가 어떤 역할을 하는 것인지를 알고 있다. 8장에서는 파이썬에서 사용하는 모듈의 개념을 확실히 익히고, 기본적인 모듈의 사용법에 대해 좀 더 짚고 넘어가려 한다.

8.1 import 명령의 이해

import 명령의 동작

먼저 우리는 import라는 명령어가 어떻게 동작하는지를 익히려고 한다. 이제 좀 더 이 import 명령이 갖는 의미를 이해하기 위해 다음과 같이 두 줄짜리 파이썬 코드를 작성하고 'test.py'라는 이름으로 저장하자.

```
1    print('hello world')
2    a = 1.23
```

다시 한번 말하지만 위에서 왼쪽에 나타난 1은 행의 숫자이며, 명령문(들)은 에디터상에서 파일로 저장할 파이썬 소스 코드를 의미한다. 파일을 저장한 후 윈도우 명령 프롬프트 창을 열고 'import test'라는 명령을 입력하면 다음과 같은 결과를 얻을 수 있다.

```
>>> import test
hello world
>>> test.a
1.23
>>> import test
>>>
```

'import test' 명령은 파일 확장자를 '.py'로 가정하고 이에 해당하는 'test.py'를 임포트한다. 위 결과를 살펴보면 임포트의 결과로 'test.py'에서 작성한 명령문들이 수행되고 있다는 것을 알 수 있다. 즉, import 명령은 결국 다른 파이썬 코드를 불러들여 실행하는 역할을 하고 있는 것이다. 그 아래의 'test.a'라는 명령은 'test.py' 내부에서 정의된 a 변수의 내용을 출력하라는 것이다.

위의 결과를 살펴보면, math 모듈이 어떤 식으로 구성돼 임포트를 통해 동작하는지 알 수 있다. 실제로 math 모듈의 함수들은 C 언어로 개발돼 동작한다. 앞에서 언급했듯이 모듈이라는 것이 무조건 파이썬으로 개발돼야 하는 것이 아니라는 점을 상기하기 바란다. 또 math.pi와 같은 변수가 어떻게 정의됐는지도 쉽게 추론해볼 수 있다.

마지막 줄에서 다시 한번 'import test' 명령을 내리면 아무런 결과가 나타나지 않고 에러도 발생하지 않는다. 어떤 모듈을 임포트하고 나면 그 내용이 파이썬의 현재 환경에 기록되는데, 파이썬은 이를 이용해 같은 모듈을 두 번 불러들이는 것을 방지하도록 해 코드의 실행 효율을 높이기 때문이다.

위와 같이 import를 사용할 목적으로 파이썬 코드를 작성할 때 실무에서는 일반적으로 실행문은 넣지 않고 math.sin( )과 같은 함수[1]나 math.pi와 같은 상수를 넣어 사용할 변수 등만 정의해 활용한다.

C 개발자를 위한 import문의 이해

C 프로그래밍 언어를 이미 알고 있는 사람들은 이 import 명령을 보고 C 언어의 include문과 매우 비슷하다고 생각할 것이다. 파이썬의 import와 C 언어의 include는 비슷해 보이지만 실제 처리 방식은 다르다. C 언어의 include문은 include를 통해 지정된 헤더 파일(header file)과 소스 코드가 합쳐진 것과 동일하게 동작하기 때문에 소스 코드의 확장이라고 볼 수 있지만, 파이썬의 import는 import를 통해 지정한 모듈이 먼저 컴파일 처리가 되고, 컴파일된 상태에서 불러들여진다.

---

import 명령의 추가 형식

이 책에서는 import 명령을 지정한 외부 모듈의 내용 전부를 불러들이라는 의미로 사용했다. 그런데 import 명령은 'from 〈모듈명〉 import 〈함수명/변수명〉'의 형식으로 어떤 모듈의 모든 내용이 아니라 필요한 기능만 불러들일 수도 있다. 다음 예제에서는 math 모듈에서 pi 상수만 불러들이고 있다. 이때 주의해야 할 점은 math.pi가 아니라 pi라는 이름으로 임포트된다는 점이다. pi 상수만 불러왔기 때문에 sin( ) 함수를 사용하려고 하면 에러가 난다.

```
>>> from math import pi
>>> pi
3.141592653589793
>>> math.sin(1)
```

1 이 책에서 나중에 배운다.

```
Traceback (most recent call last):
  File "<stdin>", line 1, in <module>
NameError: name 'math' is not defined
>>>>>> sin(1)
Traceback (most recent call last):
  File "<stdin>", line 1, in <module>
NameError: name 'sin' is not defined
```

'from ~ import ~' 형식을 사용하면 함수를 사용할 때 '〈모듈명〉.'을 붙이지 않아도 되므로 이를 응용해 'from 〈모듈명〉 import *'의 형식으로 모든 함수를 불러들이면 그 모듈의 함수를 내장 함수처럼 '〈모듈명〉.' 없이 활용할 수 있다. 다음 예제를 살펴보면 어떤 의미인지 쉽게 알 수 있을 것이다.

```
>>> from math import *
>>> pi
3.141592653589793
>>> sin(1)
0.8414709848078965
```

또 한 가지 import 명령을 사용할 때 자주 활용하는 형식은 'import 〈모듈명〉 as 〈내가 사용할 모듈명〉'으로, 원래 모듈의 이름이 아니라 내가 지정한 이름으로 모듈을 불러들이는 방법이다. 다음 예제를 살펴보자.

```
>>> import math as m
>>> m.sin(1)
0.8414709848078965
>>> math.sin(1)
Traceback (most recent call last):
  File "<stdin>", line 1, in <module>
NameError: name 'math' is not defined
>>>
```

위에서는 math 모듈을 math라는 이름이 아니라 m이라는 이름으로 임포트했다. 이때 함수명은 그대로 활용하기 때문에 math.sin( )이 아니라 m.sin( )의 이름으로 함수를 사용해야 한다. 만약 math.sin( )이라는 이름을 사용하면 에러가 발생한다.

이렇게 'import ~ as ~'를 사용해 원래 모듈명을 사용하지 않고 특정 모듈명으로 바꾸는 것이 거의 실무 표준(de facto standard)처럼 활용되는 경우가 많다. 한 예로 NumPy라는 모듈은 대부분의 실무 개발자들이 np라는 이름으로(즉, 'import numpy as np') 사용한다.

8.2 파이썬 모듈의 기본 이해

다시 한번 설명하면 모듈은 파이썬에서 추가적인 기능이 필요할 때 임포트해 사용하는 함수와 변수들의 집합이다. 앞 절에서 임포트해 사용한 'test.py' 파일도 저자가 작성한 모듈이라고 볼 수 있다. 실제로 파이썬의 모듈은 상당히 넓은 개념으로, 특정한 기능을 가진 함수, 변수(상수를 포함/비포함 가능)를 묶어놓은 파이썬 '파일'이나 이런 파일을 묶어놓은 '디렉터리' 등으로 구현돼 있다. '등'이라고 표현한 이유는 파이썬의 모듈은 네트워크로 참조하게 되는 다른 사이트의 정보나 압축 파일 등을 모두 포괄하는 개념이기 때문이다.

이 '모듈' 중 '디렉터리' 형식으로 존재하는 모듈을 일반적으로 '패키지(package)'라고 한다. 좀 더 정확히 정의하면 파이썬에서는 정규 패키지(regular package)와 네임스페이스 패키지(namespace package)라는 두 가지 형태의 패키지가 존재하며, 보통 패키지라고 말하면 정규 패키지를 의미한다.

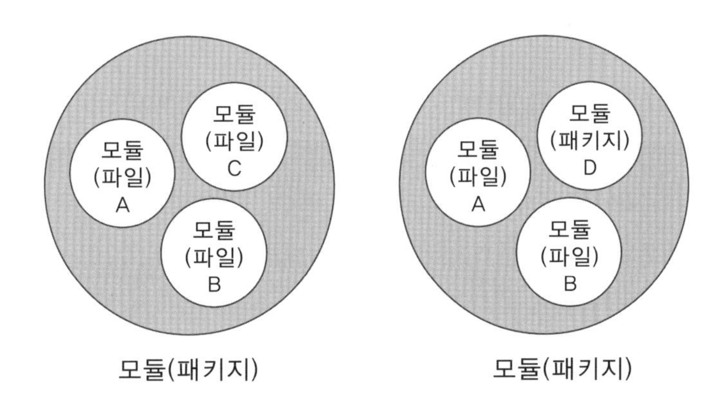

간혹 검증되지 않은 자료에서 모듈=파이썬 파일, 패키지=디렉터리로 설명하기도 하는데, 패키지는 모듈의 한 종류일 뿐이며, 모듈이 꼭 파이썬 파일(.py)일 필요도 없다. 또 한 가지 알아둬야 할 것은 **기술적으로는 패키지는 모듈의 한 종류지만, 일반적으로는 모듈과 패키지라는 용어를 혼용하는 경우도 많으므로 두 가지 용어를 엄격히 구분하지 말고 맥락에 따라 이해하는 것이 좋을 것이다.**

모듈을 좀 더 구체적으로 설명하기 위해 예를 하나 들어보자. 행렬을 계산할 일이 많아 행렬의 덧셈, 뺄셈, 곱셈, 나눗셈, 역행렬을 계산하는 함수들을 작성했다고 가정해보자. 어느 순간 이 함수들을 현재 작성하고 있는 소스 코드뿐 아니라 다른 소스 코드에서도 활용하고 싶을 수 있다. 이럴 때 해당 함수들만 모아 1개의 독립된 파일을 만든 것이 모듈이다. 그리고 행렬 계산하는 함수가 필요할 때는 이 파일을 임포트해 사용한다.

함수의 개수가 더 많아지면 1개의 파일에 담기 힘들 수도 있고, 여러 가지 기능의 모듈들이 공통적으로 사용될 수도 있다. 모듈 A는 행렬 연산, 모듈 B는 그래픽, 모듈 C는 수치 해석 등으로 여러 개의 모듈을 1개의 폴더에 모아 놓고 그 폴더에 JS라는 이름을 붙여주면 이는 JS라는 패키지 형태의 모듈이 된다. 물론 단순히 폴더에 파일 모듈들만 모아 놓는다고 해서 패키지가 되는 것이 아니라 패키지 폴더에 어떤 모듈을 넣어 놓았는지를 기술하는 특정 형식의 파일을 내용과 함께 작성해야 한다.[2] 좀 더 쉽게 이해하기 위해 파이썬에서 외장 모듈들이 설치되는 'C:\Python38\Lib' 폴더로 이동해 어떤 파일들이 존재하는지 살펴보는 것을 권장한다.

외장 모듈과 모듈의 의존성

파이썬에서는 기본적으로 설치할 때 함께 설치되는 내장 모듈뿐 아니라 수천, 수만 개가 넘는 외장 모듈이 존재한다. 파이썬 자체가 매트랩과 같이 어떤 한 회사에서 관리되는 언어가 아니기 때문에 어떤 모듈이 존재하는지, 어떤 모듈이 우수한지에 대한 정답이 존재하지 않으며, 내가 원하는 기능을 포함하는 모듈을 선택하고 다운로드해 설치하는 것도 큰 문제다.

이러한 문제점을 해소하기 위해 파이썬 재단의 지원으로 운영되는 웨어하우스(Warehouse) 프로젝트에서 운영하는 '파이피아이(PyPI)'라는 인터넷 사이트가 존재한다. 파이피아이는 파이썬 유저들에게 '치즈 가게(Cheese Shop)'라고 불리는데, 20만 개 이상의 파이썬 모듈을 정리해 공급, 배포하는 역할을 한다.

따라서 원하는 모듈이 있을 때는 이 사이트에 등록된 모듈을 살펴보는 것이 좋다고 생각할 수도 있지만, 등록된 모듈이 너무 많기 때문에 인터넷 검색을 통해 다른 사람이 어떤 특정 목적을 위해 어떤 모듈을 주로 사용하는지, 장단점은 무엇인지 검색한 후에 사용할 모듈을 선택하는 것이 좋다.

모듈을 사용할 때 발생하는 또 하나의 문제점은 파이썬에서 어떤 모듈을 사용할 때 그 모듈이 다른 모듈을 활용하는 경우가 종종 있다는 것이다. 특히 파이썬에는 A라는 모듈을 사용하고 싶어 A 모듈을 설치했는데, A 모듈을 활용하려면 B 모듈이 필요하다는 사실을 발견하게 돼 B 모듈을 설치하고 나면 또 다시 C 모듈을 요구하는 식의 복잡한 의존성이 존재한다.

다음 절에 소개할 pip라는 툴을 이용하면 위 두 가지 문제를 한 번에 해결할 수 있다.

2 '__init__.py'라는 이름의 파일이다.

8.3 PIP를 이용한 모듈의 설치

파이썬에서 복잡한 의존성과 다운로드 및 설치 과정을 손쉽게 해결하기 위해 대부분은 'pip'('Pip installs Packages')라는 툴을 사용해 모듈을 설치한다. 'pip'는 파이썬의 설치에 기본으로 함께 설치되는 툴이며, 복잡한 모듈들 사이의 의존성을 고려해 사용하려는 모듈이 필요로 하는 다른 모듈들까지 자동으로 설치해준다. 예전 파이썬 초기에는 공식적으로 'easy_install'이라는 툴을 사용해왔지만, 현재는 'pip'로 대치된 상태다.

'pip'는 명령 창에서 'pip install 〈모듈명〉'을 실행하면 자동으로 파이피아이(Python Package Index, PyPI)[3]라고 하는 인터넷 사이트에 접속해 해당 모듈을 다운로드한 후에 설치한다.

'C:\Python37\Scripts' 폴더로 이동하면 다음과 같은 파일들이 보일 것이다.

- easy_install.exe
- easy_install-3.7.exe
- pip.exe
- pip3.7.exe
- pip3.exe

여기서 'pip.exe'라는 파일 정도만 눈여겨보면 된다. 'easy_install'을 대신하기 위해 개발된 것이 'pip'이며, 'pip.exe', 'pip3.7.exe', 'pip3.exe'라는 3개의 파일은 모두 동일한 내용의 파일이기 때문이다. 호환성을 위해 같은 파일들을 이름만 달리해 제공하는 것이므로 고민할 필요가 없다.

이제 학습을 위해 윈도우 명령 프롬프트(Command Prompt)를 실행하고 'C:\Python37\Scripts' 디렉터리로 이동해보자.

```
C:\Users\JS> cd C:\Python37\Scripts

C:\Python37\Scripts>
```

예전에 학습했듯이 'dir'은 현재 디렉터리의 파일과 폴더의 내용을 표시해주는 명령이다.

3 '파이피아이'라고 읽는다.

```
C:\Python27\Scripts> dir
 C 드라이브의 볼륨: OS
 볼륨 일련번호: 1A48-A239

 C:\Python37\Scripts 디렉터리

2020-01-21  오후 05:03    <DIR>          .
2020-01-21  오후 05:03    <DIR>          ..
2020-01-21  오후 05:03           103,273 easy_install-3.7.exe
2020-01-21  오후 05:03           103,273 easy_install.exe
2020-01-21  오후 05:03           103,255 pip.exe
2020-01-21  오후 05:03           103,255 pip3.7.exe
2020-01-21  오후 05:03           103,255 pip3.exe
               5개 파일             516,311바이트
               2개 디렉터리  310,454,964,224바이트 남음

C:\Python37\Scripts>
```

'pip list'라는 명령어를 입력하면 현재 설치돼 있는 모듈들의 리스트를 보여준다.

```
C:\Python37\Scripts>pip list
Package Version
---------- -------
pip 19.2.3
setuptools 41.2.0
WARNING: You are using pip version 19.2.3, however version 20.0.2 is available. You
should consider upgrading via the 'python -m pip install --upgrade pip' command.

C:\Python37\Scripts>
```

현재 pip가 최신 버전이 아닐 경우에는 위와 같이 pip를 최신 버전으로 업그레이드하라는 경고(warning) 메시지가 나타나는데, 이 경우에는 pip를 업그레이드하자. 만약 다음과 같이 실행할 때 아무 메시지가 나타나지 않고 끝나는 이유는 환경 변수 Path에 파이썬의 경로 설정을 해주지 않았기 때문이다.

```
C:\Python37\Scripts>python -m pip install --upgrade pip

C:\Python37\Scripts>
```

따라서 한 단계 아래의 디렉터리에 위치하고 있는 파이썬을 실행하기 위해 다음과 같은 방식으로 명령을 입력해 pip를 업그레이드한다.

```
C:\Python37\Scripts>..\python -m pip install --upgrade pip
Collecting pip
  Downloading https://files.pythonhosted.org/packages/54/0c/d01aa759fd
c501a58f431eb594a17495f15b88da142ce14b5845662c13f3/pip-20.0.2-py2.py3-
none-any.whl (1.4MB)
  |████████████████████████████████| 1.4MB 226kB/s
Installing collected packages: pip
  Found existing installation: pip 19.2.3
    Uninstalling pip-19.2.3:
     Successfully uninstalled pip-19.2.3
Successfully installed pip-20.0.2

C:\Python37\Scripts>
```

이제 pip가 최신 버전으로 업그레이드됐다는 메시지가 나타날 것이다. 이 메시지를 살펴보면 `pip`가 1.4MB 크기의 `pip-20.0.2-py2.py3-non-any.whl`이라는 파일을 다운로드한 것을 확인할 수 있다. 이런 `.whl`이라는 파일은 '휠(wheel) 파일'이라는 모듈을 배포할 때 사용하는 파일 형식이다. 이제 다시 '`pip list`' 명령으로 어떤 모듈이 설치돼 있는지 확인해보자.

```
C:\Python37\Scripts>pip list
Package    Version
---------- -------
pip        20.0.2
setuptools 41.2.0

C:\Python37\Scripts>
```

pip는 우리가 현재 쓰려고 하는 모듈 관리 툴이며, setuptools는 pip와 easy_install이 모듈 관리에 사용하는 모듈이다(즉, setuptools가 있어야 pip를 사용할 수 있다는 말이다.) 현재는 아무런 특정 모듈이 보이지 않는데, math는 내장 모듈이므로 '`pip list`' 명령에서는 나타나지 않는다.

이제 필요한 모듈/패키지를 다운로드해 설치하는 과정만 남았다. 앞에서 설명한 바와 같이 공학적인 목적에서는 'numpy'라는 행렬 연산 모듈이 거의 필수적으로 사용된다. 이제 NumPy를 설치해보자.

```
C:\Python37\Scripts>pip install numpy
Collecting numpy
 Downloading numpy-1.18.1-cp37-cp37m-win_amd64.whl (12.8 MB)
|████████████████████████████████| 12.8 MB 187 kB/s
Installing collected packages: numpy
 WARNING: The script f2py.exe is installed in 'c:\python37\Scripts' which is not on PATH. Consider adding this directory to PATH or, if you prefer to suppress this warning, use --no-warn-script-location.
Successfully installed numpy-1.18.1

C:\Python37\Scripts>
```

위와 마찬가지로 PyPI 사이트에 접속해 NumPy를 다운로드한 후 'numpy-1.18.1-cp37-cp37m-win_amd64.whl'이라는 휠 파일을 설치한다. 'pip list' 명령을 이용하면 NumPy가 정상적으로 설치됐는지 확인할 수 있다.

```
C:\Python37\Scripts>pip list
Package    Version
---------- -------
numpy      1.18.1
pip        20.0.2
setuptools 41.2.0

C:\Python37\Scripts>
```

이제 NumPy를 설치했기 때문에 파이썬 코드를 개발할 때 'import numpy'라는 명령어로 NumPy를 불러들인 후 NumPy의 강력한 기능들을 사용할 수 있다.

여러 개의 모듈 이름을 나열하면 여러 개의 패키지를 동시에 설치할 수 있다.

```
pip install <모듈명 1> <모듈명 2> ...
```

NumPy 외에도 Scipy와 Matplotlib은 매우 자주 사용하는 모듈들이므로 다음과 같은 명령으로 설치해보자.

```
C:\Python37\Scripts> pip install scipy matplolib
```

모든 모듈을 PyPI를 통해 구할 수 있는 것은 아니다. 이 경우는 모듈을 배포하는 인터넷 사이트에 직접 접속해 .whl 파일을 다운로드한 후 'pip install 〈모듈명〉.whl' 명령을 통해 직접 설치해야 한다. 하지만 이때 PyPI를 통하지 않고 다운로드한 모듈의 경우 다른 모듈에 대한 의존성을 확신할 수 없으므로 매우 조심해야 한다.

8.4 PIP를 이용한 스파이더 IDE 설치

파이썬을 설치할 때 함께 설치되는 IDLE는 그 기능이 충분하지 않으므로 많은 사람이 그보다 나은 개발 환경을 따로 설치해 사용한다. 이 중 프로그래밍 초보에게 매우 유용한 개발 환경 중 하나로 '스파이더(Spyder)'라는 개발 환경이 있다. 스파이더는 파이썬과 Qt로 개발된 개발 환경이며, 다음과 같이 pip 명령으로 쉽게 설치할 수 있다.

```
C:\Python37\Scripts> pip install spyder
```

설치가 완료되면 'C:\Python37\Scripts' 디렉터리 내에 'spyder3.exe'라는 파일을 찾을 수 있으며, 다음과 같이 스파이더를 실행할 수 있다.

```
C:\Python37\Scripts> spyder3
```

그러면 다음과 같은 스파이더 IDE가 열린다. 왼쪽의 큰 창은 프로그램을 작성하기 위한 에디터 창, 오른쪽 아래의 창은 대화형 모드를 입력하기 위한 창이다. 즉, IDLE에서는 에디터 창과 파이썬 창이 따로 열렸지만, 스파이더 환경에서는 1개의 환경에 2개의 창이 통합돼 있다고 생각하면 된다. F5로 파이썬 코드를 실행한다는 점도 IDLE와 동일하다.

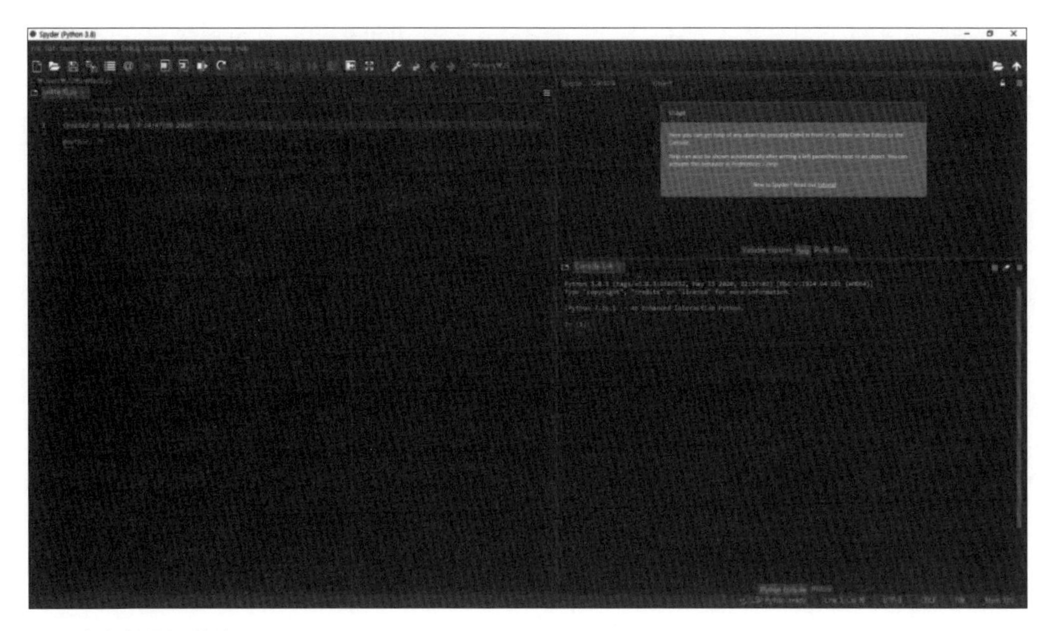

▲ 스파이더 IDE 화면

사용법 자체는 직관적이므로 자세히 설명하지 않겠지만, 오른쪽 아래 창의 파이썬 REPL 창에 대해서는 한 가지 알고 넘어가야 할 것이 있다. 좀 더 살펴보면 다음과 같다.

```
Python 3.8.3 (tags/v3.8.3:6f8c832, May 13 2020, 22:37:02) [MSC v.1924
Type "copyright", "credits" or "license" for more information.

IPython 7.16.1 -- An enhanced Interactive Python.

In [1]:
```

우리가 지금까지 사용해오던 파이썬 셸에서는 프롬프트가 '>>>'와 같은 형태로 나타났지만, 여기서는 'In [1]:'의 형식으로 프롬프트가 나타난다. 이 창에서 몇 가지 명령을 실행시켜보면,

```
In [1]: cat = 1

In [2]: cat
Out[2]: 1

In [3]:
```

위와 같이 명령을 입력하고 실행할 때마다 'In [1]:', 'In [2]:', 'In [3]:'과 같이 몇 번째 명령인지를 알려주는 번호가 하나씩 증가하며 프롬프트가 변경된다. 또한 명령에 대한 결괏값 출력이 있을 경우에는 'Out [2]:'와 같이 2번 명령에 대한 2번 출력이라고 확실하게 입출력 과정을 분리해준다.

이외에도 파이썬 명령어들에 대해서는 그 명령어에 대한 색깔을 다르게 표현해 좀 더 명령어를 알아보기 쉽도록 만들어준다는 차이점도 있다. 이는 현재 파이썬 REPL 창이 원래의 CPython에서 실행됐던 파이썬 셸이 아니라 이를 바탕으로 기능을 강화한 IPython[4]이기 때문이다. 기본적인 사용법에는 차이가 없지만, 사용자를 편하게 만들어주는 기능 강화 버전이라고 생각하면 된다. 이외에도 IPython에서만 작동하는 기능이 많이 내장돼 있다. 예를 들어 일반 파이썬 셸에서는 동작하지 않는 runfile()과 같은 함수는 외부 파이썬 코드를 REPL에서 직접 실행할 수 있도록 해준다.

IPython은 스파이더에서만 사용할 수 있는 것이 아니라 독립된 모듈로 존재하므로 다음과 같이 윈도우 명령 프롬프트에서 'ipython' 명령으로 실행할 수 있다. 이때는 파이썬 창과 거의 동일한 형태로 나타난다.

4 'I'는 interactive, 즉 '대화형'을 의미한다.

```
C:\Python38\Scripts>ipython
Python 3.8.3 (tags/v3.8.3:6f8c832, May 13 2020, 22:37:02) [MSC v.1924
Type 'copyright', 'credits' or 'license' for more information
IPython 7.16.1 -- An enhanced Interactive Python. Type '?' for help.

In [1]:
```

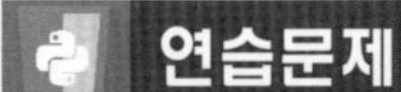

연습문제

E1. sin 함수를 사용하기 위해 다음과 같이 math 모듈을 임포트했다. 각 예시에서 sin 함수를 사용하는 방법에 대해 논의해보자.

(a) `import math`

(b) `import math as m`

(c) `from math import sin`

(d) `from math import *`

9 bool 데이터형과 조건문

학습 목표

9장에서는 조건문(conditional statement)을 사용하는 방법을 배운다. 조건문이란, 어떤 조건에 따라 A를 실행할지, B를 실행할지 판단해 프로그램이 다르게 실행되도록 하는 문장이다. 프로그래밍에서의 조건은 항상 '참이냐 거짓이냐?'라는 명제의 판별로 주어진다. 파이썬에서는 명제를 판별하기 위해 bool이라는 데이터형이 존재한다.

9.1 파이썬 데이터형 bool

어떤 명제에 대해 그 명제가 참(true)이냐, 거짓(false)이냐를 판별한 결과를 '진리 값'이라고 한다. 예를 들어

1는 2보다 크다: 거짓

1은 2보다 작다: 참

과 같이 간단한 논리적 판별을 할 수도 있고, 복합적으로 2개의 명제를 합쳐 판별할 수도 있다.

1은 2보다 작고, (동시에) 2는 3보다 작다: 참

1은 2보다 작고, (동시에) 2는 3보다 크다: 거짓

이렇게 참과 거짓으로 나눠지는 진리 값은 대부분의 프로그래밍 언어에서 `bool`, `boolean`, `logical` 등의 이름으로 불리며, `int`와 `float` 같은 데이터형처럼 1개의 독립된 데이터형으로 존재한다. 파이썬에서는 참과 거짓을 기록하는 데이터형을 부울(bool)이라고 한다.[1]

파이썬의 `bool` 데이터형에서는 참과 거짓의 두 가지 진리 값을 `True`와 `False`로 표기한다.[2] 다음 예제를 보면 `True`와 `true`가 다르게 인식된다는 것을 확인할 수 있다.

1 참과 거짓을 다루는 수학을 체계화한 수학자 조지 부울의 이름을 따라 '부울 대수'라는 수학의 한 분야가 만들어졌으며, 이와 관련된 프로그래밍의 데이터형 이름도 '부울'이라고 한다.

2 첫 글자가 대문자로, true와 false로 사용하면 인식하지 못한다.

```
>>> True
True
>>> False
False
>>> type(True)
<class 'bool'>
>>> true
Traceback (most recent call last):
  File "<stdin>", line 1, in <module>
NameError: name 'true' is not defined
>>>
```

9.2 비교 연산자

bool형은 주로 명제의 참과 거짓을 판별하는 데 사용된다. 학생 시절에 많이 배우는 명제는 3단 논법인데, 아마도 대표적인 예제는 다음과 같을 것이다.

소크라테스는 사람이다.

모든 사람은 죽는다.

그러므로 소크라테스는 죽는다.

그런데 이는 참과 거짓을 판별하기 쉬운 문제이지만, 회로로 구성된 컴퓨터 하드웨어 측면에서 보면 단순히 해결할 수 없는 매우 복잡한 문제다. 따라서 컴퓨터 프로그래밍에서 주로 사용하는 명제들은 대부분 '데이터, 특히 숫자의 비교'로 이뤄지는 명제다.[3] 즉,

```
3 > 4
4 = 4
```

과 같은 매우 단순한 비교가 프로그래밍에서의 명제의 기본이 된다.

이런 명제를 구성하기 위해 '1은 2보다 작다.'와 같은 비교를 수행하기 위해 사용하는 것을 '비교 연산자(comparison operator)'라고 하며, 비교 연산자의 연산으로 나타나는 결과는 bool(즉, True 또는 False)이다. 파이썬에는 다음과 같은 6개의 비교 연산자가 존재한다.

3 문자라든지 다른 형태의 데이터도 비교할 수 있다.

	연산자	설명
1	==	같다.
2	!=	같지 않다.
3	>	보다 크다.
4	>=	보다 크거나 같다.
5	<	보다 작다.
6	<=	보다 작거나 같다.

다음 예제에서 알 수 있듯이 '3 > 2'라는 명령어를 입력하면 결과는 True라는 bool 값으로 나타난다.

```
>>> 3 > 2
True
>>>
```

다른 연산자들도 이와 비슷한 형태로 동작한다.

```
>>> 2==2
True
>>> 2!=3
True
>>>
```

보통 학생들이 여기서 개념을 헷갈려할 수 있는데 비교 연산자도 산술 연산자와 같은 연산자라는 것을 잊으면 안 된다. '3 + 2'라는 명령에서 3과 2라는 2개의 값을 주고 '+'라는 연산자로 연산하면 '5'라는 결괏값이 나오는 것과 동일하게, '3 > 2'라는 명령은 3과 2라는 2개의 값을 주고 '>'라는 연산자로 연산해 결괏값이 'True'라고 나타나는 것이다. 즉, '3 > 2'라는 것은 그냥 3과 2를 비교하는 상황을 묘사하는 명제가 아니라 3과 2 사이에 '비교'라는 구체적인 연산을 하는 것이며, 결괏값이 숫자가 아니라 bool이라는 점만 차이가 있는 것이다. 이를 다시 표현하면,

- 3과 2에 + 연산을 적용하면 5라는 결괏값이 나온다.
- 3과 2에 〉 연산을 적용하면 True라는 결괏값이 나온다.

비교 연산자를 쓸 때 자주 실수하는 부분은 다음과 같다.

- '=='를 써야 할 곳에 '='를 쓰는 경우: 대부분의 컴퓨터 프로그래밍 언어에서 '='는 할당 연산자(assignment operator)로 사용하고 '=='를 비교에서의 같다는 의미로 사용한다. 프로그래밍

초보의 경우에 많이 하는 실수다.

- ‘>=’나 ‘<=’를 써야 할 곳에 ‘=>’나 ‘=<’를 쓰는 경우: 이 또한 프로그래밍 초보들이 많이 하는 실수다.
- ‘!=’를 써야 할 곳에 ‘~=’를 쓰는 경우: 이는 매트랩과 같은 언어에서 ‘같지 않다.’는 의미로 ‘~=’라는 표기를 사용하는데 매트랩을 주로 쓰던 학생들은 ‘~=’를 사용하는 실수를 범한다.

파이썬의 비교 연산자에서 특이한 부분은 ‘==’ 연산자가 `int`형과 `float`형 사이의 비교에서 다른 언어들과 약간 다르게 동작한다는 점이다.

```
>>> 1 == 1.0  # (1)
True
>>> 1 == 1.1  # (2)
False
>>> 1 > 0.5   # (3)
True
>>> 0.5 > 1   # (4)
False
```

(1)의 예제에서 알 수 있듯이 1과 1.0을 비교할 때 하나는 `int`형인 1이고, 또 하나는 `float`형인 1.0이므로 컴퓨터 하드웨어 측면에서는 2개가 전혀 다른 데이터이지만, 파이썬의 비교에서는 1과 1.0을 동일한 숫자로 파악한다. 다음 (2), (3), (4) 예제에서도 이와 비슷한 사실을 발견할 수 있는데, (3)의 예제를 빌어 간단히 설명하면 `int`인 1과 `float`인 0.5를 비교하기 위해 `int`인 1을 `float` 1.0으로 형 변환한 후에 비교한다고 이해하면 될 것이다.

파이썬 비교 연산자의 특징: 리스트형의 비교

다른 프로그래밍 언어들에서는 비교 연산자를 사용할 때 배열이나 문자열에는 적용할 수 없는 것이 일반적이다. 예를 들어, C/C++ 언어에서는 2개의 문자열을 비교할 때 비교 연산자를 사용할 수 없고, 따로 `strcmp( )`라는 함수를 통해 비교해야 한다. 그러나 파이썬에서는 `list` 데이터형과 `str` 데이터형과 같은 데이터형들에서도 비교 연산자를 사용할 수 있다.

일단 `list` 데이터형에 비교 연산자를 적용한 예를 살펴보자.

```
>>> [1, 2, 3]==[1, 2, 3] # (1)
True
>>> [2, 2, 3]==[1, 2, 3] # (2)
False
```

(1)과 (2)의 예제에서는 2개의 리스트를 비교하는 아주 명확한 경우를 보여준다.

(1) 2개의 리스트의 내용이 완전히 동일한 경우에는 ==가 True를 반환한다.

(2) 2개의 리스트의 내용이 약간이라도 다른 경우에는 ==가 False를 반환한다.

그리고 >, <와 같은 비교 연산자도 사용할 수 있는데 이때에는 첫 번째 요소, 두 번째 요소, 세 번째 요소, …와 같이 순차적으로 비교하며 어떤 요소가 다른 요소보다 크거나 작으면, 그 결과로 크고 작음을 판정한다. 다음을 살펴보자.

```
>>> [2, 2, 3]>[1, 2, 3] # (3)
True
>>> [1, 2, 3]<[1, 2, 4] # (4)
True
>>> [2, 2, 3]>[1, 2, 4] # (5)
True
```

(3) 앞쪽 리스트의 첫 번째 요소인 2가 뒤쪽 리스트의 첫 번째 요소인 1보다 크므로 >가 True를 반환한다.

(4) 2개의 요소는 동일한데, 세 번째 요소의 비교에서 앞쪽 리스트의 세 번째 요소가 뒤쪽 리스트의 세 번째 요소보다 작으므로 <는 True를 반환한다.

(5) 2개의 리스트에서 세 번째 요소를 보면 뒤쪽 리스트의 요소가 더 크지만, 비교가 첫 번째 요소부터 순차적으로 진행되기 때문에 첫 번째 요소의 비교에서는 앞쪽 리스트의 2가 뒤쪽 리스트의 1보다 크므로 세 번째 요소와는 상관없이 > 연산이 True를 반환한다.

그럼 int형이나 float와 같은 숫자와 str을 비교할 수 있을까?

```
>>> [1, 2, 3]>['a', 2, 3] # (6)
Traceback (most recent call last):
  File "<stdin>", line 1, in <module>
TypeError: '>' not supported between instances of 'int' and 'str'
>>> [1, 2, 3]>[0, 'a', 3] # (7)
True
```

위 예제 (6)에서 알 수 있듯이 숫자와 str은 비교 연산자로서 비교할 수가 없다. 하지만 (7)과 같은 경우에는 비교 연산이 성립하며 True를 반환하고 있다. 왜 이런 결과가 나타나는지 생각해보자 (힌트: 바로 위 예제 (5)를 보면 이해할 수 있다).

파이썬 비교 연산자의 특징: 문자열의 비교

문자열(str형)도 리스트와 비슷하게 비교 연산자를 사용할 수 있다. 다음에서 길이가 1인 문자열을 비교한 예제를 살펴보자(파이썬에는 1개의 문자만 다루는 데이터형이 없다는 것을 다시 한번 상기하자).

```
>>> 'a'=='a'  # (1)
True
>>> 'a'!='a'  # (2)
False
>>> 'a'>'b'   # (3)
False
>>> 'a'<'b'   # (4)
True
```

(1)과 (2)에서 알 수 있듯이 2개의 문자열이 동일하면 `True`, 그렇지 않으면 `False`를 돌려준다. 또한 (3)과 (4)에서 알 수 있듯이 'a'는 'b'보다 작다. 이는 사전(dictionary)에서 해당 문자열을 찾는다고 생각하고, 뒤쪽 페이지에서 찾을 수 있는 문자열은 앞쪽 페이지에서 찾을 수 있는 문자열보다 크다고 판정한다. 따라서 'b'는 'a' 다음에 나오므로 'a'가 'b'보다 작다.

이제 이를 길이가 2 이상인 문자열에 적용하면서 확인해보자.

```
>>> 'ABC'=='abc' # (5)
False
>>> 'ABC'<'aBC'  # (6)
True
```

(5)의 예제는 문자열의 비교에서 대문자와 소문자를 구분한다는 것을 이야기한다. 또한 (6)의 예제는 'ABC'보다 'aBC'가 사전의 뒤쪽에 나타나므로 'ABC'가 'aBC'보다 비교 연산자를 적용하면 작다고 나타난다.

9.3 논리 연산자

때때로 조건문의 조건으로 들어가는 명제는 두 가지 이상의 명제가 결합한 복합적인 형태로 나타나기도 한다. 이 경우에는 논리 연산자로 명제들 사이의 관계를 명시해야 한다. 논리 연산자는 산술 연산자와 비슷하지만, 산술 연산자는 입력값이 숫자인 반면, 논리 연산자는 입력값이 `bool`형이라는 차이가 있다. 비교 연산자까지 포함해 요약하면

- **산술 연산자:** 숫자(연산자) 숫자 → 결과는 숫자
- **비교 연산자:** 숫자(연산자) 숫자 → 결과는 bool
- **논리 연산자:** bool(연산자) bool → 결과는 bool

이라고 표현할 수 있다.

파이썬에는 and, or, not의 세 가지 논리 연산자가 있으며, 연산의 경우의 수를 표현하는 진리표는 다음과 같다.

A	B	A and B
True	True	True
True	False	False
False	True	False
False	False	False

A	B	A or B
True	True	True
True	False	True
False	True	True
False	False	False

A	not A
True	False
False	True

위 표에서 A, B는 피연산자, 'A and B'는 A와 B가 and를 사용해 연산했을 때 나타나는 결괏값을 의미한다. 예를 들어, 표에서 A가 True이고 B가 False일 때 'A or B'는 True라는 결과가 나타난다는 것을 의미한다.[4]

위 표에서 알 수 있듯이 and와 or는 2개의 bool 값을 연산하는 이항 연산자(binary operator), not은 1개의 bool 값을 연산하는 단항 연산자(unary operator)라는 것을 명심하자. and와 or는 +, -, *, /와 같이 앞뒤에 연산할 2개의 bool 값을 피연산자로 배치해 연산하며, not은 부호를 바꾸는 '-'와 같이 어떤 bool 값 앞에 not을 넣어 연산한다.

```
>>> True and False
False
>>> not True
False
```

그리고 위의 진리표는 파이썬에서 간단한 명령문으로 쉽게 확인할 수 있다.

```
>>> True and True
True
>>> True and False
False
>>> False and True
```

4 두 번째 표의 둘째 줄 데이터 참조

```
False
>>> False and False
False
>>> not True
False
>>> not False
True
```

실제 프로그래밍에서 논리 연산자는 주로 비교 연산을 묶을 때 주로 사용한다.

예제 고혈압 진단 혈압을 측정하면 수축기 혈압(systolic pressure) 수치와 이완기 혈압(diastolic pressure) 수치가 나타난다. 이때 대한고혈압학회의 기준에 따르면 수축기 혈압이 120mmHg 미만이고 확장기 혈압이 80mmHg 미만이면 정상으로 판단한다. 이를 논리 연산자로 표현하면

```
systolic < 120 and diastolic < 80
```

이라고 표현할 수 있다. 논리 연산자의 우선순위는 비교 연산자보다 낮기 때문에 일단 `systolic < 120`을 계산한 후 `diastolic < 80`을 계산하고 `and` 연산을 취한다.

파이썬에는 다른 프로그래밍 언어에서 지원하지 않는 복합 논리 연산이라는 특이한 표현이 있는데, '`x > 10 and x < 20`'의 경우,

```
10 < x < 20
```

이라고 표현할 수 있다.

연습문제

E1. 비교 연산자 논리 연산자 혼합문

다음의 파이썬 연산 결과를 예측하시오.

(a) `not True and False or not False`

(b) `False and False or True`

(c) `10 == 10 and 10 != 5`

(d) `10 > 7 or 10 < 3`

(e) `not 10 > 7`

(f) `not 1 is 1.0`

9.4 조건문

그렇다면 이런 bool형 데이터와 비교 연산자들은 프로그래밍에서 어떻게 활용될까? 단순 반복 작업을 넘어 컴퓨터에게 어떤 일을 시키기 위해서는 '조건 분기(conditional branch)'라는 기능이 필수적으로 들어간다.

예를 들어 윈도우에서 창의 오른쪽 위를 보면 창을 최소화하는 아이콘, 최대화하는 아이콘, 창을 닫는 아이콘이 존재한다. 우리가 하는 일은 마우스 커서를 원하는 아이콘 위로 올려 마우스의 왼쪽 버튼을 클릭하는 것이다. 이때 마우스 커서의 위치에 따라 어떤 때는 창을 최소화하고, 어떤 때는 창을 최대화해야 한다. 즉, 조건에 따라 마우스의 왼쪽 버튼을 클릭할 때의 역할이 달라지는 것이다. 이렇게 조건에 따라 프로그램을 실행하는 기능을 달리 하는 것을 '조건 분기'라 하고, 이를 담당하는 프로그래밍의 명령문을 '조건문(conditional statement)'이라고 하며, 파이썬에서는 if문이 이 역할을 담당한다.

if문

파이썬에서는 if라는 키워드를 사용해 다음과 같은 형식으로 조건 분기를 행한다.

```
if <bool>:
    <명령문 1>
    <명령문 2>
    ...
```

if 다음에 나오는 bool 값이 참이면 다음의 명령문 1, 명령문 2, …를 수행하고, 거짓이면 명령문들을 수행하지 않고 건너뛴다. bool 값은 단순히 True나 False로 주어질 수도 있지만, 비교 연산자와 논리 연산자, 변수들이 섞인 복잡한 형태일 수도 있다. 하지만 아무리 복잡한 형태라도 그 결괏값은 True나 False 중 하나의 논리 값으로 결정돼야 한다(이 부분은 뒤에서 예제를 통해 하나씩 살펴본다).

위 형식에서 명령문이라고 된 부분이 if와 같은 위치에서 시작하지 않고 안쪽으로 들여쓰고 있다는 점에 주목해야 한다. 파이썬에서는 'if가 들어 있는 줄 바로 아래의 들여쓰기한 모든 명령문'에 대해 if문의 논리 값에 따라 실행 여부를 결정하는 영역[5]으로 본다. 보통 다른 프로그래밍 언어들은 블록을 '{}'이나 'Begin/End'와 같은 키워드를 사용해 구분하지만 파이썬은 들여쓰기를 통해 블록을 구분한다는 점이 파이썬의 특징 중 하나라고 할 수 있다.

5 이런 영역을 '블록'이라고 한다. if문의 경우 'if 블록'이라고 한다.

이런 들여쓰기는 탭(tab), 스페이스(space) 중 어떤 것을 사용해도 되지만 공식적으로는 '스페이스 4칸'을 쓰도록 권장한다. 특히 탭은 에디터 설정에 따라 스페이스 3칸이 될 수도, 4, 5칸이 될 수도 있기 때문에 같은 파이썬 소스 코드 파일을 열어도 탭 설정에 따라 소스 코드가 화면에 나타나는 것이 달라지기 때문에 파이썬에서는 탭을 죄악시하는 경향까지 있다.

이제 본격적으로 if문을 익히기 위해 예제를 살펴보자.

```
1    if True:
2        print('hello')
```

실행해보면 파이썬 코드가 hello라는 문자열을 프린팅하는 것을 확인할 수 있다. 이번에는 True를 False로 바꿔보자.

```
1    while False:
2        print('hello')
```

그러면 if문의 조건이 False이므로 아무것도 실행하지 않고 코드가 종료된다.

여기서 구문을 다음과 같이 약간 수정해보자.

```
1    if False:
2        print('hello')
3        print('world')
4    print('from Python')
```

```
from Python
```

그러면 2, 3번 행의 명령문들이 실행되지 않는 것을 알 수 있다. 즉, if문 바로 아래에 위치하고 있는 4개의 스페이스로 들여쓰기한 두 문장은 if의 조건에 종속된 블록이며, if의 조건이 False였기 때문에 실행되지 않는 것이다. 4번 행의 명령문은 들여쓰기가 없으므로 if문에 종속된 명령문이 아니다. 따라서 if의 조건과 상관없이 화면에 출력된다.

위 코드의 마지막에 한 줄을 더 추가해보자.

```
1    if False:
2        print('hello')
3        print('world')
4    print('from Python')
5        print('to new programmer')
```

```
    print('to new programmer')
    ^
IndentationError: unexpected indent
```

이 코드를 실행해보면 에러가 발생한다. 왜냐하면 5번 행의 명령문은 if에 종속된 명령문이 아니므로 때문에 들여쓰기를 할 수 없기 때문이다(파이썬은 명령문 앞에 공백을 허용하지 않는다는 것을 상기해보자).

조건식을 사용한 if문

위 예제처럼 단순히 True/False를 입력하는 것은 특별한 경우 이외에는 큰 의미가 없다. 따라서 실제 while문의 구현에서는 if문에서 활용했던 비교 연산자나 논리 연산자를 사용한 조건식을 활용한다.

조건문을 어떤 식으로 사용하는지를 살펴보기 위해 다음과 같이 입력하고 실행해보자.

```
1    x = int(input('Enter a number: '))
2    if x > 0:
3        print('Positive')
```

이 코드는 어떤 숫자를 입력받아 그 숫자가 0보다 크면 양수라고 화면에 출력하는 프로그램이다. 이 코드를 실행한 후 '10'을 입력하면 다음과 같은 결과를 얻을 수 있다.

```
Enter a number: 10
Positive
```

다시 한번 실행한 후 '-1'을 입력하면 아무런 결과가 나오지 않는다.

```
Enter a number: -1
```

if문을 사용하면 if 뒤의 내용이 참인 경우에만 if 아래에 붙은 명령문(들)을 실행하게 되므로 첫 번째 10의 경우는 True라서 positive를 출력하고, 두 번째 -1의 경우에는 False라서 아무것도 출력하지 않는 결과를 얻어낸 것이다.

elif와 else를 사용한 다중 분기

이제까지는 한 가지 조건에 따른 분기만 다뤘지만, 여러 가지 조건이 들어간 분기가 활용되는 수도 있다. 예를 들어 90점 이상은 A 학점, 80점 이상 90점 미만은 B 학점, 70점 이상 80점 미만은 C 학점 등 이렇게 여러 개의 조건에 따라 분기하는 것을 '다중 분기'라고 하며, elif와 else라는 키워드를 사용해 구성한다.[6] 학점을 나누는 경우를 개념적으로 설명하면,

6 elif는 else if를 의미한다.

`if` 90점 이상이면, A를 출력

`elif` 80점 이상, 90점 미만이면 B를 출력

`elif` 70점 이상, 80점 미만이면 C를 출력

`elif` 60점 이상, 70점 미만이면 D를 출력

`else` F를 출력

라고 표현할 수 있다. '`if` 90점 이상이면' 부분이 `True`이면 `elif`와 `else` 부분은 무시되고 'A를 출력' 부분만 실행되고 전체 내용이 종결된다. 그리고 '`elif 80`점 이상, 90점 미만' 부분이 `True`이면 다른 부분은 무시되고 'B를 출력' 부분만 실행된다. 마지막의 '`else`' 부분은 다른 모든 조건이 `False`인 경우에만 실행된다.

여기서 이러한 조건들이 동시에 판단되는 것이 아니라 위에서 아래로 순서대로 판단이 이뤄진다는 점에 주의해야 할 필요가 있다. 첫 번째의 '`if 90`점 이상이면'이 `False`일 경우에만 두 번째 줄의 '`elif` 80점 이상, 90점 미만' 부분이 판단된다. 두 번째 줄의 판단이 `True`이면 그 내용이 실행되고 전체 내용이 종결되고, 두 번째 줄의 판단이 `False`일 때만 세 번째 줄의 판단을 수행한다.

다중 분기의 전체적인 구조는 다음과 같은 형식으로 표현할 수 있다.

```
if <bool>:
    <명령문 1>
    <명령문 2>
        ⋮
elif <bool>:
    <명령문 3>
    <명령문 4>
        ⋮
elif <bool>:
    <명령문 5>
    <명령문 6>
        ⋮
else:
    <명령문 7>
    <명령문 8>
        ⋮
```

따라서 위의 학점 계산 알고리즘 개념을 코드로 구현하면 다음과 같이 나타난다.

```
1    score = int(input('Enter a number: '))
2    if score >= 90:
3        print('A')
4    elif 80 <= score < 90:
5        print('B')
6    elif 70 <= score < 80:
7        print('C')
8    elif 60 <= score < 70:
9        print('D')
10   else:
11       print('F')
```

그런데 잘 생각해보면 필요 없는 부분이 보일 것이다. 두 번째 줄의 `if`문에서 `score`가 `90`이 넘는지 확인하고, 그렇지 않은 경우에만 아래의 `elif`로 실행이 넘어간다. `elif` 구문이 실행된다는 말은 `score`가 `90` 미만이라는 의미이며, `80 <= score < 90`에서 90과 비교하는 부분은 불필요하다는 말이다. 따라서 위의 파이썬 코드는 다음과 같이 간략화할 수 있다.

```
1    score = int(input('Enter a number: '))
2    if score >= 90:
3        print('A')
4    elif score >= 80:
5        print('B')
6    elif score >= 70:
7        print('C')
8    elif score >= 60:
9        print('D')
10   else:
11       print('F')
```

연습문제

E1. 조건문 연습(1)

input() 함수를 사용해 숫자를 키보드로부터 입력받아 0보다 같거나 크면 'positive', 0보다 작으면 'negative'라고 출력하는 파이썬 코드를 작성하시오. 단, elif나 else는 사용하지 마시오.

힌트 input() 함수는 파이썬의 내장 함수 중 하나로 키보드로부터 입력받은 값을 돌려주며, 이때의 결괏값은 항상 문자열이다. 따라서 이를 숫자로 바꾸고 싶을 때는 int()나 float() 함수를 사용해 형 변환해야 한다.

E2. 조건문 연습(2)

input() 함수를 사용해 숫자를 키보드로부터 입력받아 0보다 같거나 크면 'positive', 0보다 작으면 'negative'라고 출력하는 파이썬 코드를 작성하시오. 단, elif를 반드시 사용하되, else는 상용하지 마시오.

힌트 input() 함수는 파이썬의 내장 함수 중 하나로 키보드로부터 입력받은 값을 돌려주며, 이때 결괏값은 항상 문자열이다. 따라서 이를 숫자로 바꾸고 싶을 때는 int()나 float() 함수를 사용해 형 변환해야 한다.

E3. 조건문 연습(3)

input() 함수를 사용해 숫자를 키보드로부터 입력받아 0보다 같거나 크면 'positive', 0보다 작으면 'negative'라고 출력하는 파이썬 코드를 작성하시오(반드시 else를 사용하시오).

힌트 input() 함수는 파이썬의 내장 함수 중 하나로 키보드로부터 입력받은 값을 돌려주며, 이때 결괏값은 항상 문자열이다. 따라서 이를 숫자로 바꾸고 싶을 때는 int()나 float() 함수를 사용해 형 변환해야 한다.

E4. 성적 분류

input() 함수를 사용해 숫자를 입력받아 90점 이상이면 'A', 80점 이상이면 'B', 70점 이상이면 'C', 60점 이상이면 'D', 이외에는 'F'를 출력하는 프로그램을 작성하시오.

E5. 이차방정식의 근 구하기

input() 함수를 사용해 a, b, c 3개의 숫자를 입력받은 후 이차방정식 $ax^2 + bx + c = 0$의 근을 계산하는 파이썬 코드를 작성하시오. 단,

(1) 판별식 $D > 0$인 경우에는 2개의 답을 모두 출력해야 하며,

(2) 판별식 $D = 0$인 경우에는(즉, 중근, 근이 1개인 경우)에는 1개의 답만 출력해야 하며,

(3) 판별식 $D < 0$인 경우에는 'cannot calculate'라고 출력한다.

힌트 근의 공식은 $x = \frac{-b \pm \sqrt{b^2 - 4ac}}{2a}$ 로 주어지며, 판별식 $D = b^2 - 4ac$로 정의된다.

E6. 가위바위보 게임

파이썬에서는 난수(random)를 사용하기 위해 'random'이라는 모듈을 임포트해 사용해야 한다. 이 중 random.randrange()라는 함수는 어떤 범위의 int형 값을 자동 생성해준다. 예를 들어 random.randrange(1, 5)는 1~4까지의 네 가지 정수 중 하나를 자동으로 생성하고 그 값을 돌려준다.
input() 함수와 random.randrange()를 사용해 가위바위보에 해당하는 1, 2, 3의 숫자를 입력받아 컴퓨터와 가위바위보 게임을 할 수 있는 파이썬 코드를 작성하시오(키보드로 나의 가위, 바위, 보를 입력하고, 컴퓨터의 난수로 생성된 가위바위보를 비교해 'You won,' 'Computer won,' 'Even'을 출력하도록 하면 된다).

10 반복문

학습 목표

10장에서는 반복문(Iteration Statement)에 대해 배운다. 어떤 동작을 여러 번 반복하게 만드는 프로그래밍의 문장을 '반복문'이라고 하며, 파이썬에서는 for문과 while문이 존재한다. 그리고 for문을 사용하기 위해서는 선결로 range라는 새로운 클래스를 익혀야 하기 때문에 10장의 학습은 range 클래스의 이해부터 시작한다.

10.1 range 클래스

파이썬에는 다른 프로그래밍 언어에서 찾기 힘든 range라는 클래스가 존재한다. range는 list 형으로 말하면 [1, 2, 3, 4]와 같이 일정 간격의 정수를 만들어주는 역할을 하며, 그 자체로 데이터형이다.

사실 저자는 range라는 클래스를 좋아하지 않는데, 그 이유는 워낙 파이썬의 속도가 느려 그나마 속도를 올리기 위해 임시로 만들어진 클래스라는 느낌이 많이 들기 때문이다. 하지만 range 클래스는 for문과 같이 쓰이는 수가 많기 때문에 반드시 알아둬야 한다.

원래 파이썬 2.x 버전에서는 반복문을 위해 반복 구간을 정해주는 range( )라는 함수가 있었다.[1] 이 range( )는 list 데이터형을 자동으로 생성해주는 함수였는데, 앞에서 설명한 바와 같이 리스트 데이터형 자체가 워낙 속도가 느리기 때문에 이를 보완하기 위해 xrange라는 데이터형과 같은 이름의 함수를 만들어 속도를 어느 정도 높였다. 나름 성공적이었다는 판단이 들었는지 파이썬 3.x 버전에 들어와서는 아예 range를 없앤 후 xrange의 이름을 range로 바꿔 사용하도록 만들었다. 그러나 range 데이터형도 여전히 속도가 느리기 때문에 나중에 배울 NumPy를 사용하면, 일반적으로 NumPy가 제공하는 arange나 linspace를 사용하게 된다.

range( ) 함수는

```
range([시작점,] 끝점 [,증분])
```

1 데이터형이 아니라 함수였다!

의 형식으로 사용한다. 이 중 제일 많이 쓰이는 형태인 range([시작점,] 끝점)를 활용해 이 함수가 어떤 식으로 동작하는지 하나하나 살펴보자.

```
>>> x = range(0,7)
>>> x
range(0,7)
>>> type(x)
<class 'range'>
>>> x = list(x)       # range를 list로 변환한다.
>>> x
[0, 1, 2, 3, 4, 5, 6]
```

range 함수에 0, 7의 2개의 인자를 넣고 x라는 range형 데이터를 생성했다. x의 내용을 확인해보면 그 자체로 range(0,7)이라고 나오고, 데이터형을 type( ) 함수로 확인해보면 range라는 클래스로 표시된다.

내용을 확인하기 위해 x를 list( ) 형 변환 함수를 사용해 리스트형으로 바꾸고 그 내용을 확인해보면, [0, 1, 2, 3, 4, 5, 6]이라는 리스트가 출력된다. 시작점 0에서 시작해서 끝점 7에서 하나를 빼준 6까지의 int 값이 저장된 리스트가 생성되는 것에 주의해야 한다. 즉, range(0,7)이라고 할 때 7은 포함하지 않는다.

입력값을 float 형태로 준다면

```
>>> x = range(0., 7.)
Traceback (most recent call last):
  File "<stdin>", line 1, in <module>
TypeError: 'float' object cannot be interpreted as an integer
```

와 같이 에러가 발생한다. range 함수는 int 데이터형으로만 동작한다.

만약 순서를 뒤바꿔 시작점을 7, 끝점을 1로 지정하면 다음과 같은 결과가 나타난다.

```
>>> list(range(7,1))
[]
```

즉, 앞의 시작점으로부터 1씩 증가하는 것으로 가정하는데, 7이 1보다 크므로 내용이 없는 리스트가 생성되는 것이다.

위 예제들은 range([시작점,] 끝점)의 형식으로 사용한 것이고, 시작점을 생략하고 1개의 값만 인자로 제공하면 시작점은 0이 된다. 즉,

```
>>> list(range(4))
[0, 1, 2, 3]
```

또한 range( ) 함수는 range([시작점,] 끝점 [,증분])의 형태로 증분(요소별로 증가하는 단위 값)을 인자로 넣어줄 수 있다. 다음 예제를 살펴보자.

```
>>> list(range(1,7,2))
[1, 3, 5]
>>> list(range(7,1,-1))
[7, 6, 5, 4, 3, 2]
>>> list(range(1,5,0.5))
Traceback (most recent call last):
  File "<stdin>", line 1, in <module>
TypeError: 'float' object cannot be interpreted as an integer
```

두 번째 명령인 list(range(7,1,-1))의 경우에서 알 수 있듯이 증분이 -1인 경우는 시작점이 끝점보다 커야 정상적으로 동작한다는 것을 알 수 있다. 마지막 명령에서 에러가 발생한 것은 range( )의 증분 값으로 int 값만 허용하기 때문이다.

10.2 for문

for문은 어떤 동작을 일정 횟수 동안 반복하도록 만들 때 주로 사용하는 문장으로 다음과 같은 형식을 사용한다.

```
for <변수> in <list/tuple/str/range>:
    실행문/블록
```

list, tuple, str도 사용할 수 있지만 반드시 필요할 때가 아니면 range형을 사용해 속도를 높여야 한다. 다음 예제로 기본적인 사용법을 익혀보자.

```
1    for i in range(0,3):
2        print('test')
```

이 스크립트를 실행하면

```
test
test
test
```

위와 같은 결과를 얻을 수 있다. 결과를 볼 때 위의 파이썬 코드는 'test'라는 문자열을 세 번 반복해 출력하는 문장이라는 것을 유추할 수 있다.

range(0,3)이 list로 따져보면 [0, 1, 2]에 해당하므로 이 리스트의 길이만큼 반복돼 실행되는데 처음 실행될 때는 i가 0의 값, 두 번째 실행될 때는 1의 값, 세 번째 실행될 때는 2의 값을 갖게 된다. 이를 풀어서 써보면 다음과 동일한 역할을 한다.

```
1    i = 0
2    print('test')
3    i = 1
4    print('test')
5    i = 2
6    print('test')
```

이를 print('test') 대신 print(i)를 사용해 확인해보자.

```
1    for i in range(0,3):
2        print(i)
```

```
0
1
2
```

반복될 때마다 i 값이 바뀌는 것을 확인할 수 있다.

이번에는 range(0,3) 대신 list형으로 [1, 3, 5]를 넣어보자.

```
1    for i in [1, 3, 5]:
2        print(i)
```

```
1
3
5
```

로 나타난다.

이번에는 문자열을 요소로 넣은 리스트를 활용해 for문을 구성해보자.

```
1    mylist = ['Sunday', 'Monday', 'Tuesday']
2    for i in mylist:
3        print(i)
```

```
Sunday
Monday
Tuesday
```

즉, 파이썬의 for문은 C/C++ 등의 언어에서 동작하는 for문과 비슷한 형태로 나타날 수 있지만, 실제로는 다르게 동작한다는 것을 이해해야 한다.

우리는 문자열도 리스트와 비슷하게 동작한다는 것을 알고 있다. 위 예제에서 [1, 3, 5] 대신 'Python'이라는 문자열을 사용해보자.

```
1    for i in 'Python':
2        print(i)
```

```
P
y
t
h
o
n
```

그 결과는 다음과 같이 나타난다.

for문의 활용

다음은 for문을 활용해 1부터 100까지의 합계를 구하는 파이썬 코드다.

```
1    sum = 0
2    for i in range(1, 101):
3        sum += i
4    print(sum)
```

```
5050
```

여기서 range(1, 101)은 리스트로 생각하면 [1, 2, 3, ..., 100]이라고 생각할 수 있다. 100까지로 만들기 위해 뒤의 인자가 100이 아니라 101인 것에 유의하자. 그리고 맨 첫 줄에서의 sum = 0이 필수적으로 들어가야 한다는 것에 유의해야 한다. 왜냐하면 for문이 첫 번째로 실행될 때 i는 1의 값을 갖게 될 것이므로 sum += i라는 것은 sum = sum + 1과 동일한 의미일 텐데 1번 행의 sum = 0이라는 문장이 없으면 존재하지 않는 변수에 1을 더하는 셈이 돼 버리기 때문이다.

중첩 for문

for문 안에 for문이 들어 있는 것을 중첩(nested) for문이라고 표현하며, for문의 활용에서 자주 나타나는 형식이다. 다음 예제는 구구단 중 일부를 출력하는 간단한 파이썬 코드다.

```
1    for i in range(1,4):
2        for j in range(1,3):
3            print(i, '*', j, '=', i*j)
```

```
1 * 1 = 1
1 * 2 = 2
2 * 1 = 2
2 * 2 = 4
3 * 1 = 3
3 * 2 = 6
```

여기서 i가 1일 때 j는 1부터 3까지 세 번 반복한다. 그리고 나면 i는 2로 바뀌고 다시 j는 1부터 3까지 세 번 반복한다.

이런 중첩 for문은 많은 경우에 필수적으로 활용되므로 반드시 알아놓는 것이 좋다. 영상 처리의 예를 들어보면 어떤 모니터 화면의 영상을 파이썬으로 처리할 때를 상정해보자. 화면의 해상도가 1,920×1,080이라고 가정하면 수평 방향, 수직 방향을 range로 지정한 후 중첩 for문을 통해 모든 픽셀을 하나하나 처리한다. 이외에도 행렬 연산, 성적 처리 등도 중첩 for문이 많이 나타나는 경우라고 할 수 있다.

파이썬 for문의 특징

파이썬 for문과 다른 프로그래밍 언어의 차이점 중 하나는 for문에 else문을 함께 쓸 수 있다는 점이다.

```
1    for i in [1, 3, 5]:
2        print(i)
3    else:
4        print('End of for')
```

위 예제는 다음과 동일하게 동작한다.

```
1    for i in [1, 3, 5]:
2        print(i)
3    print('End of for')
```

그러면 왜 for문에 else라는 것이 존재할까? 이는 나중에 배울 break문과 연동할 경우에 차이가 생기게 되며, 이는 나중에 다시 한번 다룬다.

연습문제

E1. for문을 이용해 1부터 10까지의 곱(즉, 1 * 2 * ... * 10)을 구하는 파이썬 코드를 작성하시오.

힌트 1 factorial n! = (n)(n−1)(n−2)...(2)(1)을 의미하며, 3!의 경우에는 3! = 3 * 2 * 1가 된다.

힌트 2 변수의 초기화에 주의해야 한다. 곱셈할 때 0으로 초기화하면 자칫 0*(숫자) = 0으로 원하는 결괏값을 얻어내지 못할 수 있다.

E2. for문을 이용해 1부터 미지의 양의 정수 n까지의 곱(즉, 1 * 2 * ... * (n−1) * n)을 구하는 파이썬 코드를 작성하시오.

힌트 input() 함수를 활용하면 키보드로부터 데이터를 입력받을 수 있다. input() 함수는 모든 데이터를 문자열로 받아들이므로 필요로 하는 데이터형에 맞춰 형 변환해야 한다.

E3. for문을 이용해 1부터 input() 함수로 주어진 정수 사이의 3의 배수의 합을 구하는 파이썬 코드를 작성하시오.

힌트 if문을 활용하고, 3의 배수는 3으로 나눈 나머지를 확인하면 된다.

E4. 계승

for문을 이용해 input() 함수로 주어진 정수에 대해 그 숫자의 계승(factorial)을 구하는 파이썬 코드를 작성하시오.

힌트 계승(factorial)은 n! = (n)(n−1)(n−2)...(2)(1)을 의미하며, 3!의 경우에는 3! = 3 * 2 * 1가 된다.

E5. 최댓값 구하기

파이썬에서는 어떤 숫자 리스트에서 최댓값을 구할 때 max()라는 함수를 사용하면 다음 예제와 같이 간단하게 구할 수 있다.

```
>>> mylist = [ 1, 5, 9, 11, 3 ]
>>> max(mylist)
11
```

그러나 파이썬에서 제공하는 함수를 직접 하나하나 구현해보는 것은 프로그래밍 실력을 높이는 데 매우 좋은 방법 중 하나다. 이 연습 문제에서는 max() 함수를 사용하지 않고 리스트 mylist = [1, 5, 9, 11, 3]에서 최댓값을 찾아 출력해주는 파이썬 코드를 작성해보자.

힌트 if문과 함께 사용해야 한다.

E6. 선형 검색

어떤 문자열을 input() 함수로 입력받고 내가 원하는 1개의 문자를 input() 함수로 입력받아 그 문자가 문자열 속에 몇 개 나타나는지 계산해주는 파이썬 코드를 for문을 이용해 작성하시오.

E7. 리스트 뒤집기

파이썬에서는 어떤 숫자 리스트의 순서를 뒤집을 때 reverse()라는 메서드를 사용하면 다음 예제와 같이 간단하게 구할 수 있다.

```
>>> mylist = [ 1, 5, 9, 11, 3 ]
>>> mylist.reverse()
>>> print(mylist)
[3, 11, 9, 5, 1]
```

그러나 파이썬에서 제공하는 함수를 직접 하나하나 구현해보는 것은 프로그래밍 실력을 높이는 데 매우 좋은 방법 중 하나다. 이 연습 문제에서는 reverse() 메서드 함수를 사용하지 않고 리스트 mylist = [1, 5, 9, 11, 3] 의 순서를 뒤집는 파이썬 코드를 for문을 사용해 구현해보자.

E8. 주사위 확률 검증

파이썬에서는 난수(random)를 사용하기 위해서 random이라는 모듈을 임포트해 사용해야 한다. 이 중 random.randrange()라는 함수는 어떤 범위의 int형 값을 자동 생성해준다. 예를 들어 random.randrange(1, 5)는 1~4까지의 네 가지 정수 중 하나를 자동으로 생성하고 그 값을 돌려준다.

우리는 randrange() 함수를 활용해 1~6까지의 난수 값을 활용한 주사위 게임을 만들려고 한다. 그러나 그 전에 randrange() 함수가 돌려주는 1~6까지의 값들이 동일한 확률이라는 것을 확인하기 위해 for문으로 확인하고자 한다. for문을 100,000번 돌려 1~6까지의 난수의 각각의 확률을 출력하는 파이썬 코드를 구현하시오.

E9. 중첩 for문

어떤 정수를 input() 함수로 입력받고, 그 정수의 줄과 칸만큼 다음과 같이 '*'를 출력하는 파이썬 코드를 작성하시오. 예를 들어 5를 입력받으면

```
*
**
***
****
*****
```

와 같은 결과가 나와야 한다.

E10. for문을 이용해 input()으로 입력받은 문자열을 모두 대문자로 변환하는 파이썬 코드를 작성하시오. 단, upper() 메서드를 사용하지 말고 ord()와 chr()를 활용해 변환하시오.

10.3 while문

while문은 for문과 비슷하게 반복 작업을 수행하기 위한 문장이며, 차이는 for문은 주어진 횟수만큼 반복하지만 while은 주어진 조건을 만족시키는 동안만 반복한다는 차이점이 있다. 여기서 조건을 만족시킨다는 것은 조건을 만족하면 bool 데이터형의 True, 만족하지 못하면 False로 판단한다. while문은 다음과 같은 형식으로 활용된다.

```
while <bool>:
    <실행문>
    <실행문>
     ...
```

예제를 하나 살펴보자. 다음 예제는 무한 반복하는 예제이므로 Ctrl+C를 눌러야 동작을 멈출 수 있다.

```
1   while True:
2       print('hello')
```

실행해보면 파이썬 코드가 끝없이 hello라는 문자열을 프린팅하는 것을 확인할 수 있다. 이번에는 True를 False로 바꿔보자.

```
1   while False:
2       print('hello')
```

그러면 while문의 조건이 False이므로 아무것도 실행하지 않고 코드가 종료된다.

위 예제들처럼 단순히 True/False를 입력하는 것은 특별한 경우 이외에는 큰 의미가 없을 것이다. 따라서 실제 while문의 구현에서는 if문에서 활용했던 비교 연산자나 논리 연산자를 사용한 조건식을 활용한다.

다음 예제는 1부터 100까지 합계를 구하는 파이썬 코드다.

```
1   i = 0
2   sum = 0
3   while i <= 100:
4       sum = sum + i
5       i = i + 1
6   print(sum)
```

```
5050
```

사실 for문을 사용한 알고리즘은 모두 while문으로 동일하게 구현할 수 있다. 하지만 앞에서 말했듯이 똑같은 일을 하는 코드라 하더라도 for문과 while문 중 좀 어느 것을 선택하느냐에 따라 상대적으로 좀 더 읽기 쉽고 효율적인 코드를 작성할 수 있다. 이는 단순 반복은 for를 사용하고 조건에 따른 반복은 while을 사용한다는 기본적인 법칙을 알고, 어느 정도 프로그래밍을 익혀나가면 자연히 감을 잡게 된다.

연습문제

E1. 어떤 숫자들을 input() 함수를 통해 하나씩 입력받고, 그 숫자들의 합이 100이 넘으면 멈추는 파이썬 코드를 작성하시오.

E2. while문과 input() 함수를 이용해 여러 개의 정수를 입력받아 그 정수들의 합을 계산하는 파이썬 코드를 작성하시오. 단, 입력값이 999가 되면 입력을 종료하게 만들어야 한다(999는 합계에 포함시키지 마시오).

E3. while문을 이용해 1부터 미지의 양의 정수 n까지의 곱(즉, 1 * 2 * ... * (n–1) * n)을 구하는 파이썬 코드를 작성하시오.

힌트 1 input() 함수를 활용하면 키보드로부터 데이터를 입력받을 수 있다. input() 함수는 모든 데이터를 문자열로 받아들이므로 필요로 하는 데이터형에 맞춰 형 변환해야 한다.

힌트 2 변수의 초기화에 주의해야 한다. 곱셈을 할 때 초기화를 0으로 하면 자칫하면 0*(숫자)=0으로 원하는 결괏값을 얻어내지 못할 수 있다.

E4. 이전에 작성했던 가위, 바위, 보 코드(가위 = 0, 바위 = 1, 보 = 2)를 다시 한번 구현해보자. while문을 활용해 게임이 계속 반복되도록 만들고, 입력값이 0, 1, 2 이외에 값이 들어오면 코드를 종료하도록 만들어야 한다.

힌트 randrange() 함수를 사용하자. randrange() 함수는 random이라는 모듈 속에 존재한다.

E5. while문을 사용해 주어진 문자열 속에서 다른 주어진 길이 2의 문자열(예 'ab')을 찾아내는 파이썬 코드를 작성하시오.

10.4 break문

break문은 for문이나 while문 속에서 반복 도중에 멈추고 블록을 빠져나가는 역할을 하는 문장이며, 대부분의 프로그래밍 언어에서 같은 이름으로 존재한다.

```
1    for i in range(0,100):
2        print('inside- before break')
3        break
4        print('inside- after break')
5    print('outside')
```

```
inside- before break
outside
```

위 예제를 보면 break문의 역할을 알 수 있다. 반복문 속에서 break문을 만나면 즉시 그 반복문을 빠져나와 반복문 블록 다음의 문장(위 예제에서는 5행)으로 넘어간다. 위 for문은 100번을 반복해 실행하는 조건으로 시작하게 돼 있다(1행). 그런데 for문의 첫 번째 실행에 있어서 2행의 'inside- before break'는 프린트되지만, 3행에서 break문을 만났기 때문에 for문이 끝나 버리고 5행으로 넘어가게 된 것이다.

위 예제만 보면 break문을 써야 할 이유를 찾지 못할 것이다. 하지만 break문이 if문과 결합하면 매우 기술적인 프로그래밍이 가능해진다(사실 이 문장은 거의 if문과 함께 사용된다).

다음 예제는 우리가 이전에 for문과 while문으로 연습한 1부터 100까지의 합계를 구하는 코드를 약간 변형한 것이다.

```
1    sum = 0
2    for i in range(1,101):
3        sum = sum + i
4        if sum > 1000:
5            break
6    print(i, sum)
```

```
45 1035
```

4, 5행을 보면 sum > 1,000일 경우 break문으로 for문을 빠져나오게 돼 있다. 즉, 몇 번째까지의 숫자에서 최초로 1,000을 넘는지를 이러한 코드를 통해 확인할 수 있는 것이다.

물론 이러한 코드는 while문을 사용해 다음과 같이 구현할 수도 있다.

```
1    i = 0
2    sum = 0
3    while sum < 1000:
4        sum = sum + i
5        i = i + 1
6    print(i, sum)
```

```
45 1035
```

결괏값은 for문과 break문을 사용한 경우와 동일하다. 그러면 어느 쪽이 더 좋은 코드일까? 위의 두 예제로만 살펴보면 for문과 break문을 사용한 경우가 더 나은 코드일 것이다. 왜냐하면 for문을 사용한 예제는 반복의 끝이 명확하기 때문이다. 만약 100까지의 숫자를 전부 더한 결과가 1,000보다 작더라도 for문은 100번 반복한 후에 종료되고 결괏값을 돌려주게 돼 있다. 그러나 while문을 사용하는 경우 sum이 1,000을 넘지 않는 이상, 무한히 반복돼 while문을 빠져나오지 못하고 Ctrl+C를 눌러야 하는 경우가 생길 수 있을 것이다.

물론 위 예제에서는 while문에서 50여 번 반복하면 1,000이 넘는다는 것을 이미 알고 있기 때문에 상관없지만, 실제로 복잡한 경우의 코드에서는 언제 그 조건이 만족돼 while문을 빠져나올지 알 수 없는 경우가 있을 수가 있다.

while문에서도 break를 사용할 수 있다. 위의 while문에 break문을 끼워 넣어 i가 100보다 커지면 while문을 빠져나오도록 만들어보자. 그러면 앞의 for문과 break문을 사용한 경우와 완전히 동일한 동작을 하게 될 것이다.

```
1    i = 0
2    sum = 0
3    while sum < 1000:
4        sum = sum + i
5        i = i + 1
6        if i > 100:
7            break
8    print(i, sum)
```

```
45 1035
```

10.5 continue문

continue문은 for문이나 while문 속에서 반복 도중에 멈추고 for나 while의 다음 단계로 넘어가는 역할을 하는 문장이며, break문과 마찬가지로 대부분의 프로그래밍 언어에서 같은 이름으로 존재한다.

연습문제

E1. break문 연습

0에서부터 숫자를 1씩 증가시키면서 출력하는 코드에서 input( ) 함수로 숫자를 입력받아 입력받은 값보다 작은 값까지만 출력하도록 파이썬 코드를 작성하시오. 단, 무한 반복문과 break문을 사용하시오.

힌트 input() 함수는 파이썬의 내장 함수 중 하나로 키보드로부터 입력받은 값을 돌려주며, 이때 결괏값은 항상 문자열이다. 따라서 이를 숫자로 바꾸고 싶을 때는 int()나 float() 함수를 사용해 형 변환해야 한다.

E2. continue문 연습

반복문을 이용해 0에서 99까지 반복하면서 홀수만 출력하는 파이썬 코드를 작성하시오.

힌트 반복문으로 0에서 99까지 반복하면서 숫자를 2로 나눴을 때 나머지 값이 0이면 짝수, 0이 아니면 홀수다. 짝수인 경우에만 continue를 실행한다.

11 NumPy

학습 목표

공학 계산을 위한 필수 모듈인 NumPy의 사용법을 익힌다.

파이썬에서는 기본적으로 공학 계산을 하기 위한 행렬 연산을 지원하지 않으므로 행렬 연산을 위해서는 리스트 데이터형을 사용해 직접 구현하는 수밖에 없다. 그러나 리스트형을 사용해 데이터형을 구현할 때의 속도가 너무 느리기 때문에 NumPy[1]라는 패키지를 사용해 행렬 연산을 수행한다.

NumPy는 행렬의 사직 연산뿐 아니라 역행렬과 같은 기본적인 선형 대수 함수들을 포함하고 있으며, C 언어로 구현돼 있기 때문에 속도가 매우 빨라 행렬 계산용으로 파이썬을 사용하는 사람들이 필수라고 여기는 패키지다. NumPy만 사용해도 좋지만, 다른 많은 패키지들이 NumPy를 근간으로 하고 있기 때문에 먼저 NumPy를 임포트해야 해당 패키지들을 사용할 수 있는 경우도 많다.

따라서 NumPy는 행렬 연산용으로 그치지 않는 과학용/공학용 필수 패키지라고 보는 것이 좋다. 신호 처리나 각종 수치 해석(numerical analysis)과 관련된 함수들을 포함하는 SciPy[2]나 컴퓨터 비전 용도로 많이 사용하는 OpenCV라는 패키지들이 NumPy를 필수적으로 요구하는 예제들이다.

11.1 행렬과 배열의 기초

벡터와 행렬, 그리고 배열

우리는 학교 수학 시간에 벡터(vector)와 행렬(matrix)이라는 개념을 배웠다. 벡터는 숫자의 묶음을 이야기하며, 프로그래밍을 학습하는 입장에서 이해하면, 우리가 앞에서 배웠던 `list`나 `tuple`에 다른 데이터형 없이 숫자만 들어 있는 경우를 벡터라고 생각하면 된다. `list`형 데이터는 위치의

1 '넘피' 또는 '넘파이'라고 읽는다.
2 '사이파이'라고 읽는다.

의미가 중요하기 때문에 같은 숫자가 들어 있더라도 위치가 다르면 다른 데이터로 간주한다. 예를 들어, [1, 2, 3]은 [3, 2, 1]과 다른 데이터다. 즉, 벡터는 '1차원적인 숫자의 배열(array)'로 요약할 수 있다.

이러한 배열은 2차원으로 확장할 수 있는데, 이를 학교 수학 시간에 '행렬(matrix)'이라고 배운 것이다.

$$\begin{bmatrix}1 & 2\\3 & 4\end{bmatrix} \quad \begin{bmatrix}1 & 2\\3 & 4\\5 & 6\end{bmatrix} \quad \begin{bmatrix}1 & 2 & 3\\4 & 5 & 6\end{bmatrix}$$

행렬은 줄의 숫자를 '행(row)', 오른쪽으로 몇 칸 있는지를 '열(column)'이라고 하며 이에 따라 몇 행, 몇 열의 행렬 또는 몇 행×몇 열 행렬이라고 표현한다. 예를 들어 A라는 행렬

$$A = \begin{bmatrix}1 & 2\\3 & 4\\5 & 6\end{bmatrix}$$

의 경우 세 줄이 있으므로 3행, 오른쪽으로 두 칸이 있으므로 2열이 있는 3행 2열의 행렬 또는 3×2 행렬이라고 한다. 마이크로소프트 엑셀에서 많이 쓰는 테이블도 일종의 행렬로 이해할 수 있으며, 이외에도 행렬은 컴퓨터 프로그래밍에서 매우 자주 활용된다.

행렬에 들어 있는 각 숫자들을 '요소(element)'라고 하며, 위의 경우 1, 2, 3, 4, 5, 6 각 행렬의 요소가 될 것이다. 각각의 요소를 사용하기 위해 3행 2열의 위치에 있는 요소(A의 경우는 6)는 A32, A[3][2]와 같은 식으로 첨자에 행을 먼저, 열을 나중에 나열하는 방법을 사용한다.

행렬은

$$\begin{bmatrix}1 & 2\\3 & 4\\5 & 6\end{bmatrix} + \begin{bmatrix}1 & 2\\3 & 4\\5 & 6\end{bmatrix} = \begin{bmatrix}2 & 4\\6 & 8\\10 & 12\end{bmatrix}$$

숫자와 비슷하게 덧셈과 뺄셈 연산을 할 수 있지만, 2개의 행렬의 크기가 동일해야 한다.

곱셈의 경우에는

$$\begin{bmatrix}1 & 2\\1 & 2\end{bmatrix}\begin{bmatrix}2 & 1\\2 & 1\end{bmatrix} = \begin{bmatrix}6 & 3\\6 & 3\end{bmatrix}$$

$$\begin{bmatrix}2 & 1\\2 & 1\end{bmatrix}\begin{bmatrix}1 & 2\\1 & 2\end{bmatrix} = \begin{bmatrix}3 & 6\\3 & 6\end{bmatrix}$$

2개의 행렬이 동일하더라도 연산의 순서에 따라 결과가 달라지며, 왼쪽 행렬의 열의 개수와 오른쪽 행렬의 행의 개수가 일치해야만 연산을 할 수 있다. 다음의 경우 (3×2) 행렬과 (2×3) 행렬이므

로 행렬의 곱이 가능하다.

$$\begin{bmatrix}1 & 2\\0 & 1\\1 & 0\end{bmatrix}\begin{bmatrix}1 & 1 & 1\\1 & 1 & 1\end{bmatrix} = \begin{bmatrix}3 & 3 & 3\\1 & 1 & 1\\1 & 1 & 1\end{bmatrix}$$

이제까지의 내용을 요약하면 '1차원적인 숫자의 배열'을 수학에서는 '벡터', '2차원적인 숫자의 배열'을 '행렬'이라 한다. 이렇게 배열은 3차원, 4차원 등 다차원으로 확장할 수 있다. 따라서 기본적으로 배열이라고 말하면 1차원 배열만을 생각하는 경우가 많기 때문에 임의의 n차원까지 고려한 경우를 이야기하기 위해 'n-차원 배열(n-dimensional array)'이라 하기도 한다. 이를 요약하면,

- 1차원 배열을 '벡터'라 한다.
- 2차원 배열을 '행렬'이라 한다.

우리가 다음 절에서 배울 내용들은 NumPy의 기본이 되는 n-차원 배열 데이터형인 ndarray형이다. 1차원 ndarray형을 사용해 list 처리의 속도를 높이기도 하고, 2차원 ndarray형을 사용해 행렬 연산을 하는 것이 NumPy의 기능 중 하나라고 보면 좋을 듯하다.

배열의 차원

파이썬 프로그래밍을 위해 배열을 제대로 활용하기 위해서는 '차원'에 대해 이해해야 한다. 수학에서 배울 때 1행, 또는 1열로 구성된 행렬이 벡터라고 배우는 경우가 있는데, 이는 파이썬에서는 사실이 아니다. 1, 2, 3이 들어 있는 1차원 배열을 생각해보면,

$$\begin{bmatrix}1 & 2 & 3\end{bmatrix} \quad \begin{bmatrix}1\\2\\3\end{bmatrix}$$

이 두 1차원 배열은 표기만 다를 뿐 완전히 동일하다. 왜냐하면 1차원에서는 방향이라는 것이 없기 때문이다. 이와 동일하게 1, 2, 3이 들어 있는 2차원 배열을 생각해보면,

$$\begin{bmatrix}1 & 2 & 3\end{bmatrix} \quad \begin{bmatrix}1\\2\\3\end{bmatrix}$$

이 두 2차원 배열은 전혀 다르다. 첫 번째는 1×3 배열이고, 두 번째는 3×1 배열이기 때문이다. 따라서 1차원 배열과 2차원 배열은 완전히 다른 개념을 갖고 동작한다는 것을 알아둬야 한다. 이 개념은 나중에 NumPy의 `ndim` 함수를 사용하기 위해 필수적으로 이해해야 할 개념이므로 잘 알아두기 바란다.

11.2 NumPy의 ndarray 데이터형

NumPy 패키지 임포트하기

```
>>> import numpy as np
```

보통 NumPy는 원래 이름이 아닌 'np'라는 이름으로 임포트한다. 이를 파이썬에서 강제하는 것은 아니지만, 거의 모든 파이썬 사용자들이 이렇게 사용하는 'de facto' 표준이라고 생각하므로 이렇게 사용하는 것이 좋다. 인터넷에서 구할 수 있는 파이썬 소스 코드들을 보면 numpy를 np라고 사용하지 않은 경우를 본 적이 없다.

NumPy의 ndarray 데이터형

일단 list 데이터형이 행렬 연산에 적절하지 않다는 것을 잠깐 복습해보면

```
>>> A = [1, 2, 3]
>>> type(A)
<class 'list'>
>>> A*2
[1, 2, 3, 1, 2, 3]
```

으로 우리가 원하는 행렬의 계산이 되지 않는다. 따라서 우리는 NumPy에서 제공해주는 ndarray라는 데이터형을 사용하게 되는데, NumPy에서 활용하는 ndarray 데이터형은 리스트 데이터형과 달리 한 변수(행렬)에 여러 가지 데이터형을 넣을 수 없다. 즉, 다른 프로그래밍 언어에서 지원하는 배열에 해당한다고 볼 수 있는데, 이는 데이터형을 통일시켜 연산 속도를 대폭 향상시키기 위해서다.

```
>>> B = np.array([1, 2, 3])
>>> type(B)
<class 'numpy.ndarray'>
>>> B
array([1, 2, 3])
```

이렇게 우리는 리스트형인 [1, 2, 3]을 NumPy의 ndarray형으로 형 변환해 사용한다. 원래는 numpy.array라는 이름으로 사용해야 할 것을 np라는 이름으로 임포트했기 때문에 np.array로 쓸 수 있게 됐다는 것을 잊지 말기 바란다. B를 출력해보면 약간 이상한 형태로 array([1, 2, 3])

과 같이 복잡하게 출력되는데 이는 NumPy를 사용할 때의 단점이라 할 수 있다.

ndarray는 리스트뿐 아니라 튜플을 사용해 생성할 수도 있다.

```
>>> B = np.array((1, 2, 3))
>>> type(B)
<class 'numpy.ndarray'>
>>> B
array([1, 2, 3])
```

그 결과는 리스트형을 이용한 경우와 동일하다(즉, array((1, 2, 3))이 아니다!).

2차원 행렬, 즉 매트릭스를 다룰 때는 리스트/튜플 속에 리스트/튜플을 넣는 방식으로 정의해 사용한다.

```
>>> C = np.array([[1,2],[3,4]])
>>> C
array([[1, 2],
       [3, 4]])
```

위에서 리스트/튜플이라고 쓴 이유는 다음과 같이 어떤 식으로 섞어 써도 상관없다는 말이다.

```
>>> C = np.array([(1,2),[3,4]])
>>> C
array([[1, 2],
       [3, 4]])
```

그러면 ndarray를 만들 때 int형과 float형을 섞어 만들면 어떻게 될까?

```
>>> A = np.array([[1.0, 2],[3, 4]])
>>> A
array([[1., 2.],
       [3., 4.]])
```

위와 같이 int형 요소들이 모두 자동으로 float형으로 변환된 것을 알 수 있다. array 함수에서 만들 행렬의 요소에 적용할 데이터형을 명시적으로 다음과 같이 지정할 수도 있다.

```
>>> C = np.array([[1,2],[3,4]],dtype='float64')
>>> C
array([[1., 2.],
       [3., 4.]])
```

ndarray 클래스 속성

이전 내용에서 파이썬의 모든 데이터형은 클래스(class)라고 살짝 언급하고 지나갔다. 클래스는 보통 생각하는 변수의 개념과 달리, 속성(attribute)이라고 하는 자체 데이터를 보관할 수 있는데, 자세한 내용은 나중에 클래스를 배울 때 익히도록 하고, 몇 가지 속성을 활용하는 방법에 대해 익히고 지나가려고 한다.

`ndarray`형에서는 15개의 속성이 존재한다.

- `T`
- `base`
- `ctypes`
- `data`
- `dtype`
- `flags`
- `flat`
- `imag`
- `itemsize`
- `nbytes`
- `ndim`
- `real`
- `shape`
- `size`
- `strides`

이 중 중요한 속성 몇 가지만 이야기하면,

- `dtype`: 각 요소의 데이터형
- `itemsize`: 각 요소의 바이트 크기
- `ndim`: `ndarray`의 차원
- `shape`: `ndarray`의 형태(tuple로)
- `size`: `ndarray` 요소의 전체 개수

정도를 언급할 수 있을 것 같다. 클래스의 속성은 '**<변수명/데이터>.<속성>**'의 형태로 내용을 확인할 수 있다.

```
>>> import numpy as np
>>> A = np.array([[1, 2],[3, 4]])
>>> A.dtype
dtype('int32')
```

여기서 `A.dtype`은 A라는 `ndarray`형 변수의 요소들의 데이터형이 32비트 `int`형이라는 것을 알려준다. 파이썬 고유의 `int`형은 설치 시 지정된 비트 수(주로 32비트)로 고정시켜 버리지만, NumPy의 `ndarray`형은 사용자가 원하는 바에 따라 `int`형이라 하더라도 그 비트 수를 8비트, 16비트, 32비트 중에서 선택할 수 있게 했다. 따라서 `int`형이지만 32비트의 폭을 갖는 `int`형이라는 정보를 더해 `int32`라고 표시하고 있다.

이와 비슷하게 만약 `ndarray`를 다음과 같이 만들면

```
>>> import numpy as np
>>> A = np.array([[1.0, 2.0],[3.0, 4.0]])
>>> A.dtype
dtype('float64')
```

요소들이 64비트 float형이라는 것을 알 수 있다.

ndim은 차원을 보관하는 속성(attribute)이며, <변수명>.ndim의 형식으로 값을 확인할 수 있다. 그리고 shape은 ndarray의 형태를 보관하는 속성이며, <변수명>.shape의 형식으로 값을 확인할 수 있다. 차원에 대해 제대로 이해했다면 다음 명령문의 의미를 쉽게 알 수 있을 것이다.

```
>>> A = np.array([1, 2])
>>> B = np.array([[1, 2]])
>>> C = np.array([[1], [2]])
>>> A
array([1, 2])
>>> A.ndim
1
>>> A, shape
(2,)
>>> B
array([[1, 2]])
>>> B.ndim
2
>>> B.shape
(1, 2)
>>> C
array([[1],
[2]])
>>> C.ndim
2
>>> C.shape
(2, 1)
```

첫 번째 A는 요소가 2개인 1차원 배열이다. A는 1차원 배열로 [1,2]의 형태로 정의됐다. 이때 ndim은 1차원이기 때문에 1의 값을 돌려주고 shape 함수의 값은 (2,)라고 나타난다. (2)라고 출력하지 않는 이유는 (2)는 2라는 요소가 하나 있는 tuple과 같은 형태이므로 이것이 배열의 shape이라는 것을 의미하기 위해 뒤에 콤마(,)를 추가했기 때문이다.

두 번째 B는 1×2 크기의 2차원 배열, 세 번째 C는 2×1 크기의 2차원 배열이다. A와 B가 동일한 것으로 착각하지 말아야 한다.

list나 tuple에는 shape라는 속성이 없다는 것도 인지하고 있어야 한다.

```
>>> A = [[1, 2, 3], [4, 5, 6]]
>>> B = np.array(A)
>>> A.shape
Traceback (most recent call last):
  File "<stdin>", line 1, in <module>
AttributeError: 'list' object has no attribute 'shape'
>>> B.shape
(2, 3)
```

11.3 ndarray형의 인덱싱과 슬라이싱

ndarray형도 리스트형과 비슷하게 인덱싱과 슬라이싱을 할 수 있다. ndarray 데이터형의 인덱싱은 리스트와 비슷하게 사용할 수 있다.

```
>>> import numpy as np
>>> A = np.array([[1,2,3],[4,5,6],[7,8,9]])
>>> A
array([[1, 2, 3],
       [4, 5, 6],
       [7, 8, 9]])
>>> A[1][2]
6
>>> A[1,2]
6
```

A[1][2]와 같이 첨자를 사용해 인덱싱하는 것은 리스트와 별다른 차이가 없지만, A[1,2]와 같이 첨자를 콤마로 구분해 사용할 수도 있다는 것은 리스트와의 차이점이라고 할 수 있다.[3]

요소의 내용을 바꾸는 것도 리스트와 같은 방식을 사용하면 된다.

```
>>> A[1,2] = 0
>>> A
array([[1, 2, 3],
```

3 리스트형에서는 에러가 발생한다.

```
       [4, 5, 0],
       [7, 8, 9]])
>>> A[1][2] = 99
>>> A
array([[ 1, 2, 3],
       [ 4, 5, 99],
       [ 7, 8, 9]])
```

이어서 ndarray형의 슬라이싱도 살펴보자.

```
>>> import numpy as np
>>> A = np.array([[1,2,3],[4,5,6],[7,8,9]])
>>> A[1:2,:]
array([[ 4, 5, 6]])
>>> A[0:2,:]
array([[ 1, 2, 3],
      [ 4, 5, 6]])
>>> A[:2,:]
array([[ 1, 2, 3],
      [ 4, 5, 6]])
>>> A[1:,:]
array([[ 4, 5, 6],
      [ 7, 8, 9]])
>>> A[1:,:2]
array([[4, 5],
      [7, 8]])
>>> A[[0,2],:]
array([[1, 2, 3],
      [7, 8, 9]])
```

11.4 Numpy의 중요한 함수들

np.shape

shape 함수는 1×2와 같이 ndarray 데이터의 형식을 알아내는 함수다.

```
>>> A = [[1, 2, 3], [4, 5, 6]]
>>> B = np.array(A)
```

```
>>> np.shape(A)
(2, 3)
>>> np.shape(B)
(2, 3)
```

위에서 알 수 있듯이 shape 함수는 list, tuple, ndarray 데이터형의 크기를 tuple로 알려준다. 이 함수가 ndarray형에만 작용하는 것이 아니라 list나 tuple형을 넣어도 그 크기를 알려준다는 점에 유의하자. 그런데 리스트나 튜플형은 꼭 숫자만 들어가야 하는 데이터형도 아니고, 각 행에 열의 개수가 행렬처럼 같다는 법도 없다. 다음 예에서 알 수 있듯이 A라는 리스트는 첫 행의 요소는 2개, 두 번째 행의 요소는 3개다(즉, 행렬이 아니다).

```
>>> A = [[1,2],[3,4,5]]
>>> np.shape(A)
(2,)
```

이 경우에는 행렬로 이해될 수 있는 데까지만 그 크기를 구해준다.

np.delete

delete 함수는 행렬에서 선택된 행 또는 열을 통째로 삭제하는 함수다.

```
>> A = np.array([[1,2,3],[4,5,6],[7,8,9]])
>>> np.delete(A,1,0)
array([[1, 2, 3],
       [7, 8, 9]])
>>> np.delete(A,1,1)
array([[ 1, 4],
       [ 4, 6],
       [ 7, 9]])
```

np.zeros

zeros는 지정된 크기로 0으로 가득찬 행렬을 만들어주는 함수다. dtype을 지정하지 않을 경우에는 행렬을 float형으로 생성한다.

```
>>> np.zeros([3,2])
array([[0., 0.],
       [0., 0.],
```

```
       [0., 0.]])
>>> np.zeros([3,2],dtype='int')
array([[0, 0],
       [0, 0],
       [0, 0]])
```

np.ones

ones는 zeros와 비슷하게 1로 가득찬 행렬을 만들어주는 함수다. dtype을 지정하지 않을 경우에는 행렬을 float형으로 생성한다.

```
>>> np.ones([2, 3])
array([[1., 1., 1.],
       [1., 1., 1.]])
>>> np.ones([2, 3],dtype='int')
array([[1, 1, 1],
       [1, 1, 1]])
```

np.eye

eye는 단위 행렬(identity matrix)을 만드는 함수다.

```
>>> np.eye(3)
array([[1., 0., 0.],
       [0., 1., 0.],
       [0., 0., 1.]])
>>> np.eye(3,dtype='int')
array([[1, 0, 0],
       [0, 1, 0],
       [0, 0, 1]])
```

np.arange

arange 함수는 range 함수의 NumPy 버전이라고 할 수 있으며 다음과 같은 차이가 있다.

- range 함수는 range형 데이터를 생성하지만, arange 함수는 ndarray형 데이터를 생성한다.
- range 함수는 float형을 지원하지 않지만, arange 함수는 int와 float 둘 다 가능하다.

```
>>> np.arange(0,3)
array([0, 1, 2])
>>> np.arange(0.0,3.0)
array([0., 1., 2.])
>>> np.arange(0,3,0.5)
array([0. , 0.5, 1. , 1.5, 2. , 2.5])
```

np.linspace

linspace 함수는 range/arange 함수와 비슷하지만 용도가 다르다.

- range/arange 함수와 linspace 함수는 둘 다 시작점과 끝점을 지정한다.
- range/arange 함수는 몇 개의 데이터가 생성될지 모르지만 각 생성 점 사이의 간격을 지정한다. 반면 linspace 함수는 간격은 모르지만 시작점과 끝점 사이에 생성해야 할 데이터의 개수를 지정한다.
- linspace 함수의 출력값은 무조건 float형이다.
- 개수를 지정하지 않을 경우, 기본값으로 50개의 점을 생성한다.

```
>>> np.linspace(0,2.5,6)
array([0. , 0.5, 1. , 1.5, 2. , 2.5])
>>> np.linspace(0,2,3)
array([0., 1., 2.])
```

np.concatenate

concatenate는 2개의 행렬을 합쳐 새로운 행렬을 만들 때 사용하는 함수다. 다음과 같은 2개의 2×2 행렬 A, B가 있다고 가정해보자. 이 2개의 행렬을 (형태적으로) 합치려고 할 때 다른 list에 집어넣는 방법으로는 행렬을 요소로 하는 list가 만들어질 뿐이다.

```
>>> A = np.array([[1, 2], [3, 4]])
>>> B = np.array([[5, 6], [7, 8]])
>>> [A,B]
[array([[1, 2],
       [3, 4]]), array([[5, 6],
       [7, 8]])]
```

따라서 A와 B를 합치고 싶을 때는 다음과 같이 concatenate 함수를 사용해야 한다.

```
>>> np.concatenate([A,B])
array([[1, 2],
       [3, 4],
       [5, 6],
       [7, 8]])
```

A와 B를 합칠 때 위-아래로 붙일지, 왼쪽-오른쪽으로 붙일지를 axis 옵션을 넣어 선택할 수도 있다.

```
>>> np.concatenate([A,B],axis=0)
array([[1, 2],
       [3, 4],
       [5, 6],
       [7, 8]])
>>> np.concatenate([A,B],axis=1)
array([[1, 2, 5, 6],
       [3, 4, 7, 8]])
```

np.copy()

copy( )는 꼭 알아야 하지만(다른 프로그래밍 언어의 변수의 개념이 아니라) 파이썬의 변수의 개념을 확실히 익히고 있지 않으면 이해하기 힘든 함수다. 여기서는 일단 기본적인 동작 정도만 파악하고 넘어간다. 먼저 다음 내용을 살펴보자.

```
>>> a = 1
>>> b = a
>>> a
1
>>> b
1
>>> b = 0
>>> a
1
>>> b
0
```

위의 내용을 차근차근 따라가보자.

- a 변수를 1에 할당한다.
- b 변수를 a에 할당한다. 즉, b 변수도 원래의 1에 할당된다.

- a가 지시하는 내용도 1, b 변수가 지시하는 내용도 1이다.
- b를 0에 다시 할당한다. 따라서 b는 더이상 1이 아니라 0을 지시한다.
- a가 지시하는 내용은 1, b가 지시하는 내용은 0이다.

위 내용을 이해했으면, ndarray로도 비슷한 구문을 만들어보자.

```
>>> import numpy as np
>>> A = np.array([[1, 2], [3, 4]])
>>> B = A
>>> A
array([[1, 2],
       [3, 4]])
>>> B
array([[1, 2],
       [3, 4]])
>>> B[1,0]=0
>>> B
array([[1, 2],
       [0, 4]])
>>> A
array([[1, 2],
       [0, 4]])
```

위의 코드를 살펴보면, B[1,0] = 0의 결과로 A의 내용이 바뀌어 있다는 것을 알 수 있다. 이는 파이썬 변수의 개념으로 접근하지 않으면 이해하기 어렵다. 이는 코드의 윗부분에서 'B = A'라는 문장이 일반적인 변수의 개념에서 생각하는 'A의 내용을 B에 복사하라.'는 의미가 아니라 'B가 지시하는 인스턴스는 A가 지시하는 인스턴스와 같은 것'이라는 파이썬식 고유의 변수의 의미를 담고 있기 때문이다. 이전의 예와 같이 하나하나 순서대로 이해해보자.

- A 변수를 ndarray [[1, 2], [3, 4]]에 할당한다.
- B 변수를 A에 할당한다. 즉, B 변수도 원래의 행렬에 할당된다.
- A가 지시하는 내용과 B가 지시하는 행렬은 동일한 행렬 ndarray [[1, 2], [3, 4]]이다.
- B가 지시하는 행렬의 [1,0] 요소를 0에 할당한다.
- 당연히 A와 B가 지시하는 행렬이 동일하므로 A의 [1,0] 요소도 0으로 나타난다.

따라서 다음과 같이 copy( ) 함수를 사용해 A가 할당된 인스턴스를 복제해 다른 인스턴스를 만들고, 새롭게 만들어진 인스턴스에 B를 할당해야만 A와 B가 독립적으로 동작한다.

```
>>> A = np.array([[1,2],[3,4]])
>>> B = np.copy(A)
>>> A
array([[1, 2],
       [3, 4]])
>>> B
array([[1, 2],
       [3, 4]])
>>> B[1,0] = 0
>>> B
array([[1, 2],
       [0, 4]])
>>> A
array([[1, 2],
       [3, 4]])
```

11.5 ndarray 연산

ndarray형은 행렬 연산을 위해 만들어졌기 때문에 list형과 달리 행렬을 다루듯이 사용한다.

```
>>> import numpy as np
>>> A = np.array([[1,2],[3,2]])
>>> B = np.array([[1,2],[2,1]])
>>> A
array([[1, 2],
       [3, 2]])
>>> B
array([[1, 2],
       [2, 1]])
>>> A+B
array([[2, 4],
       [5, 3]])
>>> A-B
array([[0, 0],
       [1, 1]])
>>> A*2
array([[2, 4],
       [6, 4]])
```

행렬의 전치 행렬(transpose)를 구할 때는 **<변수명>.T**와 같은 형식 또는 **transpose** 함수를 사용한다.

```
>>> A = np.array([[1, 2],[3, 4]])
>>> A
array([[1, 2],
       [3, 4]])
>>> A.T
array([[1, 3],
       [2, 4]])
>>> np.transpose(A)
array([[1, 3],
       [2, 4]])
```

전치 행렬에서는 차원 개념을 알아야 이해할 수 있는 부분이 있다. 만약 배열이 다음과 같이 1차원일 경우,

```
>>> A = np.array([1,2,3])
>>> A
array([1, 2, 3])
>>> A.T
array([1, 2, 3])
```

위와 같은 결과를 얻어낼 수 있다. 왜냐하면 1차원에서는 2차원 배열인 행렬과 같은 전치의 의미가 존재하지 않기 때문이다.

행렬의 곱셈에서도 약간 주의해야 하는데 수학에서 다루는 행렬의 곱은 *가 아니라 @ 기호를 사용해 행렬의 곱셈을 의미하고, * 기호는 엑셀과 같은 표에서의 곱셈을 의미한다.

```
>>> A = np.array([[1, 2],[3, 4]])
>>> A*A
array([[ 1, 4],
       [ 9, 16]])
>>> A@A
array([[ 7, 10],
       [15, 22]])
```

행렬의 곱셈은 **A@A**와 같이 **@**를 쓰지 않고 **matmul**이라는 함수를 사용해 표현할 수도 있다.[4]

---

4 matmul은 matrix multiplication을 의미한다.

```
>>> np.matmul(A,A)
array([[ 7, 10],
       [15, 22]])
```

수학에서와 같이 행렬(2차원 배열)은 벡터(1차원 배열)와 곱셈을 할 수 있다.

```
>>> A = np.array([[1,2],[3,4]])
>>> B = np.array([1,2])
>>> A@B
array([ 5, 11])
```

그러나 이런 경우는 결과가 1차원 벡터로 나타나기 때문에 2×1 행렬로 값을 얻어내기 위해서는

```
>>> A = np.array([[1,2],[3,4]])
>>> B = np.array([[1],[2]])
>>> A@B
array([[ 5],
       [11]])
```

와 같이 2×1 행렬로 만들어 넣어주는 것이 좋다.

역행렬도 구할 수 있는데

```
>>> np.linalg.inv(A)
array([[-2. , 1. ],
       [ 1.5, -0.5]])
```

와 같은 형태로 사용하면 된다. 이런 np.linalg.inv의 형태가 된 이유는 numpy라는 패키지 안에 linalg이 있고, 그 안에 inv라는 함수가 있기 때문이다.

11.6 기타

ndarray형에서 uint8의 활용

ndarray 데이터형은 파이썬에서 기본적으로 사용하는 int형이나 float 외에 구체적으로 여러 가지 숫자 데이터형을 사용할 수 있도록 해준다. 예를 들어 일반적인 파이썬의 int는 32비트로 제공되지만, NumPy의 ndarray형에서는 int8, int16, int32 등 고급 프로그래밍에 필요한 다양한

옵션을 제공해준다[5]. 그리고 signed int 외에 unsigned int를 위해 uint8, uint16 등을 활용할 수 있다.

대부분의 프로그래밍 언어에서는 unsigned int를 언어 자체적으로 사용할 수 있도록 하는데 unsigned int는 하드웨어나 영상 데이터와 같이 특정한 목적으로 자주 활용된다. 따라서 NumPy의 unsigned int의 동작 방식을 이해하는 것은 추후 도움이 될 가능성이 매우 높다고 보여지므로 11장의 마지막 부분에 추가했다.

여기서는 8비트의 폭을 갖는 unsigned int형인 uint8의 특징에 대해 잠시 살펴본다.

```
>>> import numpy as np
>>> a = np.array([0],dtype='uint8')
>>> a
array([0], dtype=uint8)
```

위 예제를 살펴보자. [0]이라는 간단한 ndarray를 구성했다. 그런데 dtype을 uint8로 지정했다는 것을 기억하자. 이제 다음과 같이 연산을 수행한다.

```
>>> a - 1
array([255], dtype=uint8)
>>> np.array([255],dtype='uint8') + 1
array([0], dtype=uint8)
```

a에서 1을 빼줬을 때 결괏값이 255로 나타난다. 그리고 255에 1을 더하면 0이 된다. 후자의 경우를 먼저 알아보자. 8비트는 unsigned int를 저장할 때 2^8-1, 즉 0~255까지 저장할 수 있다. 255는 8비트에 다음과 같이 저장될 것이다.

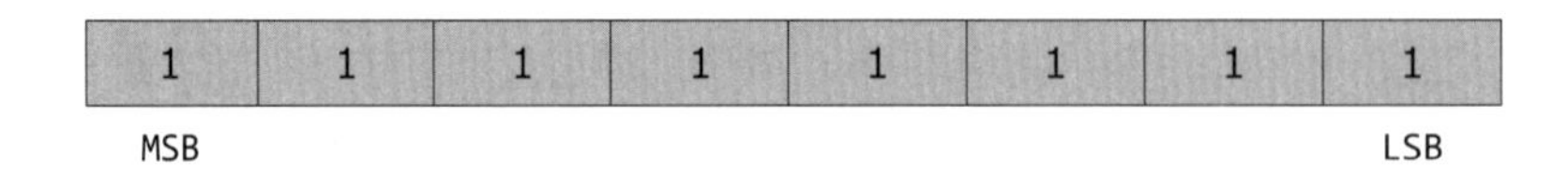

여기에 1을 더하면 다음과 같이 나타나는데, 8비트를 넘어가는 9비트째의 1은 저장할 수 없으므로 사라지게 된다.

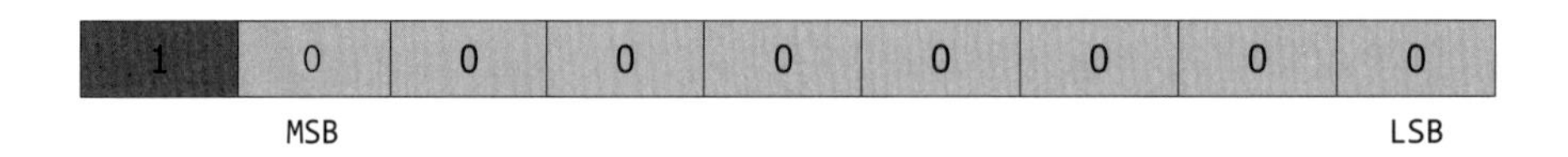

결국 9비트째의 1을 무시하고 나면 결괏값은 0이 된다. 따라서 255 + 1 = 0이라는 결과가 나타

5 뒤에 붙은 숫자는 비트 수를 의미한다.

나는 것이다. 이는 1장에서 컴퓨터의 2진수는 수학에서 다루는 2진수와 다르다고 이야기한 것과 일맥상통한다. 반대로 0 - 1 = 255로 나타난다.

위와 같이 데이터의 최댓값에서 최솟값으로 건너뛰는 현상을 컴퓨터 용어로 '래핑(wrapping)'이라고 한다. 이런 현상은 컴퓨터 환경에 따라 달라질 수 있는데 임베디드 환경에서는 이러한 래핑을 하드웨어적으로 발생하지 않도록 막아 포화(saturation)가 발생하기도 있다. 포화를 기본으로 하는 시스템에서는 255 + 1 = 255로 나타난다.

M·E·M·O

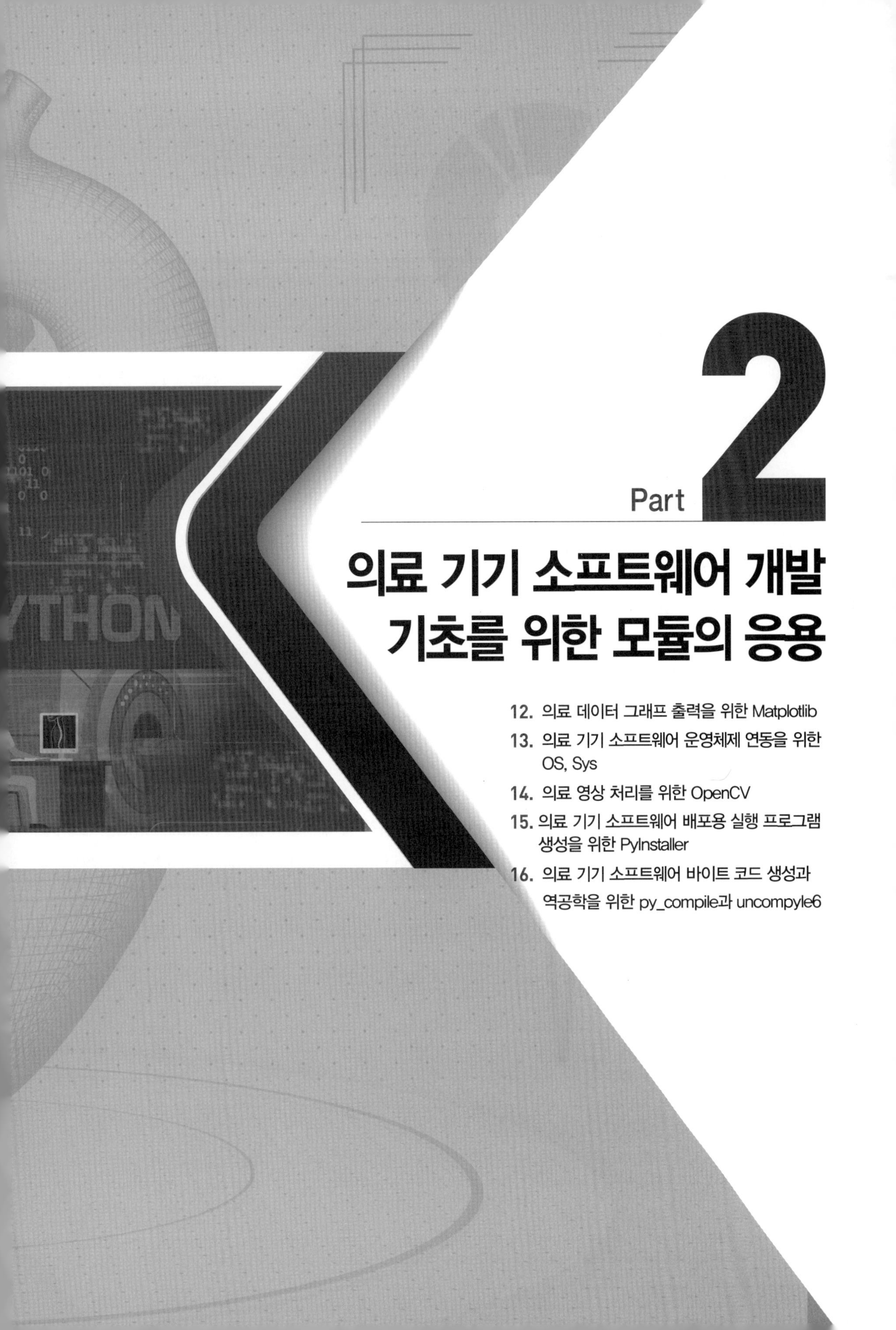

Part 2

의료 기기 소프트웨어 개발 기초를 위한 모듈의 응용

12 의료 데이터 그래프 출력을 위한 Matplotlib

학습 목표

심전도와 맥파 등 생체 신호로부터 얻은 의료 데이터 계산을 위한 또 다른 필수 모듈인 Matplotlib의 사용법을 익힌다.

의료용 생체 신호 처리 프로그램을 개발할 때 생체 신호를 화면에 표시하고 처리한 연산 결괏값을 그래프나 차트로 화면에 보여주는 것은 자주 사용되는 방법 중 하나다. 특히 심전도(ECG, electrocardiogram), 맥파 등의 생체 신호 측정 및 분석은 사람의 건강을 판단하는 주요한 지표 중 하나이며, 이 신호들을 파이썬을 이용해 처리하고, 그 결과를 분석하는 것은 의료 기기 소프트웨어를 개발하는 개발자라면 반드시 알아야 할 요소다.

이를 위해 파이썬에서 측정된 생체 신호와 신호 처리 전후의 결과를 그래프로 화면에 표기하는 방법을 12장에서 학습한다. 그래프를 화면에 표기하는 목적으로 제일 널리 쓰이는 패키지가 Matplotlib이라는 것인데, 이를 사용하기 위해서는 `pip` 명령이나 아나콘다를 사용해 Matplotlib을 먼저 설치해야 한다.

NumPy를 numpy라는 이름 대신 '`import numpy as np`'라는 명령으로 `np`라는 이름을 대신 사용하는 것과 마찬가지로 이 Matplotlib도 `plt`라는 약자를 많이 사용한다. 특히, Matplotlib은 내부의 pyplot이라는 모듈을 많이 사용하는데, 이는 '`import matplotlib.pyplot as plt`'라는 명령으로 `plt`라는 이름을 많이 사용한다.

간단히 Matplotlib의 `plot` 함수를 사용하는 것부터 시작해보자.

```
>>> import numpy as np
>>> import matplotlib.pyplot as plt
>>> x = np.linspace(0,5)
>>> y = np.sin(x)
```

여기서 `np.linspace` 함수는 세 번째 인자를 지정하지 않았기 때문에 0에서 5까지의 범위에서 기본값인 50개의 점이 생성된다. 그리고 이를 통째로 sin 함수에 넣어 연산을 해서 같은 크기의 y라는 변수로 돌려받는다. 이제 x와 y의 관계를 화면에 출력해보면 다음과 같다.

```
>>> plt.plot(x,y)
[<matplotlib.lines.Line2D object at 0x000001CEC8FAEA90>]
>>> plt.show()
```

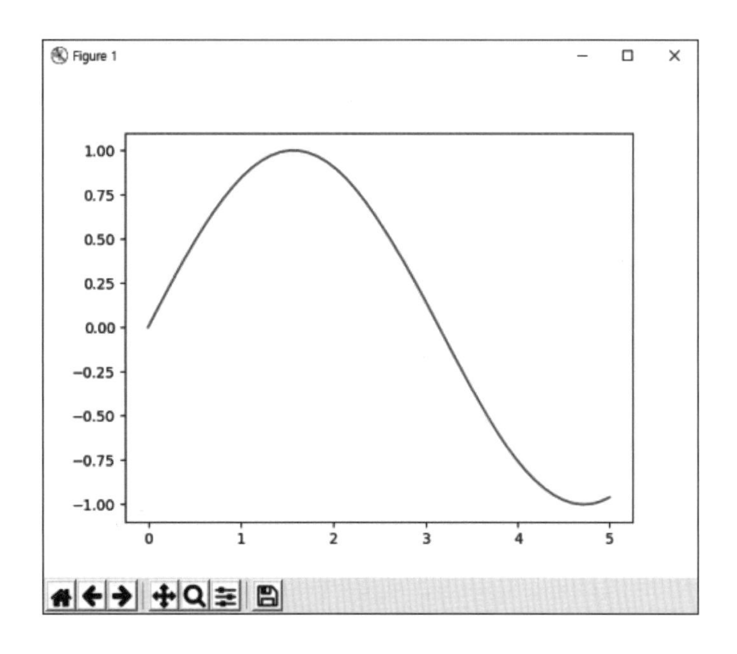

위와 같이 사인 그래프를 보여주는 창이 생기는 결과를 얻어냈다. plt.plot으로 일단 그래프를 만들게 되는데 이 작업은 실제 화면에 출력하는 과정과 분리돼 있다. 즉, plt.plot으로 그래프를 만들고 plt.show로 화면에 보여주라는 명령이 뒤따라야 한다. 이런 부분은 다른 매트랩/옥타브와 같은 언어와의 차이라고 할 수 있다.

또한 plt.show( ) 실행 다음에 프롬프트가 보이지 않는다는 것에 유의하자. 즉, 창을 닫기 전에는 다른 작업을 수행할 수 없다. 그래프 창을 닫으면 다시 프롬프트가 파이썬 창에 나타난다.

다음과 같이 실행해보자.

```
>>> plt.plot(x,y)
[<matplotlib.lines.Line2D object at 0x000001CECBA62048>]
>>> plt.grid()
>>> plt.show()
```

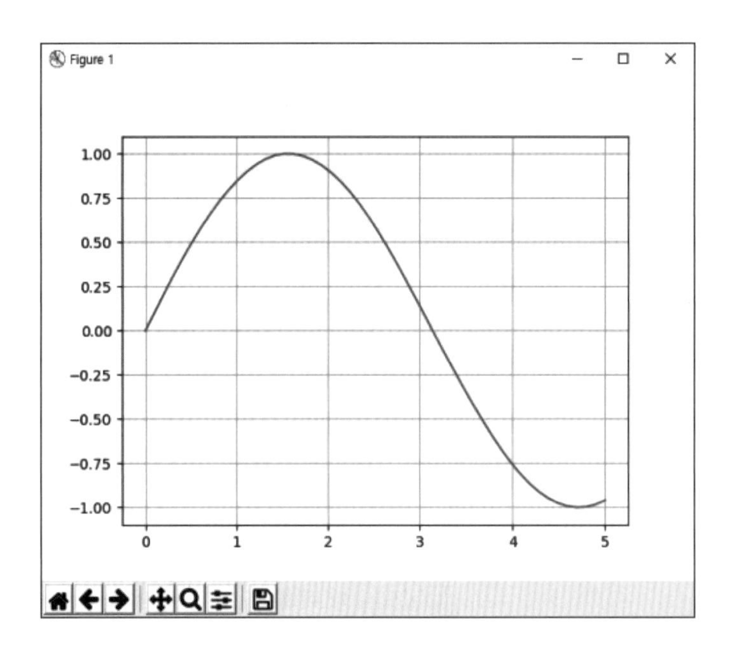

plt.plot( )으로 그래프를 그린 후 plt.grid( )로 그래프에 격자(grid)를 넣는다. 그런 다음 출력하면 격자가 있는 그래프를 얻을 수 있다.

13 의료 기기 소프트웨어 운영체제 연동을 위한 OS, Sys

학습 목표

의료용 소프트웨어 개발에서 요구되는 파이썬을 활용한 운영체제의 연동 방법을 익힌다.

많은 의료 기기용 소프트웨어는 윈도우를 포함해 다양한 운영체제를 기반으로 동작하며, 데이터의 입력 및 출력, 저장 등의 업무를 수행하기 위해 파일 시스템 등 운영체제와의 연동이 중요하다. 특히, 병원에서 사용되는 의료용 소프트웨어는 생체 신호와 관련된 1차원 데이터와 영상 데이터 등의 3차원 데이터를 연속적으로 저장하는 경우가 많으므로 대용량의 파일 관리 및 폴더 관리를 위해 파이썬을 기반으로 제작한 소프트웨어에서 운영체제와 연동하는 방법을 학습하는 것이 매우 중요하다. 이를 위해 13장에서는 파이썬에서의 운영체제 연동 방법에 대해 알아본다.

이 책의 시작 부분에서 CLI로 윈도우 명령 프롬프트를 다루는 법을 배웠다. 또한 명령 프롬프트 창에서 디렉터리의 생성, 이동, 삭제 등 운영체제에서 활용하는 기능을 GUI 환경뿐 아니라 CLI 환경에서도 동일하게 사용할 수 있다는 것을 알게 됐다. 13장에서는 CLI 환경처럼 파이썬 코드에서 OS 모듈을 활용해 운영체제에 명령을 내리는 법을 익히게 된다. 파이썬의 OS는 내장 모듈이기 때문에 따로 다운로드와 설치의 과정이 필요하지 않다.

명령 프롬프트에서는 인자 없이 `cd`나 `chdir` 명령을 내리면 현재 내가 작업하고 있는 디렉터리의 경로를 돌려준다.

```
C:\Users\JS>cd
C:\Users\JS

C:\Users\JS>
```

여기서 두 번째 줄에 나타나는 문자열 'C:\Users\JS'은 프롬프트로 나타난 것이 아니라 'cd' 명령에 대한 결괏값으로 나타난 것이다. 이와 비슷하게 파이썬의 `os.getcwd()` 함수는 현재 내가 작업하고 있는 디렉터리의 경로를 돌려준다. OS 모듈도 math 모듈처럼 OS 모듈상의 함수를 사용하기 전에 모듈을 임포트해야 한다는 것을 잊지 말기 바란다.

```
>>> import os
>>> os.getcwd()
'C:\\Python38'
>>>
```

명령 프롬프트에서는 'cd/chdir <경로>' 명령으로 현재 작업 디렉터리를 변경할 수 있다.

```
C:\Users\JS>cd C:\Temp

C:\Temp>
```

이와 동일한 작업을 위해 파이썬의 os.chdir() 함수를 사용할 수 있다.

```
>>> import os
>>> os.getcwd()
'C:\\Python38'
>>> os.chdir('C:\\Temp')
>>> os.getcwd()
'C:\\Temp'
```

이와 비슷하게 파이썬에는 명령 프롬프트에서 디렉터리를 생성하는 명령어인 'md/mkdir <디렉터리 명>'에 해당하는 os.mkdir() 함수가 있으며, 명령 프롬프트에서 디렉터리를 삭제하는 명령어인 'rd/rmdir <디렉터리 명>'에 해당하는 os.rmdir() 명령이 존재한다.

이외에도 매우 유용한 함수는 os.system( )으로, 명령 프롬프트의 명령을 그대로 문자열로 실행할 수 있다는 장점이 있다. 예를 들어

```
>>> import os
>>> os.system('copy test.py test2.py')
```

와 같이 인자로 그냥 명령 프롬프트의 명령을 문자열로 전달하기만 하면 된다.

다음 표는 이러한 명령어들을 비교, 요약, 정리해 놓은 것이다. 사용법이 약간 다른 경우도 존재한다.

	명령 프롬프트	파이썬	비고
1	cd/chdir	os.chdir()	디렉터리 변경
2		os.getcwd()	현재 디렉터리
3	set	os.environ	환경 변수 출력
4	path	os.getenv('Path')	Path 변수 출력
5	dir	os.listdir()	디렉터리 내용 출력
6	md/mkdir	os.mkdir()	디렉터리 생성
7	rd/rmdir	os.rmdir()	디렉터리 삭제

14 의료 영상 처리를 위한 OpenCV

학습 목표

의료 영상 처리를 위해 OpenCV의 기초 및 활용 방법을 익힌다.

최근 의료 데이터는 단순한 ECG 등의 그래프적인 2차원 데이터에서 MRI나 CT 같은 영상 데이터로 변화하고 있다. 특히 영상 데이터는 질환의 종류와 정도를 파악하는 데 유용하므로 영상 처리 기법을 익히는 것은 의료용 소프트웨어를 다루는 과정에서 매우 중요하다.

본문에서는 의료용 영상 데이터 처리에서 질환 판별 시 가장 많이 사용되는 기법인 외곽선 검출 및 색상 변환, 크기 조절에 대해 서술했으며, 14장 이후의 장들에서는 파이썬에서 좀 더 깊은 문법으로 들어가기 전에 몇 가지 모듈들을 활용한 학습을 통해 파이썬으로 무엇을 할 수 있는지를 먼저 배운다.

OpenCV는 영상 처리를 위한 모듈로, 파이썬뿐 아니라 C/C++, 자바, 자바스크립트, 매트랩/옥타브 등을 지원하고 윈도우, 리눅스, MacOS, iOS, 안드로이드 등에서 모두 동작하는 매우 강력한 라이브러리다. 특히 무료이므로 상용화에 전혀 문제가 없기 때문에 영상 처리 기술을 응용하는 많은 기업에서 제품 개발에 활용하기도 한다.

간혹 학생들이 GUI 모듈과 영상 처리 모듈을 헷갈려하는 경우가 있는데 윈도우 창을 만들고 메뉴, 버튼 등을 구성하는 것은 GUI 모듈이고, GUI 모듈이 생성하는 창 안에서 영상을 처리하는 기능을 추가하는 것은 영상 처리 모듈이다. GUI 모듈에서 약간의 영상 처리 기능을 포함하고 있는 경우도 있고, 영상 처리 모듈에서 GUI 기능을 포함하는 경우도 있지만, 보통 영상 처리 소프트웨어 개발에서는 GUI와 영상 처리 모듈 둘 다 사용한다고 보면 된다.

14.1 다운로드 및 설치

OpenCV를 다운로드 및 설치하기 위해 C/C++에서는 opencv.org로 접속해 플랫폼에 맞는 버전을 다운로드해 설치해야 하지만, 파이썬에서는 pip를 사용하면 다음 명령으로 간단히 설치할 수 있다.

```
C:\Users\JS>pip install opencv-python
```

설치가 끝나면 다음 경로에 'cv2'라는 폴더가 생성되고 패키지가 'cv2' 폴더 속에 설치된다.

```
C:\Python38\Lib\sites-packages\cv2
```

파이썬에서 외부 패키지/모듈을 다운로드해 설치할 경우에는 파이썬 설치 폴더 내의 'Lib\site-packages'라는 경로에서 찾을 수 있다는 것을 알아두는 것이 좋다. 그리고 OpenCV는 이제까지 배운 다른 패키지들과 달리 'opencv'라는 이름이 아니라 'cv2'라는 것을 기억해두기 바란다.

14.2 윈도우 생성

다음과 같은 코드를 작성하고 실행해보자.

```
1    import cv2
2    cv2.namedWindow('MyWindow')
3    cv2.destroyAllWindows()
```

OpenCV를 파이썬 코드에서 사용하기 위해서는 먼저 'cv2'라는 이름의 모듈을 임포트해야 한다. 그리고 2번 행은 'MyWindow'라고 이름 붙은 내용이 없는 빈 창을 하나 만든다. 그리고 3번 행은 이 파이썬 코드에서 생성한 모든 창을 닫는다. 그런데 컴퓨터가 어느 정도 빠르다면 창을 열고닫는 속도가 워낙 빠르기 때문에 아무 일도 생기지 않고 코드가 그냥 종료한 것처럼 느껴질 수 있다. 따라서 'cv2.waitKey(0)'라는 명령문을 2번 행과 3번 행 사이에 삽입해 코드를 다음과 같이 수정한다.

```
1    import cv2
2    cv2.namedWindow('MyWindow')
3    cv2.waitKey(0)
4    cv2.destroyAllWindows()
```

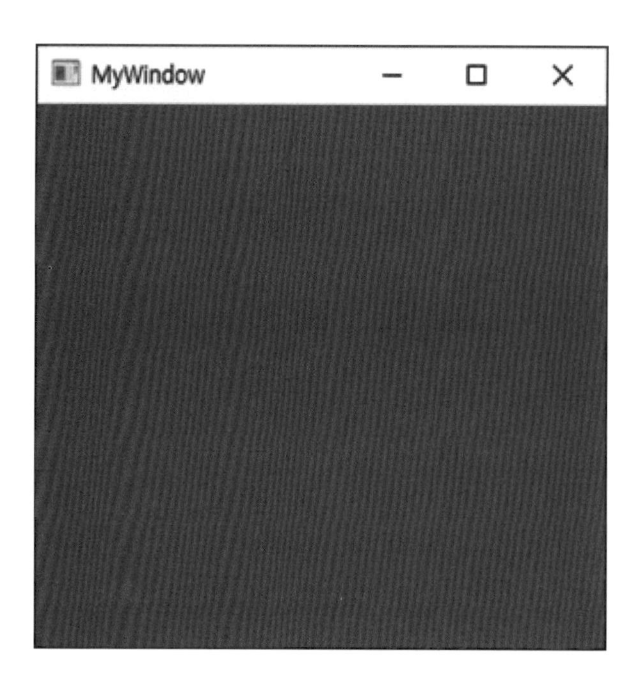

'cv2.waitKey(0)' 명령은 키보드가 눌러질 때까지 무한정 대기하라는 명령이다. 다시 한번 실행하면 이제 'MyWindow'라는 창이 생성된 것을 확인할 수 있다. 마우스를 **이 창 위 아무 데나 올려놓고 창을 활성화한 후에 키보드의 아무 키나 누르면** 코드가 정상적으로 종료된다.

cv2.waitKey() 함수

cv2.waitKey( )라는 함수는 OpenCV가 활성화한 창에서 키보드로부터 어떤 키가 눌러졌는지를 확인하는 함수다. 함수의 결괏값을 확인하기 위해 코드를 약간 더 다음과 같이 수정한다.

```
1    import cv2
2    cv2.namedWindow('MyWindow')
3    ret = cv2.waitKey(0)
4    print(ret)
5    cv2.destroyAllWindows()
```

실행 시 키보드에서 키를 누르기 전에 마우스를 'MyWindow' 창 위로 옮기고 창을 활성화한 후에 키를 눌러야 한다는 것을 잊지 말자. 만약 A 키를 눌렀다면 다음과 같은 결괏값이 콘솔에 나타나고 창이 닫히며 코드가 종료된다.

```
97
```

여기서 97이라는 것은 'a'라는 문자에 대응하는 아스키 코드(ASCII code)다. 파이썬에서는 아스

키 코드를 그에 해당하는 문자열로 변환하는 chr( ) 함수가 존재한다. 4번 행을 약간 수정하면,

```
4    print(ret, chr(ret))
```

```
97 a
```

와 같이 아스키 코드뿐 아니라 그에 해당하는 문자열도 출력해 'a'가 눌려졌음을 좀 더 편리하게 확인할 수 있다.

이어서 설명할 부분은 cv2.waitKey( )에 전달하는 인자 부분이다. 위에서는 0이라는 인자를 사용했는데 이는 키보드에서 키가 입력될 때까지 무한정 기다리라는 뜻이고, 0이 아닌 자연수를 입력하면 ms 단위까지만 키보드의 입력을 대기하라는 뜻이다. 즉, 다음과 같이 3번 행을 0에서 '5,000'으로 변경하면, 5000ms, 즉 5초까지 기다리고 입력이 없으면 결괏값으로 -1을 돌려주고 다음 단계로 넘어간다.

```
3    ret = cv2.waitKey(5000)
```

cv2.waitKey() 함수를 활용한 응용

이제 좀 더 제대로 된 기능을 구현하기 위해 창이 Esc가 눌려질 때만 닫히도록 구현해보자.

```
1    import cv2
2
3    cv2.namedWindow('MyWindow')
4
5    while True:
6        ret = cv2.waitKey(0)
7        print(ret, chr(ret))
8        if ret == 27:
9            break
10
11   cv2.destroyAllWindows()
```

이 코드를 살펴보면 'while True'를 활용해 루프가 무한 반복하게 만들었다. 여기서 입력 키가 Esc이면(즉, 아스키 코드가 27이면) break문으로 루프를 탈출하고, 이외의 경우에는 다시 입력 키를 기다리도록 구성했다.

```
97 a
98 b
99 c
100 d
27
```

이 코드를 실행하면 위와 같이 다른 키가 눌러졌을 때는 반응이 없다가 Esc가 눌러졌을 때만 코드가 종료하는 것을 알 수 있다.

14.3 이미지 불러오기

아래는 인터넷에서 다운로드한 고양이 사진이다. 이 사진을 저자는 이 사진을 'C:\Temp\cat.jpg'라는 경로로 저장했다.

이제 본격적으로 OpenCV를 사용해 이 고양이 이미지를 불러오는 기능을 학습해보자.

```
1    import cv2
2
3    img1 = cv2.imread('C:\\Temp\\cat.jpg')
4    cv2.namedWindow('MyWindow')
5    cv2.imshow('MyWindow',img1)
6
7    cv2.waitKey(0)
8    cv2.destroyAllWindows()
```

cv2.imread()라는 함수는 이미지 파일을 읽어 변수에 할당하는 함수다. 'imread'라는 이름은 당연히 image의 im과 read를 결합해 만든 함수명이라는 것을 추정할 수 있을 것이다. 3번 행에서는 이 cv2.imread()라는 함수로 고양이 이미지를 읽어서 img1라는 변수에 할당하고 있다. 그리고 4번 행에서 'MyWindow'라는 창을 하나 생성한다. 5번 행에서는 이 img1을 'MyWindow' 창에 출력한다. 이 코드를 실행하면 다음과 같은 창을 확인할 수 있다.

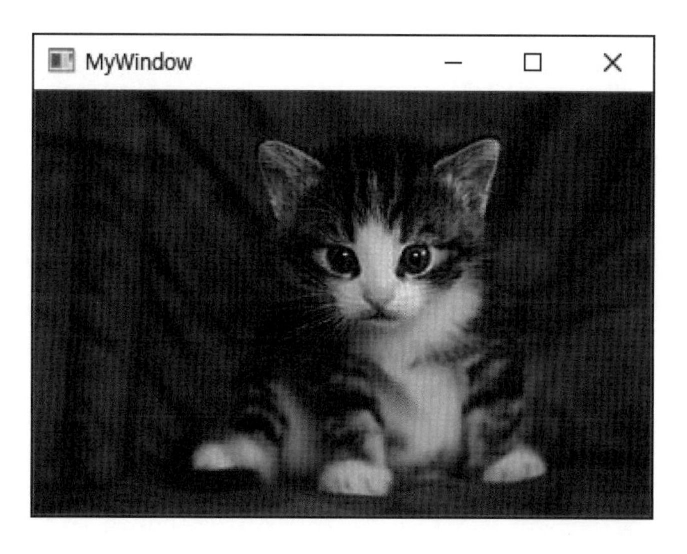

우리가 여기서 이해해야 할 것은 img1이라는 변수의 정체다. type() 함수를 활용해 다음과 같이 img1의 데이터형을 살펴보자.

```
1    import cv2
2
3    img1 = cv2.imread('C:\\Temp\\cat.jpg')
4    print(type(img1))
5    cv2.namedWindow('MyWindow')
6    cv2.imshow('MyWindow',img1)
7
8    cv2.waitKey(0)
9    cv2.destroyAllWindows()
```

```
<class 'numpy.ndarray'>
```

확인 결과 img1은 NumPy의 ndarray형이라는 것을 알 수 있다. 바로 아래에 두 줄을 더 추가해 img1의 shape과 dtype 속성도 살펴보자.

```
import cv2

img1 = cv2.imread('C:\\Temp\\cat.jpg')
print(type(img1))
print(img1.shape)
print(img1.dtype)

cv2.namedWindow('MyWindow')
cv2.imshow('MyWindow',img1)

cv2.waitKey(0)
cv2.destroyAllWindows()
```

```
<class 'numpy.ndarray'>
(233, 350, 3)
uint8
```

이 결과를 설명하기 위해 모니터나 사진의 1개의 점(픽셀)이 컴퓨터에서 어떻게 저장이 될지를 먼저 이야기해야 한다. 모니터를 기준으로 모든 색은 빛의 3원색(빨강, 초록, 파랑)으로 표현될 수 있다. 그리고 이렇게 색을 표현하는 방식을 각 영문의 첫 자를 따서 'RGB 칼라'라고 한다. 보통 우리가 접하는 사진의 픽셀은 이 각각의 색이 0~255(= 2^8)의 범위의 `uint8` 데이터형으로 저장되며, 결과적으로 $2^8 \times 2^8 \times 2^8 = 2^{24} = 16,777,216$가지의 색상을 표현할 수 있게 되는 것이다.

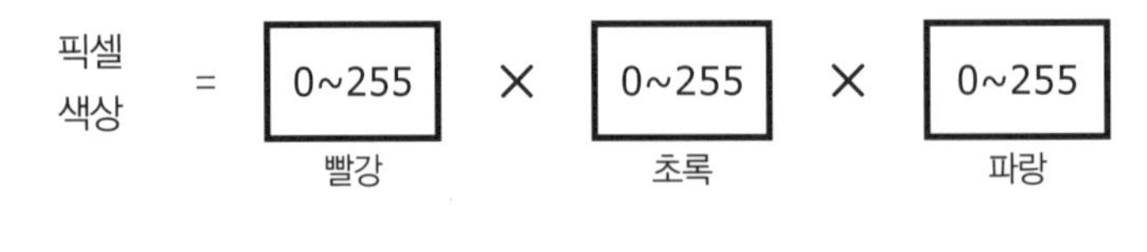

빨강 = 0, 초록 = 0, 파랑 = 0: 검은색
빨강 = 255, 초록 = 0, 파랑 = 0: 빨간색
빨강 = 255, 초록 = 255, 파랑 = 255: 흰색

이러한 점(픽셀)들이 행렬의 형태를 갖는 것이 우리가 보통 보는 이미지 데이터이며, 위의 코드에서 볼 때 **img1**은 (233, 350, 3)의 크기를 갖게 된다. 여기서 실제 고양이 사진의 크기는 350(수평 방향)×233(수직 방향)이다. 그러나 사진을 행렬처럼 생각하면 행렬에서는 수직 방향이 먼저 나오게 되므로 첫 번째 차원의 크기가 233, 두 번째 차원의 크기가 350으로 나타나는 것이다. 마지막 3이라는 것은 파란색, 녹색, 붉은색을 표현하기 위한 차원의 크기다(다음 그림 참조).

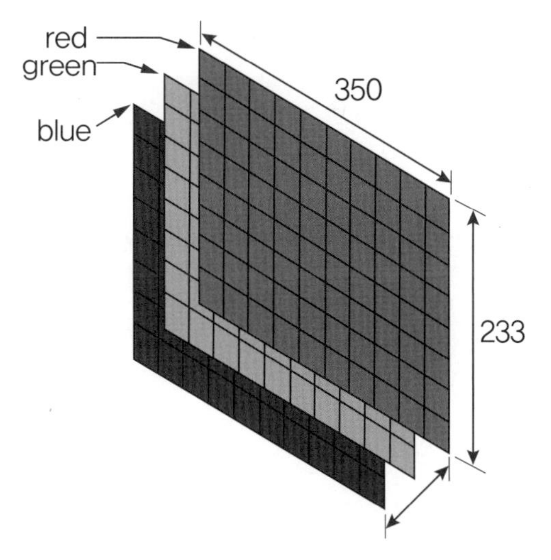

▲ 3차원 ndarray 형식의 이미지 데이터

14.4 이미지 데이터의 조작

위에서 이미지 데이터가 ndarray 형식으로 보관된다는 것을 알게 됐으므로 NumPy에서 익힌 것들을 조금만 활용하면 이미지를 원하는 대로 조작할 수 있다.

색상 변환의 기본

먼저 다음과 같이 색상에 해당하는 세 번째 차원의 첫 번째 요소들을 모두 0으로 만들어보자.

```
1    import cv2
2
3    img1 = cv2.imread('C:\\Temp\\cat.jpg')
4
5    img1[:,:,0] = 0
6
7    cv2.namedWindow('MyWindow')
8    cv2.imshow('MyWindow',img1)
9
10   cv2.waitKey(0)
11   cv2.destroyAllWindows()
```

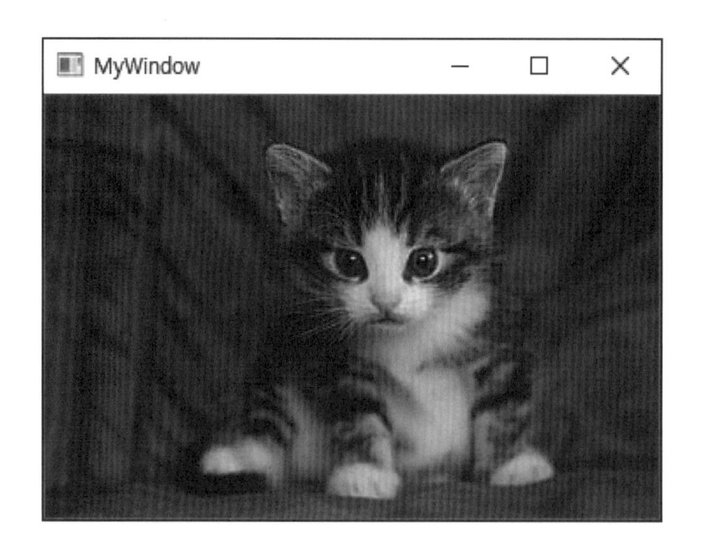

그 결과 위와 같이 파란색이 완전히 빠지고 빨간색과 초록색만 남긴 사진으로 바뀐다. 즉, 색상을 표현하는 차원 중 0번째는 파랑, 1번째는 초록, 2번째는 빨강을 의미한다고 추정할 수 있다. 이를 확인하기 위해 이번에는 위의 코드에서 5번 행을 다음과 같이 수정해보자. [1:3]이라는 것은 3을 포함하지 않기 때문에 [1, 2]와 동일하다는 것을 잊지 말기 바란다.

```
5    img1[:,:,1:3] = 0
```

우리가 예상했던 대로 0번째 요소만 남겼을 경우에는 전체 이미지가 파란색으로 바뀐다. 즉, 우리가 이미지를 이야기할 때는 RGB이지만, **OpenCV에서 데이터를 저장하는 순서는 BGR**이라는 것을 알 수가 있다.

앞에서 배운 것들을 종합해 코드를 다음과 같이 수정해보자.

```
import cv2

img1 = cv2.imread('C:\\Temp\\cat.jpg')
cv2.namedWindow('MyWindow')
cv2.imshow('MyWindow',img1)

while True:
    ret = cv2.waitKey(0)
    if ret == 27:
        break
    elif ret == 97:
        img1[:,:,2] = img1[:,:,2] + 1
        cv2.imshow('MyWindow', img1)

cv2.waitKey(0)
cv2.destroyAllWindows()
```

이 코드는 A 를 누를 때마다 빨간색의 강도를 1만큼씩 증가시키고, Esc 를 누르면 실행을 종료하는 파이썬 코드다. 이 코드는 우리가 바라는 대로 완벽하게 작동하지 않는데 빨간색의 강도가 높아지다가 어느 정도 높아지면 빨간색이 확 줄어드는 현상을 발견할 수 있을 것이다. 이는 이미지의 데이터가 ndarray 형식의 uint8로 저장되어 래핑이 발생하기 때문이다(NumPy를 배울 때 uint8 형을 사용할 때 숫자의 덧셈이나 뺄셈에서 래핑(wrapping), 즉 255에서 0으로 숫자가 건너뛰는 현상이 발생할 수 있다는 것을 설명했다.)

크기 변환

이미지를 원하는 크기로 변환하는 cv2.resize() 함수도 존재한다. 다음 예제는 원본 이미지를 360×240픽셀 사이즈로 변환하는 코드다. 각 함수에 사용되는 인자의 형식과 의미는 영상 처리에 관련된 이론을 알고 함수의 형식을 암기해야 하는데 이는 다른 사람들이 개발한 라이브러리를 사용할 때 어쩔 수 없는 부분이기도 하다.

```
import cv2
import numpy as np

img1 = cv2.imread('C:\\Temp\\cat.jpg')
cv2.namedWindow('MyWindow')
img2 = cv2.resize(img1, dsize=(360, 240), interpolation=cv2.INTER_AREA)
cv2.imshow('MyWindow', img2)
```

```
8    cv2.waitKey(0)
9
10   cv2.destroyAllWindows()
```

타일링

위에서 크기 변환 함수를 학습한 이유는 사실, np.concatenate( ) 함수를 활용한 타일링(Tiling)을 공부하기 위해서다. 아래의 코드를 살펴보기 전에 그 밑에 나와 있는 결과물을 살펴본 후 코드를 보면 이해가 좀 더 쉽게 이해할 수 있을 것이다.

```
1    import cv2
2    import numpy as np
3
4    img1 = cv2.imread('C:\\Temp\\cat.jpg')
5    cv2.namedWindow('MyWindow')
6    img2 = cv2.resize(img1, dsize=(360, 240), interpolation=cv2.INTER_
     AREA)
7    cv2.imshow('MyWindow', img2)
8    cv2.waitKey(0)
9
10   img3 = np.concatenate([img2,img2],1)
11   cv2.imshow('MyWindow', img3)
12   cv2.waitKey(0)
13
14   cv2.destroyAllWindows()
```

1개의 영상이 NumPy의 ndarray 행렬로 나타나기 때문에 행렬을 합치는 함수인 np.concatenate( )

를 사용한다면 위와 같이 이미지를 쉽게 합칠 수 있다.[1]

뒤집기

이번에는 ndarray의 행렬을 이용해서 영상을 위아래로 뒤집는 경우를 살펴본다. 한 줄로 다음과 같이 영상을 손쉽게 뒤집을 수 있다는 것을 살펴보면 얼마나 OpenCV와 NumPy가 강력한 툴이 될 수 있는지를 알 수 있을 것이다.[2]

```
1    import cv2
2    import numpy as np
3
4    img1 = cv2.imread('C:\\Temp\\cat.jpg')
5    cv2.namedWindow('MyWindow')
6    cv2.imshow('MyWindow', img1)
7    cv2.waitKey(0)
8
9    img2 = img1[::-1,:,:]
10   cv2.imshow('MyWindow', img2)
11   cv2.waitKey(0)
12
13   cv2.destroyAllWindows()
```

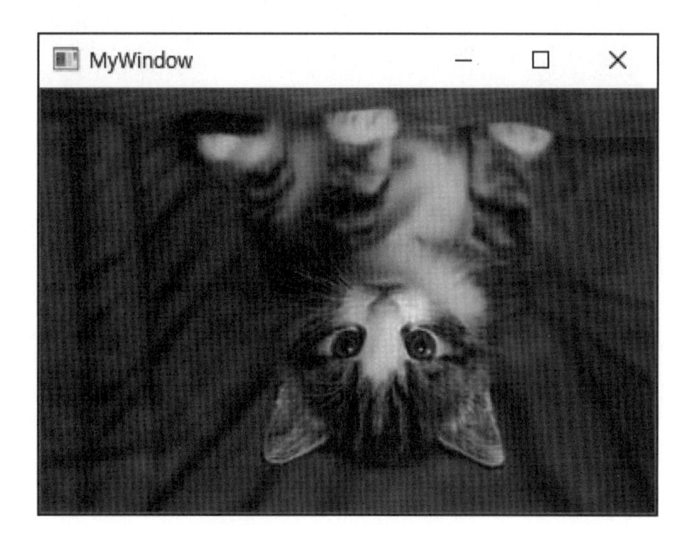

1 cv2.resize( ) 함수를 배운 이유는 학생들이 실습을 할 때 너무 큰 이미지를 다운로드해서 행렬을 합쳤을 때 화면에 제대로 나타나지 않는 경우들을 몇 번 보았기 때문이다

2 다른 프로그래밍 언어로 이런 작업을 해보면 동의할 수 밖에 없는 부분이다.

가우시안 블러

영상 처리를 학습하면 여러 가지 영상 필터들을 경험하게 되는데 '가우시안 블러(Gaussian Blur)'라는 이름을 가진 필터는 영상을 부드럽게(혹은 흐릿하게) 만들어 준다. 영상의 일부분에 이러한 필터를 적용하면 얼굴 사진의 경우에 잡티가 사라지는 효과가 나타난다.[3]

```
1   import cv2
2
3   img1 = cv2.imread('C:\\Temp\\cat.jpg')
4   cv2.namedWindow('MyWindow')
5   cv2.imshow('MyWindow', img1)
6   cv2.waitKey(0)
7
8   img2 = cv2.GaussianBlur(img1, (9, 9), 0)
9   cv2.imshow('MyWindow', img2)
10  cv2.waitKey(0)
11
12  cv2.destroyAllWindows()
```

회색조 변환

회색조 영상은 명도의 차이로만 표현되는 회색조 영상, 즉 흰색, 회색, 검은색으로 표현되는 영상이며, 칼라 영상을 회색조로 변환하는 것을 '회색조 변환(grayscale conversion)'이라고 한다. 간혹 흑백(black and white)과 회색조의 차이가 헷갈리는 경우가 있는데 보통 흑백 TV, 흑백 영상이라고 하

3 보통 '뽀샤시'라고 한다.

면 실제 회색조를 의미하고, 정말 흑백은 흰색과 검은색의 두 가지 색상으로만 표현하는 경우를 의미한다. 특히 영상 처리에서 인공지능과 같은 고급 기술을 익히다보면 영상을 회색조로 바꿔 처리하는 경우를 많이 발견할 수 있다.

```
1    import cv2
2
3    img1 = cv2.imread('C:\\Temp\\cat.jpg')
4    cv2.namedWindow('MyWindow')
5    cv2.imshow('MyWindow', img1)
6    cv2.waitKey(0)
7
8    img2 = cv2.cvtColor(img1, cv2.COLOR_BGR2GRAY)
9    cv2.imshow('MyWindow', img2)
10   cv2.waitKey(0)
11
12   cv2.destroyAllWindows()
```

캐니 윤곽 검출기

캐니 윤곽 검출기(Canny Edge Detector)라는 알고리즘은 회색조 영상에서 그 영상에 포함된 컨텐츠의 윤곽을 추출하는 것으로, 예전부터 자동차 번호판 인식 등의 알고리즘 등에 많이 활용돼 왔다. 다음 예제에서는 원본 영상 외에 2개의 인자를 더 필요로 하는데 하나는 낮은 임곗값, 다른 하나는 높은 임곗값으로 조금씩 수치를 바꿔보면서 코드를 실행시켜보면 임곗값 설정에 대한 감이 생길 것이다.

```
1     import cv2
2
3     img1 = cv2.imread('C:\\Temp\\cat.jpg')
4     cv2.namedWindow('MyWindow')
5     cv2.imshow('MyWindow', img1)
6     cv2.waitKey(0)
7
8     img2 = cv2.cvtColor(img1, cv2.COLOR_BGR2GRAY)
9     img3 = cv2.Canny(img2, 100, 250)
10    cv2.imshow('MyWindow', img3)
11    cv2.waitKey(0)
12
13    cv2.destroyAllWindows()
```

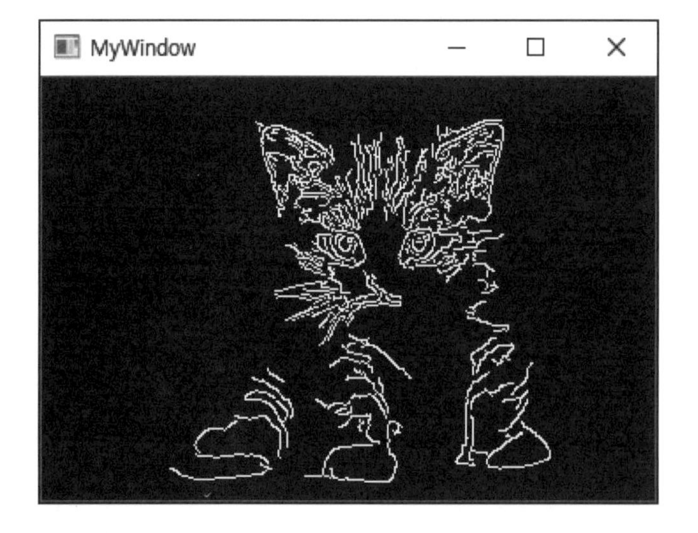

15 의료 기기 소프트웨어 배포용 실행 프로그램 생성을 위한 PyInstaller

학습 목표

배포형 소프트웨어 개발을 위한 PyInstaller의 개념과 사용 방법을 익힌다.

의료용 소프트웨어 프로그래밍 기술을 익히는 과정에서 개발이 완료된 파일은 독립된 소프트웨어 형태로 배포돼야 한다. 이는 식약처에서 고시한 '의료 기기 허가·신고·심사 등에 관한 규정'을 준수해야 하는 사항이므로 소프트웨어 개발자는 개발 이전에 이 점을 고려해 배포용 프로그램으로 전환하는 방법을 습득하는 것이 중요하다.

특히, 파이썬을 이용해 의료용 소프트웨어를 개발하는 경우에는 알고리즘 작성까지는 진행했지만, 배포용 프로그램으로 만드는 방법을 익히지 못해 업무에 장애를 겪고 있는 학생을 많이 볼 수 있었다. 15장에서는 배포용 프로그램 생성 방법에 대해 학습한다.

PyInstaller는 파이썬에서 개발한 파일을 실행 파일로 만들어주는 모듈이다. 다른 C/C++과 같은 언어들을 이용해 개발할 때는 필수적으로 실행 파일(executable file)을 만들게 돼 있지만, 파이썬에서는 실행 파일 생성이 기본이 아니다. 그래도 본인의 파이썬 코드를 실행 파일로 만들고 싶을 때는 PyInstaller를 사용하면 된다.

이전에 배운 다른 모듈들처럼 pip를 사용하면 PyInstaller를 간단하게 설치할 수 있다.

```
C:\Users\JS>pip install pyinstaller
```

PyInstaller는 모듈이라고 했지만 우리가 사용해 온 스파이더 IDE처럼 그냥 'pyinstaller.exe'의 형태로 실행 파일로 사용한다. 'pyinstaller.exe'는 스파이더처럼 Scripts 폴더에 저장된다.

간단히 사용법을 살펴보기 위해서 'C:\Temp'라는 경로에 다음과 같이 'hello world'라는 문장을 출력하는 'test.py'라는 파일을 만들었다고 가정해보자.

```
1    print('hello world')
```

이를 실행 파일로 변환하기 위해 명령 프롬프트 창을 열고 다음과 같이 수행해보자.

```
C:\Users\JS>cd C:\Temp
C:\Temp>pyinstaller test.py
```

'test.py'를 실행 파일 'test.exe'로 만들기 위해 'pyinstaller <파일명>.py'의 명령을 실행하면 'build'와 'dist'의 2개의 폴더가 만들어진다. 여기서 'dist' 폴더가 최종 실행 파일이 보관되는 '배포(distribution)'를 의미하는 폴더이고, 이 'dist' 폴더 내에 'test' 폴더가 최종 실행 파일 및 그 실행 파일이 이용하는 모든 라이브러리들을 담고 있는 폴더이다.

```
C:\Temp>cd C:\Temp\dist\test
C:\Temp\dist\test> dir
...(전략)...
2020-08-04  오후 07:26    2,322,789 test.exe
2020-08-04  오후 07:27    1,029 test.exe.manifest
2020-08-04  오후 07:27    <DIR>  tk
2020-08-04  오후 05:08    1,468,064 tk86t.dll
...(중략)...
2020-08-04  오후 05:08    112,712 _testcapi.pyd
2020-08-04  오후 05:08    64,072 _tkinter.pyd
              29개 파일    17,783,019바이트
               6개 디렉터리 301,697,478,656바이트 남음

C:\Work.JS\dist\test>
```

디렉터리의 내용을 살펴보면 29개 파일과 6개의 하위 디렉터리가 생성돼 있고, 이 중 우리가 원하는 'test.exe'를 발견할 수 있다. 이제 이 파일을 실행해보면 다음과 같은 결과를 얻을 수 있다.

```
C:\Temp\dist\test>test.exe
hello world

C:\Temp\dist\test>
```

위와 같이 PyInstaller를 사용하면 실행 파일을 만들 수 있게 된다. 그러나 다른 컴파일형 언어들과 달리 **'test.exe' 1개로 프로그램이 동작하는 것이 아니라 정상적인 실행을 위해서는 현재 폴더의 모든 파일들이 필요하다.**

이런 사실은 PyInstaller에 대해 좀 더 이해할 필요가 있다는 것을 알려준다. 사실 **PyInstaller는 정말 컴파일형 언어와 같은 실행 파일을 만들어주는 모듈이 아니라 바이트 코드와 인터프리터를 묶어서 순수 실행 파일처럼 동작하게 만들어주는 역할만 하는 모듈**이다. 바꿔 말하면 이 실행 파일을 실행하면 인터프리터가 하나씩 파이썬 바이트 코드를 번역하면서 실행한다. 따라서 배포 시에 실행에 필요한 파일만 모아서 전달하기에는 적절하지만 그렇다고 프로그램의 성능이 좋아지는 일은 없다는 점을 반드시 알아둬야 한다.

PyInstaller를 사용할 때 사용하는 명령어 옵션 2개를 아래에 기술했으므로 참고하면 좋을 것 같다.

```
-w    PyInstaller로 만드는 파일들은 반드시 검은색 콘솔 창을 열게 돼 있는데 이 옵션을 사용하면 콘솔 창을 열지 않
      게 만든다.
-F    1개의 폴더에 수십 개의 파일을 생성하는 것이 아니라 단 1개의 실행 파일을 만든다(비추천).
```

그리고 PyInstaller를 사용할 때 반드시 알아둬야 할 점은 다음과 같다.

- **실행 파일을 만든다고 해서 속도가 빨라지지 않는다.**

PyInstaller를 사용해 실행 파일을 만드는 것은 다른 컴파일형 언어에서 실행 파일을 만드는 것과는 많이 다르다. PyInstaller는 실제로는 파이썬 바이트 코드와 파이썬 인터프리터를 1개의 파일로 묶어주는 역할만 한다. 따라서 PyInstaller를 사용해 만든 실행 파일은 하나하나 인터프리터에서 번역 과정을 거친다고 생각하면 된다.

- **-F 옵션으로 1개의 실행 파일로 만들면 더 느려지므로 가급적 사용을 피해야 한다.**

PyInstaller는 -F 옵션으로 1개의 실행 파일로 만들 수 있는 기능이 있다. 다른 컴파일형 언어를 생각하면 정적 라이브러리를 사용하는 것처럼 착각해 속도가 더 빨라질 것이라고 생각하지만 위에서 언급했듯이 PyInstaller는 실행 파일로 묶어주는 역할만 한다. 즉, 동적 라이브러리(.dll)가 정적 라이브러리(.lib)로 바뀌는 일이 없다. 결국은 -F 옵션을 사용해 다른 파일들을 1개의 실행 파일로 묶는 것은 실행 시에 묶은 것을 임시 폴더에 푸는 데 시간이 걸리므로 더 속도가 느려진다고 보면 된다. 이보다는 -D 옵션[1]을 사용해 1개의 폴더에 푸는 것이 제일 좋은 방법이다.

- **실행 파일로 만든다고 해서 소스 코드의 보안이 지켜지는 것이 아니다.**

다른 가상머신 기반 언어들이 그렇듯이 바이트 코드는 역컴파일(de-compile) 또는 바이트 코드 자체를 분석해 외부인이 내부 동작을 파악할 여지가 매우 높다. 즉, 정말 중요한 알고리즘이나 보안 사항은 파이썬으로 개발한 채로 배포하면 안 되며, 그런 중요한 부분들은 컴파일형 언어로 개발해 파이썬과 묶어주는 형태로 사용해야 한다.

1 디폴트가 -D 옵션임.

16 의료 기기 소프트웨어 바이트 코드 생성과 역공학을 위한 py_compile과 uncompyle6

학습 목표

파이썬의 컴파일 과정과 바이트코드의 생성 및 역공학의 개념을 이해하고 익힌다.

의료용 소프트웨어 개발 과정은 IEC 62304 소프트웨어 개발 라이프 사이클에 따라서 진행해야 하며, 이 과정에서 소프트웨어의 개발 계획서와 절차서, 검증 보고서 등의 문서가 작성돼야 한다. 또한 프로그램 개발자에게는 소프트웨어의 개발 절차를 이해하고 문서로 작성하는 과정이 매우 중요하지만, 많은 업체와 학생들은 이 부분에 대한 이해가 부족한 실정이다. 따라서 이 과정에서는 프로그램 작성과 개발 과정에서 반드시 필요한 프로그램 실행 절차 및 컴파일 등의 이론을 공부하고 이를 의료용 소프트웨어 개발 시에 적용할 수 있도록 설명하고자 한다.

파이썬은 여러 가지 플랫폼에서 동일하게 동작하기 위해 가상머신[1]을 활용한다고 이 책의 앞부분에서 설명했다. 즉, 아래의 그림과 같이 '.py' 확장자를 갖는 소스 코드를 실행하면 바이트 코드(bytecode)로 컴파일된 후 가상머신에 의해서 기계어 코드로 인터프리트된다.

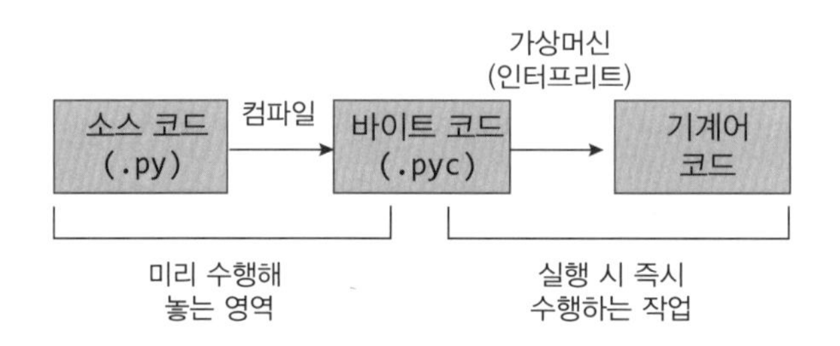

그런데 어떤 파이썬 코드가 모듈을 활용할 때는 이러한 모듈의 로딩을 빠르게 만들기 위해, 한 번 모듈을 임포트할 때 일단 그 모듈을 컴파일한 후 '.pyc'라는 확장자를 갖는 파일로 '__pycache__' 라는 폴더에 저장한다. 그리고 이후에 같은 모듈을 임포트할 경우가 발생하면 모듈을 다시 컴파일하는 것이 아니라 '__pycache__' 폴더를 확인하고 이미 컴파일된 바이트 코드가 존재한다면 이 파

1 약간 차이는 있지만, 가상머신이라고 표현하자. 파이썬에서도 가상머신이라는 용어를 사용한다.

일을 로딩해 모듈을 컴파일하는 시간을 절약한다.

모듈이 아니라 내가 작성한 소스 코드의 경우에는 따로 '.pyc' 파일로 저장하지 않는데 py_compile이라는 모듈을 사용하면 소스 코드를 '.pyc'로 만들 수 있다. 이때 명령 프롬프트에서 아래의 형식을 사용한다.

```
python -m py_compile <소스 코드명>
```

이 명령을 이용해서 우리가 예전에 에디터를 처음 배울 때 사용했던 아래의 소스 코드에 'test.py'라는 이름을 붙이고 바이트 코드인 '.pyc' 파일로 변환해보자.

```
1    import math
2    r = 2
3    h = 3
4    area = math.pi*r*r
5    volume = area*h
6    print(volume)
```

```
C:\Python38> python -m py_compile test.py
```

이 명령을 실행하고 나면 따로 메시지가 나오지 않지만 '__pycache__'라는 폴더가 소스 코드가 있는 폴더에 생성돼 있는 것을 알 수 있다. 이 폴더 속으로 들어가면 'test.cpython-38.pyc'라는 파일이 생성돼 있다는 것을 알 수 있다. 이 파일이 'test.py'가 컴파일돼 만들어진 바이트 코드 파일이다. 이 파일은 'python test.py'와 동일하게 다음과 같이 실행할 수 있다.

```
C:\Python38\__pycache__> python test.cpython-38.pyc
37.69911184307752

c:\Python38\__pycache__>
```

혹시라도 'test.cpython-38.pyc'를 메모장이나 워드패드와 같은 에디터로 열어보면 알아볼 수 없는 데이터, 즉 2진수로 가득차 있다는 것을 알 수 있는데 이는 이 파일이 2진수로 된 바이트 코드라는 것을 의미한다. 이 파일은 이미 컴파일된 바이트 코드로 돼 있기 때문에 'test.py'에 비해 훨씬 빠르게 동작한다.

간혹 인터넷에서 '.pyc' 형태로 배포되는 파이썬 프로그램을 발견할 수 있는데 이는 소스 코드를 일반에게 공개하고 싶지 않을 때 활용되기도 한다. 하지만 파이썬과 같은 가상머신을 사용하는 언어는 바이트 코드로 나의 프로그램을 보호하는 것이 쉽지 않다는 것을 알아둘 필요가 있다.

이를 보여주기 위해서 'uncompyle6'라고 하는 모듈을 pip 명령을 사용해 설치해보자.

```
C:\Python38\Scripts> pip install uncompyle6
```

이 모듈은 바이트 코드를 소스 코드로 역변환시켜주는 모듈이다. 이는 다음과 같은 형식으로 사용하고 출력 파일 폴더를 지정해주면 그 폴더에 역변환된 '.py' 파일을 생성한다.

```
uncomplyle6 -o <출력 파일 폴더 명> <바이트 코드명>
```

위 예제에서 __pycache__ 폴더에 'test.cpython-38.pyc'가 생성됐는데 이를 다음과 같이 역변환시키면 'test.cpython-38.py'라는 소스 코드가 생성된다. '-o .'에서 '.'는 현재 디렉터리에 결과물을 생성하라는 의미다.

```
C:\Temp\__pycache__>uncompyle6 -o . test.cpython-38.pyc
test.cpython-38.pyc --
# 성공적으로 역컴파일된 파일

C:\Temp\__pycache__> dir
 C 드라이브의 볼륨: OS
 볼륨 일련번호: 1A48-A239

 C:\Temp\__pycache__ 디렉터리

2020-08-25  오후 09:10    <DIR>          .
2020-08-25  오후 09:10    <DIR>          ..
2020-08-25  오후 09:10               353 test.cpython-38.py
2020-08-25  오후 03:33               205 test.cpython-38.pyc
               2개 파일                 558바이트
               2개 디렉터리  289,485,537,280바이트 남음

C:\Temp\__pycache__>
```

'dir' 명령으로 __pycache__ 디렉터리 내의 내용들을 확인해보면 'test.cpython-38.py'가 생성된 것을 확인할 수 있고, 이 파일을 에디터로 열어보면 다음과 같이 나타난다.

```
1    # uncompyle6 version 3.7.3
2    # Python bytecode 3.8 (3413)
3    # Decompiled from: Python 3.8.3 (tags/v3.8.3:6f8c832, May 13 2020,
4    # Embedded file name: test.py
5    # Compiled at: 2020-08-25 15:20:05
```

```
6    # Size of source mod 2**32: 234 bytes
7    import math
8    r = 2
9    h = 3
10   area = math.pi * r * r
11   volume = area * h
12   print(volume)
```

이 파일의 내용에서 알 수 있듯이 원래의 소스 코드가 변수의 이름까지 그대로 복구됐다. 즉, 이 말은 '.pyc'의 형태로 바이트 코드로 만든다고 해서 내 소스 코드를 보호할 수는 없다는 것이다.

다시 한번 이야기하면 파이썬과 같은 가상머신을 사용하는 언어는 바이트 코드로 나의 프로그램을 보호하는 것이 쉽지 않다. 이는 자바나 C#과 같은 가상머신을 사용하는 모든 언어에 해당하는 문제점이며, 이 때문에 이런 언어들은 주로 내 바이트 코드가 공개되지 않는 서버용 프로그램을 위해 사용되는 경우가 많다. 우리가 인터넷을 사용해 웹 페이지든, 데이터베이스든 어떤 서버에 접속하면 서버 내에서 어떤 식으로든 프로그램이 동작해서 인터넷 접속에 대응을 하게 되는데 우리는 인터넷을 통해 그 대응 결과만 알게 될 뿐, 실행 프로그램 자체는 무엇이 어떻게 돌아가고 있는지 알 수가 없다. 따라서 서버에서는 해킹과 같은 문제가 발생했을 때를 제외하고는 상대적으로 프로그램이 보호된다는 의미다.

파이썬을 이용해 내가 만든 프로그램을 다른 사람들에게 배포하되, 소스 코드를 보호하기 위해서는 어떻게 해야 할까? 저자의 생각으로는 보호해야 할 중요한 부분은 C/C++로 개발해 동적 라이브러리로 만들고, 이를 파이썬에서 불러와 사용하는 형태로 구성하는 것이 최선이라고 본다.

M·E·M·O

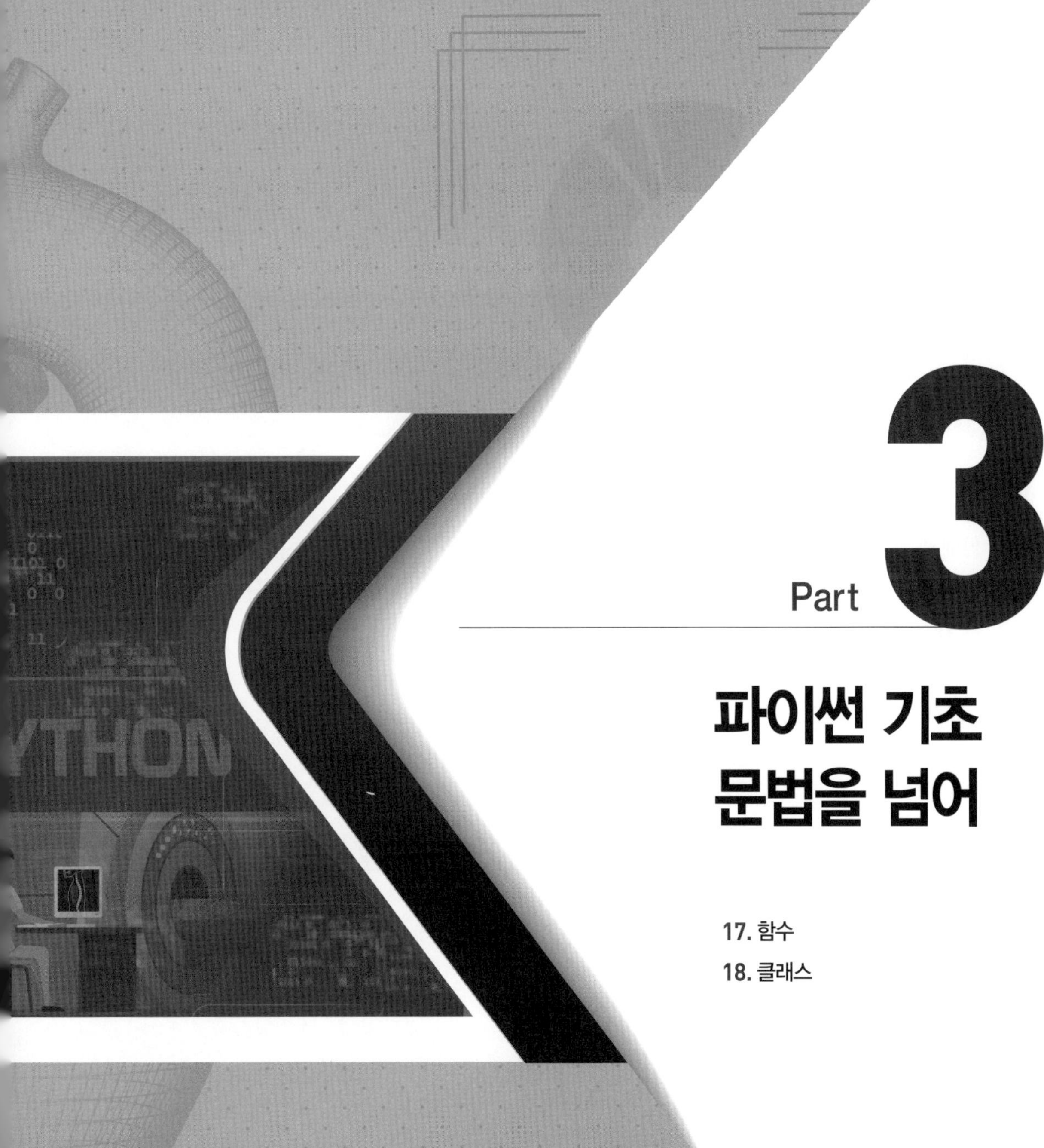

Part 3

파이썬 기초 문법을 넘어

17. 함수
18. 클래스

17 함수

학습 목표

파이썬 프로그래밍에서 자주 사용되는 사용자 함수를 생성하고 이를 활용하는 방법을 익힌다.

앞에서 우리는 type( ), sin( ), cos( ) 등의 여러 가지 함수를 활용했다. 함수는 보통 어떤 '인자(argument)'라는 입력값을 주었을 때 '리턴 값(return value)'이라고 하는 출력값을 만들어내는 블랙박스와 같은 것이라고 설명한다.

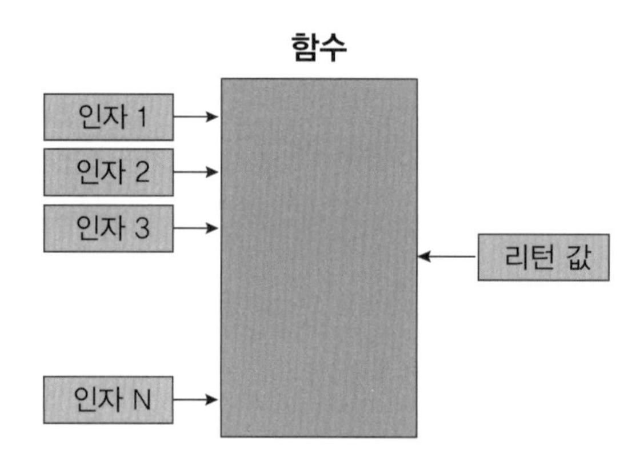

sin() 함수를 예로 들어 보면, sin(math.pi * 0.5)를 통해 1.0이라는 값을 얻어냈을 때 math.pi * 0.5가 전달 인자가 되며, 1.0은 리턴 값이 된다.

함수는 구성에 따라 전달 인자가 하나도 없을 수도 있고, 1개나 또는 그 이상 개수를 전달 인자로 사용할 수도 있다. 반면 프로그래밍 언어에서는 리턴 값이 없거나 최대 1개가 일반적이다. 참고로 exit( ) 함수의 경우는 입력되는 전달 인자의 개수가 0개이고, atan2( ) 함수의 경우는 2개이다.

17.1 파이썬 함수의 기초

첫 함수 만들기

이제까지는 파이썬에 내장돼 있는 내장 함수들을 사용하거나 패키지의 import 명령을 통해 외장 함수들을 사용해왔다. 17장에서는 여기서 그치지 않고 함수를 직접 만들어 사용하는 방법을 익히게 된다.

그 첫 번째 예제로 입력값과 출력값이 없는 간단한 함수를 다음과 같이 만들어보자.

```
1    def say_hello():
2        print('hello world')
3
4    say_hello()
5    say_hello()
6    say_hello()
```

```
hello world
hello world
hello world
```

위에서 1번 행에서 2번 행까지 'def' 키워드로 시작하는 부분을 '함수의 정의'라고 한다. 이 부분은 실제 파이썬 코드에서 실행되지 않고, 4, 5, 6번 행에서 함수가 사용될 때[1] 활용된다. 위의 3번 행에서 빈 공백 행을 하나 추가했는데 이것이 코드의 실행에서 꼭 필요한 부분은 아니며, 함수의 정의 부분을 실행 코드 부분과 구분해 코드를 읽기 쉽도록 만들기 위해서 추가한 것이다. 다음 예제에서 알 수 있듯이 3번 행의 공백 행을 없애도 결과는 문제없이 출력된다. 이렇게 함수의 정의와 실행 코드 사이에 공백 행을 넣는 것은 개발자들 사이에서 일반적으로 활용되는 코딩 스타일이다.

```
1    def say_hello():
2        print('hello world')
3    say_hello()
4    say_hello()
5    say_hello()
```

```
hello world
hello world
hello world
```

1 '호출'이라는 용어를 주로 사용한다.

우리는 파이썬 코드가 위 줄에서부터 아랫줄까지 순차적으로 실행된다는 것을 알고 있다. 따라서 다음과 같이 함수의 정의가 함수를 호출하는 본문보다 파일 내부에서 아래쪽에 위치하면 함수가 정의돼 있지 않은 상태에서 함수를 호출하게 되므로 에러가 발생한다.

```
1    say_hello()
2    say_hello()
3    say_hello()
4
5    def say_hello():
6        print('hello world')
```

```
Traceback (most recent call last):
  File "test.py", line 1, in <module>
     ay_hello()
NameError: name 'say_hello' is not defined
```

이를 설명하면 모듈을 사용할 때 'import math'를 하고 나서 'math.sin()' 함수를 실행하는 것은 문제가 없지만, 'math.sin()' 함수를 'import math' 윗 줄에서 사용하는 것은 에러가 나는 것과 개념적으로 비슷하다고 보면 된다.

따라서 파이썬 코드상에서 어떤 함수가 호출되기 전에만(즉, 사용되기 전에만) 그 함수에 대한 정의가 있으면 정상적으로 실행된다. 그러나 보통은 함수의 정의는 파이썬 코드의 맨 윗 단, 주로 import 아래에 배치하는 것이 일반적인 프로그래밍 스타일이다.

일반적인 함수의 형식은 다음과 같이 기술될 수 있으며, 위 예제에서는 입력값도 출력값도 없는 함수이므로 [매개변수]가 사용되지 않은 형태로 볼 수 있다.

```
def <함수명>([매개변수]):
    <명령문 1>
    <명령문 2>
    ...
```

실제로 파이썬에서는 아무 값도 함수에서 돌려주지 않을 때 None을 돌려주는 것으로 해석을 한다. 다음과 같이 print(say_hello()) 문장으로 say_hello()의 리턴 값을 확인해보면 None이 화면에 출력되는 것을 알 수 있다.

```
1    def say_hello():
2        print('hello world')
3
4    print(say_hello())
```

```
hello world
None
```

함수 속의 변수

함수는 그 자체로서 블랙박스와 같은 역할을 한다. 즉 입력과 출력 외에는 모든 것이 감춰 져 있고 함수 내에서 동작하는 어떤 것도 함수 정의 외부의 파이썬 코드에 영향을 미치지 않는다. 이 말을 이해하기 위해서 다음 예제를 살펴보자. 3행과 4행이 함수의 정의부분이다.

```
1    x = 1
2
3    def variable_in_function():
4        x = 2
5
6    print(x)
```

```
1
```

얼핏 보면 1번 행에서 'x = 1'로 1의 값을 x에 지정하고 4번 행에서 'x = 2'로 2의 값을 새로 x에 지정했으므로 6번 행의 'print(x)'에서 2를 출력해야 할 것으로 생각할 수도 있다. 그러나 함수 정의 부분은 블랙박스와 같은 개념이라 1번 행의 x와 4번 행의 x는 이름만 같지 완전히 다른 변수이며, 함수 속의 x는 본 파이썬 코드의 실행에 아무런 영향을 미치지 못한다.

입력값이 있는 함수

위 예제에서는 따로 입력값과 출력값이 없는 간단한 형태이었지만, 많은 경우에는 math.sin()와 같이 입력값과 출력값이 존재하며, 이제부터는 입력값이 존재하는 함수를 살펴보도록 하겠다.

```
1    x = 1
2
3    def myfunction(x):
4        print(x*x)
5
6    myfunction(2)
7    myfunction(3)
8    print(x)
```

```
4
9
1
```

위의 코드에서는 두 가지를 한꺼번에 설명하고 있다. 한 가지는 매개변수를 활용해 입력값을 함수로 받아오는 과정이다. 위의 함수 'myfunction'의 정의에서 x라는 변수는 함수를 사용할 때 값을 전달 받기 위한 변수로 '매개변수(parameter)'라고 한다. 즉 6번 행 myfunction(2)라는 형식으로 함수를 호출할 때 2라는 값은 함수의 매개변수 x로 전달(할당)되고 함수는 이 매개변수를 활용해 함수의 내용를 수행한다. 그리고 다시 7번 행 myfunction(3)이라는 형식으로 함수를 호출할 때 3이라는 값은 함수의 매개변수 x로 전달(할당)되고 함수는 이 매개변수를 활용해 함수의 내용를 수행한다.

위의 코드의 두 번째 요점은 앞에서 설명했던 것으로, 함수 정의 속의 변수는 전체 파이썬 코드에서 사용되는 변수와 상관이 없다는 것이다. 따라서 함수 속에서 변수 x가 어떻게 활용되든지 간에 'print(x)'에는 영향을 못 주고 1을 출력한다.

함수의 매개변수는 1개 이상일 수 있다.

```
1    def myfunction(x, y):
2        for i in range(y):
3            print(x)
4
5    myfunction(4, 3)
```

```
4
4
4
```

위의 파이썬 코드는 x를 y번 반복해서 찍게 만드는 코드다. 여기서 인자들은 매개변수로 다음과 같이 순서에 맞춰 반영된다.

```
    myfunction( 2 ,  3 )
                ↓    ↓
def myfunction( x ,  y )
```

이 말은 **인자(argument)와 매개변수(parameter)의 숫자가 동일해야 하며, 전달 시 순서를 일치시켜야 한다**는 뜻이다. 이는 일반적인 프로그래밍 언어들에서 공통적으로 나타나는 함수 활용법이며, 파이썬에서는 특이한 형태로 사용하는 것이 가능한데 인자를 어느 변수에 전달할 지를 지정해서 전달할 수도 있다는 점이다. 다음 예를 살펴보자.

```
1    def myfunction(x, y):
2        for i in range(y):
3            print(x)
4
5    myfunction(y=4, x=3)
```

```
3
3
3
3
```

위 예제에서는 함수를 호출할 때 x, y 각각에 어떤 값을 넣어야 할지를 지정해줬다. 이렇게 사용하면 순서를 맞출 필요 없이 파이썬에서 알아서 매칭되는 변수의 이름에 값을 전달해준다. 이때 주의해야 할 것은 함수 호출할 때 즉 'myfunction(y=4, x=3)'에서 나타나는 x, y 변수는 본(main) 파이썬 코드의 변수명이 아니라 호출되는 함수의 변수명이라는 점이다.

매개변수의 초깃값 설정

그러나 이러한 전달할 인자가 주로 활용하는 값이 정해져 있을 경우, 이를 미리 함수 내에 설정해 두고 필요한 경우에만 해당 인자를 전달하도록 하는 방식도 활용할 수 있다. 아래 예제를 보면 1번 행 부분에 '(x, y)'가 '(x=3, y=2)'로 초깃값이 설정돼 있다.

```
1    def myfunction(x=3, y=2):
2        for i in range(y):
3            print(x)
4
5    myfunction(4, 3)
```

```
4
4
4
```

위 코드를 실행시켜보면, 5번 행에서 'myfunction(4, 3)'에서 매개변수의 개수만큼 충분히 인자를 전달했기 때문에 '(x=3, y=2)'의 초깃값들은 코드에 영향을 주지 않고 초깃값이 없었던 이전의 예제와 완전히 동일한 방식으로 동작한다.

그러나 다음과 같이 같은 함수에 인자를 전달하지 않은 경우 자동적으로 미리 설정된 초깃값을 활용한다.

```
1    def myfunction(x=3, y=2):
2        for i in range(y):
3            print(x)
4
5    myfunction()
```

```
3
3
```

다음과 같이 매개변수는 2개이고, 인자는 1개만 전달할 경우에는 순서대로 첫 번째 매개변수인 x에는 전달 인자인 4를 넣고, 두 번째 매개변수인 y에는 인자가 전달되지 않았으므로 초깃값 2를 활용한다.

```
1    def myfunction(x=3, y=2):
2        for i in range(y):
3            print(x)
4
5    myfunction(4)
```

```
4
4
```

```
        myfunction( 4 )
                    ↓
    def myfunction( x ,   y )
                          ↑
                 초깃값 y=2를 활용
```

매개변수의 일부에만 초깃값 설정을 하는 것도 다음과 같이 가능하다.

```
1    def myfunction(x, y=2):
2        for i in range(y):
3            print(x)
4
5    myfunction(4)
```

```
4
4
```

그러나 다음과 같이 매개변수가 둘인데 앞의 매개변수에만 초깃값을 지정해주고, 함수의 호출에서는 1개의 값만 전달을 하면 에러가 발생한다.

```
1    def myfunction(x=3, y):
2        for i in range(y):
3            print(x)
4
5    myfunction(2)
```

```
File "test.py", line 1
  def myfunction(x=3, y):
                 ^
SyntaxError: non-default argument follows default argument
```

왜냐하면 매개변수와 인자들이 순서대로 매칭돼야 하는데 두 번째 매개변수 y에 대해 전달될 값이 없기 때문이다.

```
    myfunction( 4 )
                ↓
def myfunction( x ,   y )
                      ↑
            대응할 초깃값이 없음
```

연습문제

E1. range() 함수는

```
range([시작점,] 끝점)
```

의 형태로 1개의 인자만 주어졌을 경우에는 끝점만 주어졌다고 생각하고 시작점=0, 끝점으로 받아들이며, 2개의 인자가 주어졌을 경우에는 시작점, 끝점의 두 가지가 주어졌다고 해석한다. 하지만 본문의 예제를 알 수 있듯이 1개의 인자만 주어질 경우에는 순서대로 매개변수와 매칭 하므로 끝점이 아니라 시작점이라 생각한다. 이 문제를 해결하고 함수의 매개변수를 range() 함수처럼 사용하도록 하기위해서는 약간의 트릭이 필요하다.

우리는 다음과 같이 두 번째 인자(끝점)이 필수로 주어지고, range() 함수와 같이 1개의 입력에 대해서는 시작점=0, 끝점이 입력값이 되고, 2개의 입력에 대해서는 순서대로 시작점과 끝점이라고 판단하는 myrange()라는 함수를 구성하려고 한다.

```
myrange(끝점)
myrange(시작점, 끝점)
```

if문을 사용해 2개의 점이 들어왔을 때 시작점이 옵션이 되도록 함수를 구성하도록 하시오.

정해지지 않은 개수의 매개변수 활용

우리가 print( ) 문을 사용할 때 우리는 print( ) 문에 콤마로 구분된 인자의 개수를 특정하지 않고 사용한다. 즉, print( ) 문에 인자를 10개든 100개든 사용할 수 있는 것이 일반적이다. 이런 형태의 입력을 위해서는 매개변수를 특별한 방식으로 사용해야 한다.

```
1    def print_all(*args):
2        for i in args:
3            print(i)
4
5    print_all('hello',3.14,(1,2))
```

```
hello
3.14
(1, 2)
```

위 예제에서 보면 1번 행에서 매개변수를 지정할 때 args라는 이름이 아니라 *args라고 앞에 '*' 표시를 추가했다. 이렇게 되면 args라는 변수는 튜플로 함수 호출에서 전달된 인자들을 하나씩 순서대로 튜플에 보관한다. 즉, 'args = ('hello'3.14,(1,2))'과 같은 의미의 구문이 되는 것이다. 2번과 3번 행에서는 튜플 args의 내용을 for문을 사용해 출력하는 부분이다. 이런 식으로 활용하면 따로 매개변수 및 인자의 개수를 고정할 필요 없다는 장점이 있다.

17.2 함수를 부르는 함수

앞의 절에서 우리가 만든 함수는 함수의 동작을 쉽게 이해하기 위해 print( ) 함수를 호출하는 예제를 사용하고 있다. 이렇게 함수는 내부에서 다른 함수를 불러서 사용할 수 있다. 다음 예제에서 say_hello_function( )은 함수의 정의에서 say_hello( )라는 함수를 호출하고, say_hello( )는 내부에서 print( ) 함수를 호출하고 있다.

```
1    def say_hello_function():
2        say_hello()
3
4    def say_hello():
5        print('hello world')
6
7    say_hello_function()
```

```
hello world
```

여기에서 say_hello_function( )의 정의와 say_hello( )의 정의, 둘 사이의 위치는 어느 쪽이 먼저 정의가 되든지 실행에 문제가 없다(다음 예제).

```
1    def say_hello():
2        print('hello world')
3
4    def say_hello_function():
5        say_hello()
6
7    say_hello_function()
```

```
hello world
```

이는 함수의 정의는 실제 정의가 될 때 함수가 실행되는 것이 아니라 함수를 준비하고 대기하게 만드는 부분이기 때문이다. 하지만 만약 실제 함수를 호출하는 부분이 함수의 정의보다 윗부분에 있으면 에러가 발생한다. 다음 예제를 살펴보자.

```
1    def say_hello_function():
2        say_hello()
3
4    say_hello_function()
5
6    def say_hello():
7        print('hello world')
```

```
Traceback (most recent call last):
  File "test.py", line 4, in <module>
    say_hello_function()
  File "test.py", line 2, in say_hello_function
    say_hello()
NameError: name 'say_hello' is not defined
```

1, 2번 행과 6, 7번 행은 함수의 정의에 해당하고 실제 실행문은 4번 행뿐이다. 4번 행에서 say_hello_function( )을 호출하고 1, 2번 행에서 say_hello_function( )이 정의가 돼 있으므로 실행에 문제가 없을 것처럼도 생각할 수 있지만, say_hello_function( )이 호출될 때 say_hello( )가 정의돼 있지 않으므로 코드의 실행에서 에러가 발생한다.

여기서 에러 메시지를 잘 살펴보면, 4번 행 실행문인 say_hello_function( )에서 에러가 발생했다는 메시지가 나타나며, 왜 에러가 발생했는지에 대한 설명이 아래에 이어진다. 따라서 say_hello_function( )에서 say_hello( )가 정의가 돼 있지 않아 에러가 발생했다는 것을 메시지를 통해 파악하고, 이를 수정해야 한다는 것을 알 수 있다.

이렇게 함수의 정의가 존재하는 위치에 따른 에러를 피하고 좀 더 코드를 읽기 쉽도록 만들기 위해서 코드의 맨 위쪽에 함수의 정의를 몰아서 위치시키고 실행문 부분은 그 아래쪽에 배치하는 것이 일반적인 코딩의 정석이다.

17.3 return문을 이용한 복귀

이제까지는 함수에서 입력값을 받아들이는 방법에 대해 학습을 했으며, 이제 출력값을 어떻게 돌려주는 지를 살펴볼 차례이다. 출력값을 돌려주기 위해서는 return문이라는 키워드를 사용하게 되는데 return문은 (1) if문의 break와 같이 함수에서 원할 때 본 파이썬 코드로 돌아가는 역할과 (2) 출력값을 돌려주는 두 가지 역할에 활용된다.

먼저 함수에서 돌아가는 본 파이썬 코드로 돌아가는 역할부터 살펴보자. 아래의 파이썬 코드는 우리가 17장에서 배웠던 맨 첫 번째 예제의 함수 마지막에 return문을 추가한 것이다.

```
1     def say_hello():
2         print('hello world')
3         return
4
5     say_hello()
6     say_hello()
7     say_hello()
```

```
hello world
hello world
hello world
```

return문은 함수를 종료하고 원래 호출했던 파이썬 코드로 복귀하라는 의미를 가진다. 따라서 위의 결과를 보면 return문은 따로 특별한 역할이 없어 보인다. 그러나 이것이 복잡한 함수의 내부 구조와 연결이 되면 매우 유용한 역할을 한다.

math 모듈의 math.sqrt( ) 함수는 음수를 인자로 입력하면 에러가 발생하며 코드가 종료한다. 이런 문제를 막기 위해 다음 예제에서는 인자가 음수일 경우 에러를 발생시키지 않고 'Negative argument'라는 문장을 출력하며 전체 코드는 지속적으로 동작하게 만드는 파이썬 코드다.

```
1    import math
2
3    def mysqrt(x):
4        if x < 0:
5            print('Negative argument')
6            return
7        print(math.sqrt(x))
8
9    mysqrt(-4)
10   mysqrt(4)
```

```
Negative argument
2.0
```

math.sqrt(-4)의 경우 에러를 발생시키게 되지만, 위와 같이 mysqrt( ) 함수는 인자가 음수인 경우를 판정해 'Negative argument'를 출력하고 return문으로 함수를 종료하고 복귀한다. 이러한 형식은

```
1    def mysqrt(x):
2        if x < 0:
3            print('Negative argument')
4        else:
5    print(math.sqrt(x))
```

와 같이 구현해도 완전히 동일하게 동작한다. 그러면 if~else를 사용해도 구현할 수 있는 데 굳이 return문을 사용할까?

경험상 위와 같은 경우에서 return문을 사용한다는 것은 'x < 0'의 경우가 예외 상황이며, 그 아래 'print(math.sqrt(x))' 등은 정상적으로 동작하는 경우 수행할 명령이라는 의미를 내포한다. 보통 if문은 예외 상황을 처리해 예외 상황 발생 시 return문으로 함수를 끝내 버리는 반면에, 그 아래 정상적인 부분은 10줄이든 100줄이든 원래 의도하는 함수의 수행 내용을 진행한다. if~else를 사용하는 경우에는 if와 else에서 각각 수행할 내용이 상당히 동등한 의미를 갖는 경우에 주로 사용된다(예 가위, 바위, 보).

return문을 사용한 출력값 돌려주기

return문을 사용해 함수의 출력값을 호출한 함수명으로 되돌려 줄 수도 있다. 이때 형식은

```
return [출력값]
```

으로 사용된다. 이를 이용해 간단히 주어진 어떤 숫자의 제곱(square)을 구하는 함수를 다음과 같이 구성해보자.

```
1    def mysquare(x):
2        y = x*x
3        return y
4
5    print(mysquare(2))
6    print(mysquare(3))
```

```
4
9
```

위의 코드는 2번 행을 아예 return문에 포함시켜서 다음과 같이 더욱 간결하게 만들 수 있다.

```
1    def mysquare(x):
2        return x*x
3
4    print(mysquare(2))
5    print(mysquare(3))
```

```
4
9
```

여러 개의 출력값 돌려주기

파이썬에서는 C/C++같은 언어와는 달리 여러 개의 값들을 return문으로 돌려 줄 수 있는데 돌려주는 값들은 자동으로 튜플로 묶여진다. 즉, 여러 개의 값들을 돌려주는 것은 가능하지만 실제로는 그 여러 개의 값들이 묶인 1개의 튜플로 돌려준다는 점을 유의해야 한다.

```
1    def mysquare(x):
2        y1 = x*x
3        y2 = x*x*x
4        return y1, y2
5
6    print(mysquare(2))
7    print(mysquare(3))
```

```
(4, 8)
(9, 27)
```

즉, 위에서 4번 행을 다음과 같이 tuple로 돌려줘도 동일한 결과를 얻을 수 있다.

```
4    return (y1, y2)
```

파이썬은 이를 이용해 함수에서 여러 개의 값을 돌려주는 것을 가능하게[2] 만들어 준다. 아래의 코드를 살펴보자. 함수에서 return과 연결된 2개의 리턴 값을 각각 받는 형태로 코드를 구성했다. 따라서 y1은 z1로 돌려받고, y2는 z2로 돌려받는 형태로 함수를 사용하면, 그렇게 값이 각각 전달된다. 하지만 실제 내부적으로는 1개의 튜플로 돌려주며, 튜플로 묶었다가 리턴 값으로 전달된 튜플을 다시 푸는 과정이 숨어 있다는 것을 알아두기 바란다.

```
1    def mysquare(x):
2        y1 = x*x
3        y2 = x*x*x
4        return y1, y2
5
6    z1, z2 = mysquare(2)
7    print(z1)
8    print(z2)
```

```
4
8
```

17.4 글로벌 변수

함수는 입력값과 출력값만 공개된 블랙박스와 같은 역할을 하게 되지만, 간혹 함수 내부에서 외부의 변수의 내용을 피치 못해 활용해야 할 경우, 또는 반대로 함수 내부에서 외부의 변수의 내용을 변경해야만 하는 경우가 발생하기도 한다. 이런 때를 위해 함수 내에서 사용하는 글로벌(global)이라는 키워드가 존재하며, 이렇게 사용되는 변수를 글로벌 변수라고 한다.

2 정확히 말하면 가능한 것처럼

```
1    x = 1
2
3    def myglobal():
4        global x
5        print(x)
6
7    myglobal()
```

```
1
```

위 예제에서 함수 내에서 'global x'라는 문장을 사용하는 순간부터 함수 밖에서 사용하던 x를 그대로 사용할 수 있게 된다.

어떻게 생각하면 함수 내부에서 사용하는 변수 전체를 global로 사용하면 매우 편하게 사용할 수 있을 것 같다는 생각도 할 수 있을 것이다. 그러나 일반적인 프로그래밍에서는 global을 가급적이면 사용하지 않는 것이 상례이다. 특히 어느 규모 이상의 코드를 개발할 경우에는 다른 사람들이 개발한 코드와 본인의 코드를 접목시키는 경우가 많은데 global을 남용하면 이것들이 서로 어떤 영향을 미치는지 파악하기가 힘들어진다. 함수가 블랙박스와 같이 동작을 한다면 입력과 출력만 확실하다면 다른 사람들이 어떻게 함수를 개발했는지 신경 쓰지 않아도 된다는 장점이 있다.

이는 본인이 짠 함수에서도 마찬가지인데 프로그램들을 개발하다가 보면 다른 프로젝트에서 개발한 함수들을 이번 프로젝트에서 재활용 하는 경우가 종종 생긴다. 이때도 위와 동일한 문제가 발생할 소지가 충분히 있다.

17.5 람다 함수

간혹 함수를 정식으로 정의하지 않고 1줄로 간단하게 만들어 사용하고 싶은 경우가 있는데 이렇게 즉석에서 간단히 사용하는 함수를 람다 함수(lambda function)라고 한다. 람다 함수는 다른 많은 프로그래밍 언어에서도 제공하고 있는 개념으로 약간씩 구현이 틀리긴 하지만 어느 정도 이상 실력이 늘어남에 따라 점점 더 많이 사용하게 되는 함수다.

```
<함수명> = lambda [매개변수]: <실행문>
```

일단 매개변수가 없는 경우를 다음과 같이 예로 들어보자.

```
1    print_hello = lambda : print('hello')
2
3    print_hello()
```

```
hello
```

람다 함수는 그 정의가 1줄로 끝나야 하며, 매개변수는 사용할 수 있지만, 새로운 변수를 함수에 정의해서 사용할 수 없다. 다음 예제를 살펴보자.

```
1    lambda_add = lambda x, y : print(x+y)
2
3    lambda_add(2, 3)
```

```
5
```

이번 람다 함수에서는 매개변수 x와 y를 사용한다. 그리고 함수의 본문에 해당하는 부분인 ':' 뒤에서는 매개변수 x와 y를 더한다. 그리고 3번 행에서는 일반 함수를 사용하듯 람다 함수를 사용하고 있다.

17.6 함수를 모듈로 분리하기

우리는 이전에 모듈/패키지를 활용하는 방법을 배웠다. math 모듈의 경우 기본적인 수학 함수들이 묶여 있기 때문에 이 모듈을 임포트하면 기본적인 수학 함수들을 사용할 때 문제가 없게 된다. 개발을 할 때 함수를 여러 개 만들다 보면 함수들을 묶어서 모듈로 분리하고 math 모듈을 사용하듯이 필요할 때마다 임포트해서 사용한다면 다시 또 똑같은 함수를 만드는 시간을 절약할 수 있다. 이번 절에서는 본인이 작성한 함수를 다른 파일에 저장하고 이를 모듈로 사용하는 법을 익힌다.

먼저 8장에서 배운 import 명령어를 복습해보자. 8장에서 배운 내용을 약간 확장해서 다음과 같이 test.py와 mymodule.py 2개의 파일을 만들어 같은 폴더에 보관한다. test.py에서 mymodule.py를 임포트하는 내용이 있다는 것을 먼저 인지한 후, test.py를 실행해보자. 그러면 다음과 같은 결과를 얻을 수 있다.

test.py

```
1    import mymodule
2
3    print('hello world from test')
```

```
mymodule.py
1    print('hello world from mymodule')
```

```
hello world from mymodule
hello world from test
```

위의 결과를 살펴볼 때 'import mymodule'이라는 명령어는 결국 mymodule.py를 먼저 실행하고 test.py를 실행하라는 의미와 동일하다는 것을 알 수 있다.

그러면 mymodule.py에 우리가 원하는 함수들을 포함시키면 어떨까? mymodule.py를 수정해 2개의 함수를 정의하는 부분을 포함시켰다. test.py에서 mymodule을 임포트하면, 예전에 math 모듈을 사용하듯이 〈모듈명〉.〈함수명〉의 형식을 따르기만 하면 mymodule.py의 함수들을 자유자재로 사용한다.

```
test.py
1    import mymodule
2
3    mymodule.print_hello()
4    mymodule.print_hola()
```

```
mymodule.py
1    def print_hello():
2        print('hello world from print_hello')
3
4    def print_hola():
5        print('hello world from print_hola')
```

```
hello world from print_hello
hello world from print_hola
```

이제 우리는 math 모듈처럼 우리가 사용해 온 모듈들이 어떤 식으로 구현돼 있는지를 알 수 있을 것이다. 결국 이러한 모듈들은 우리가 원하는 함수와 변수들의 집합으로 이해할 수 있다.

18 클래스

학습 목표

클래스와 객체의 개념을 이해하고 클래스 생성 및 상속 등 다양한 활용 방법을 실습해본다.

프로그래밍에는 절차 지향 프로그래밍(procedural programming)과 객체 지향 프로그래밍(object-oriented programming)이라는 두 가지 범주(paradigm)가 존재한다. 이 범주에 따라 같은 역할을 하는 프로그램이라고 하더라도 개발 방식과 작성된 코드의 모습이 완전히 달라지는데 보통 프로그래밍 언어에 따라서 이런 범주가 고정된다.

예를 들어 C와 같은 언어는 대표적인 절차 지향 프로그래밍 언어이며, 객체 지향 프로그래밍을 할 수가 없다. 스몰토크와 같은 언어는 대표적인 객체 지향 프로그래밍 언어로 여겨진다. 그런데 C++, 자바, 파이썬과 같은 많은 언어들은 절차 지향 프로그래밍과 객체 지향 프로그래밍이 둘 다 가능한 경우가 많다. 이런 경우를 다중 범주 언어(multi-paradigm language)라고 하며, 어떤 방식으로 프로그램을 개발할 지는 개발자의 선택에 따라 달라진다.

C++은 '객체 지향이 가능한 C 언어'라는 성격으로 C 언어의 문법을 많이 차용해 만든 언어이다. 덕분에 C 언어 개발자들이 객체 지향 프로그래밍을 시작할 때 C++을 많이 선택하게 됐는데 C 언어 프로그래밍에 너무 익숙해져 있기에 C++의 객체 지향 특성을 거의 살리지 못하고 C 언어처럼 절차 지향으로 프로그램을 구성하는 개발자들도 여전히 많이 있다.

이 범주라는 것이 실제 프로그램의 개발에 있어서 많은 차이를 가져오는데 저자가 느끼는 주관적인 판단으로는

- 절차 지향 프로그래밍은 작고 효율적인 프로그래밍에 유리하다.
- 객체 지향 프로그래밍은 매우 큰 프로그램, 특히 협업이 필요한 프로그래밍에 유리하다.

라고 말할 수 있다. 예로 C 언어를 사용해 절차 지향으로, C++ 언어를 사용해 객체 지향으로 같은 내용을 수행하는 프로그램을 개발했을 때 C++로 개발한 실행 파일은 C로 개발한 실행 파일보다 5~10배 정도 크기가 크다. C++로 아무리 최적화해도 어느 정도 비슷하게 속도가 나오더라도 C

만큼의 속도가 나오지는 않는다. 따라서 C는 디바이스 드라이버, 임베디드, 운영체제의 커널, 게임의 엔진 코어 등에서 활용된다. 반면 대형 프로그램을 여러 사람이 개발할 때 C언어를 쓴다는 말은 요즘 듣기가 힘들다. 왜냐하면 이런 작업에는 객체 지향 프로그래밍이 유리하기 때문이다.

이 책에서는 파이썬을 사용하는 기본적인 프로그래밍 문법을 배우고, 작은 파이썬 코드들을 작성하는 실습을 하는 데 대부분의 내용을 할애하고 있다. 이런 목적으로는 사실 객체 지향 프로그래밍이 끼일 여지가 전혀 없다. 왜냐하면 닭 잡는 데 소 잡는 칼을 사용한다고 10줄, 20줄짜리 코드를 작성하는데 객체지향으로 뭔가를 할 이유가 전혀 없기 때문이다.[1]

그러나 프로그래밍이 익숙해지고, 어느 정도 규모 이상의 프로그램을 개발하기 위해서는 객체 지향 프로그래밍에 대해 반드시 알아놓을 필요가 있다. 또 한 가지, 객체 지향 프로그래밍을 알아놓아야 하는 이유는 많은 모듈들이 객체 지향으로 개발되기 때문에 이런 모듈들을 잘 사용하기 위해서는 객체 지향에 대해 이해할 필요가 있다.

18장에서는 파이썬을 이용한 객체 지향 프로그래밍의 기초를 다루게 된다. 하지만 객체 지향 프로그래밍을 제대로 설명하면 또 다른 책 한권의 분량이 나오게 될 것 같아, 이전에서 배웠던 내용들 중 제대로 설명하지 않고 사용해왔던 객체 지향 관련 부분들과 기본 개념만 다루게 된다는 것을 미리 알려두고 싶다.

18.1 클래스와 객체

클래스와 인스턴스

객체 지향 프로그래밍에서 제일 기본 틀이 되는 개념은 '클래스(class)'와 '객체(object)'의 두 가지이다. 이에 대해 본격적으로 설명하기 이전에, 이제까지 우리가 학습해왔던 내용 중 자세한 설명이 없이 사용해왔던 클래스와 객체 부분에서 복습하면서 하나씩 감을 잡아 나가는 것도 좋을 것이다.

먼저 우리가 파이썬 프로그래밍에 많이 사용했던 float형부터 생각해보자. 아래 type( ) 함수의 결과는 3.14라는 숫자가 float라는 클래스의 객체임을 말하고 있다.

```
>>> type(3.14)
<class 'class'>
```

1 사실 사람마다 이에 대한 의견이 다른데 저자는 공학도들에게 첫 프로그래밍 과정에서 객체 지향 프로그래밍을 가르치는 것을 반대하는 입장이다. 너무 많은 학생들이 객체 지향 개념을 습득하는 것에 힘들어하다 중도에 포기하고, 공대를 졸업해도 기본적인 프로그래밍을 못하는 경우를 많이 보았기 때문이다.

우리는 이전에 컴퓨터에서의 2진수는 수학에서의 2진수와 다르다는 것을 교재 맨 처음에 설명했다. 비슷하게 컴퓨터에서의 3.14는 수학에서 말하는 3.14을 저장하기 위해 사용되지만, 실제 나타나는 형식은 다르다. 즉, 컴퓨터에서의 3.14는 IEEE 754 표준에서 정의된 과학적 표기법을 응용한 2진수로 저장될 것이다. 이러한 형식을 의미하는 것이 float라는 클래스이며, 위 코드에서의 3.14는 수학의 3.14을 표현하기 위해 float라는 클래스의 형식을 빌려 구체화 시킨 객체이다. 즉, 컴퓨터에서 활용하는 모든 float형의 숫자들(예 0.0, 1.23 등)은 모두 float 클래스를 구체화 시킨 객체이다. 이렇게 구체화된 객체는 '인스턴스(instance)'라고 불리며, 때로는 객체 = 인스턴스로 혼용돼 사용되기도 한다.

객체 지향 프로그래밍 관련 교재들에서는 자주 클래스는 '붕어빵 틀'이고 인스턴스는 '붕어빵'이라고 설명을 한다. 참고로 파이썬 홈페이지에서는 클래스를 '사용자가 정의하는 객체들을 생성하기 위한 탬플릿'이라고 정의하고 있다[2]. int라는 붕어빵 틀을 사용해 만들어내는 붕어들이 1, 2, 3과 같은 int형 숫자들이고, float라는 붕어빵 틀을 사용해 만들어내는 붕어들이 1.23, 3.14와 같은 float형 숫자들이라고 본다면 좀 더 클래스와 인스턴스의 관계를 직관적으로 이해할 수 있을 것이다. 이러한 관계는 list 클래스와 NumPy의 ndarray 클래스에서도 비슷하게 생각해 볼 수 있을 것이다.

```
>>> type([1, 2, 3])
<class 'list'>
>>> import numpy as np
>>> type(np.array([[1, 2], [3, 4]]))
<class 'numpy.ndarray'>
```

메서드

이러한 클래스들은 자신의 클래스에서 사용하는 고유한 기능들을 갖고 있는데 이것들을 우리는 '메서드(method)'라고 정의한다. 예를 들어서 list 클래스에는 list의 순서를 반대로 뒤집는 list. reverse( )라는 메서드가 존재한다.

```
>>> a = [1, 2, 3]
>>> a.reverse()
>>> a
[3, 2, 1]
```

그런데 이러한 reverse( )라는 베서드는 int 클래스나 float 클래스에서는 필요 없는 기능이다. 즉, list 클래스에서만 필요한 기능으로 reverse( )가 존재한다. 따라서 이러한 기능은 list

2 https://docs.python.org/3/glossary.html의 class 참조

클래스의 인스턴스에 속한다고 말할 수 있을 것이다. 이런 의미로 메서드는 클래스 고유의 '속성(attribute)', 좀 더 구체적으로 '호출 가능한 속성(callable attribute)' 에 해당한다고 말할 수 있다.

데이터 속성

이러한 클래스 고유의 속성(attribute)에는 (1) 호출 가능한 속성(callable attribute)인 메서드 외에도 (2) '데이터 속성(data attribute)'를 갖출 수 있다. 데이터 속성이란 우리가 이제까지 다뤄 온 변수와 같은 것이라고 볼 수 있다.

이제까지 보통 변수는 어떤 인스턴스에 붙이는 라벨과 같은 것이라고 설명해왔다. 클래스의 데이터 속성도 마찬가지이지만, 차이는 그 이름이 클래스를 정의할 때 미리 결정이 돼서 중간에 바꿀 수 없다는 점이다. 다음 예를 살펴보자.

```
>>> import numpy as np
>>> A = np.array([[1, 2], [3, 4]])
>>> A.size
4
```

A라는 ndarray 클래스의 인스턴스의 데이터 속성 중 하나인 size를 확인하면 4로 나타나고 있다. 결국 size는 클래스에서 미리 정의해 놓은 이름의 변수와 같다고 볼 수 있다[3]. 이런 데이터 속성은 내용을 바꿀 수 있는 것도 있고, tuple과 같이 내용을 바꿀 수 없는 것도 존재한다. 위의 코드에서 이어서 다음과 같이 'A.size = 2'를 실행해보면 size라는 데이터 속성은 쓰기 불가(not writable)라는 메시지와 함께 에러가 발생한다.

```
>>> A.size = 2
Traceback (most recent call last):
  File "<stdin>", line 1, in <module>
AttributeError: attribute 'size' of 'numpy.ndarray' objects is not writable
```

교재에 따라서는 데이터 속성을 단순히 '속성'이라고 하거나 '필드(field)', 또는 '변수'라고 표기 하는 경우도 있으므로 주의를 요한다. 속성이라고 할 때 그것이 호출 가능한 속성인 메서드를 포함한 의미인지 아니면 데이터 속성을 의미하는 것인지는 문맥에 따라 이해해야 한다.

살짝 다시 한번 정리하면, 각각의 클래스는 고유의 '속성'이 존재하고 이 속성으로는 (1) 변수와 같은 '데이터 속성'과 (2) 함수와 같은 '메서드'가 존재한다.

3 이렇게 인스턴스의 데이터 속성으로 사용하는 변수를 '인스턴스 변수(instance variable)'라고 한다.

18.2 클래스 동작의 이해(1): 변수

이제 우리는 간단한 클래스 예제들을 통해 클래스가 어떻게 동작하는지를 이해할 것이다. 18장의 내용들은 상대적으로 어려울 수도 있지만, 하나씩 따라가다 보면 나중에 '왜 이렇게 사용해야 하는가?'에 대한 이해가 훨씬 쉬울 것이다. 사실 아래의 내용은 객체 지향 프로그래밍에서는 '권고하지 않는' 구현 방식이며, 동작의 원리를 이해하는 것이 더 중요하다는 것을 미리 이야기하고 싶다.

클래스를 만드는 방법은 함수의 정의와 매우 비슷한 방식을 사용한다. 그리고 함수와 비슷하게 어떤 클래스를 사용하기 위해서는 클래스를 사용하기 전에 클래스 정의 부분이 먼저 실행돼야 한다.

```
class <클래스 명>:
        <클래스 정의 문장>
              ⋮
        <클래스 정의 문장>
```

이제 우리는 이 형식을 이용해서 클래스의 동작 원리를 이해하기 위해 다음과 같이 간단한 클래스를 하나 만들어보자.

```
1    class FishBread:
2        core = 'redbean'
3
4    print(FishBread.core)
```

```
redbean
```

위의 코드는 앙꼬(core)라고 이름 붙인 변수 1개를 갖고 있는 붕어빵(FishBread)라는 클래스이다. 앙꼬의 값은 팥(redbean)으로 설정을 했다. 4번 행에서 우리는 `FishBread.core`라는 형식으로 `FishBread`의 앙꼬의 내용을 확인할 수 있다.

앞서 우리들이 메서드나 데이터 속성을 활용할 때는 〈인스턴스명〉.〈메서드명〉 또는 〈인스턴스명〉.〈변수명〉 등의 형식으로 사용해왔지만, 〈클래스명〉.〈메서드명〉 또는 〈클래스명〉.〈변수명〉 등의 형식도 가능하다. 클래스와 인스턴스의 설명에서 '붕어빵 틀'과 '붕어빵'의 관계로 이해했을 때 지금처럼 `FishBread.core`라고 사용할 때는 붕어빵 틀을 다루고 있다는 것을 잊지 말기 바란다.

이런 붕어빵 틀을 사용해 우리는 인스턴스를 만들 수 있다. 인스턴스를 만들 때는

```
〈인스턴스명〉 = 〈클래스명〉([인자])
```

의 형식으로 인스턴스를 만들어 낸다. 이를 기억하고 아래의 코드를 살펴보자.

```
1    class FishBread:
2        core = 'redbean'
3
4    x = FishBread()
5    print(x.core)
```

```
redbean
```

x는 FishBread라는 붕어빵 틀(클래스)에서 찍어 낸 붕어(인스턴스)이다. 붕어빵 틀에서 그대로 붕어가 복사돼 나왔다고 할 수 있으므로 x.core도 똑같이 팥(redbean)이라는 값을 가진다.

만약 클래스인 FishBread.core의 내용을 바꾼 후에 인스턴스를 만들고 그 내용을 확인하면 어떻게 될까?

```
1    class FishBread:
2        core = 'redbean'
3
4    FishBread.core = 'cream'
5    x = FishBread()
6    print(x.core)
```

```
cream
```

앙꼬의 내용이 크림(cream)으로 바뀐 붕어빵 틀에서 붕어 x를 찍어 내었으므로 x.core의 내용은 팥이 아니라 크림으로 출력된다.

이제 '붕어빵 틀'과 '붕어'의 관계를 생각하며 인스턴스의 내용을 바꿔보자.

```
1    class FishBread:
2        core = 'redbean'
3
4    x = FishBread()
5    x.core = 'cream'
6
7    print(FishBread.core)
8    print(x.core)
```

```
redbean
cream
```

x.core를 크림(cream)으로 바꾸고 FishBread의 내용과 x의 내용을 확인해보면, FishBread.core는 팥(redbean) 상태가 유지되며 x.core 내용만 크림(cream)으로 바뀌어 있다. 즉, 붕어빵이 바뀐다고 해서 붕어빵 틀이 바뀌는 것은 아닌 것으로 이해할 수 있다.

붕어빵 비유로 이해할 수 없는 동작

그런데 붕어빵 틀과 붕어빵의 관계로 이해하기 힘든 상황이 존재한다.

```
1    class FishBread:
2        core = 'redbean'
3
4    x = FishBread()
5    FishBread.core = 'cream'
6
7    print(FishBread.core)
8    print(x.core)
```

```
cream
cream
```

4번 행에서 x라는 인스턴스를 만든 이후에 5번 행에서 FishBread의 내용을 바꾸었다. 이를 붕어빵 관계로 다시 설명해보자. core의 값이 redbean인 붕어빵 틀로 붕어 x를 '찍어낸 후에' 붕어빵 틀을 core = cream으로 바꾸었다. 그러면 그 붕어는 바뀐 붕어빵 틀과 상관이 없어야 하는데 붕어빵 틀만이 아니라 이전에 찍어냈던 붕어빵의 내용이 바뀌어 있다!

이는 **우리가 클래스의 동작을 단순하게 붕어빵 틀과 붕어빵의 관계로만 설명할 수 없다**는 것을 의미한다. 그러면 붕어빵는 언제 붕어빵 틀로부터 완전히 독립할까? 결론부터 이야기하면 **붕어빵의 변수는붕어빵의 내용을 바꾼 시점부터 독립한다. 이때 붕어빵 전체가 독립하는 것이 아니라 내용을 바꾼 변수만 독립한다**는 것을 알아놓을 필요가 있다. 다음 예제를 통해 이를 확인해보자.

```
1    class FishBread:
2        core = 'redbean'
3        condiment = 'salt'
4
5    x = FishBread()
6    x.core = 'none'
7
8    FishBread.core = 'cream'
9    FishBread.condiment = 'sugar'
```

```
10
11    print(FishBread.core)
12    print(FishBread.condiment)
13    print(x.core)
14    print(x.condiment)
```

```
redbean
sugar
none
sugar
```

- 1~3번 행에서 우리는 앙꼬는 팥으로 조미료는 소금으로 붕어빵 틀을 만들었다.
- 5번 행에서는 x라는 인스턴스를 만들고 core를 none(없음)으로 바꿔주었다. 이제 x.core는 클래스에서 독립된 변수가 됐기 때문에 클래스의 core를 바꿔도 x.core는 영향을 받지 않는다는 것을 기억하자.
- 8~9번 행에서 우리는 클래스의 core와 condiment의 내용을 각각 cream과 sugar로 바꿔주었다.
- 13~14번 행에서 내용을 출력해보면 x.core는 FishBread.core에 영향을 받지 않고 none을 유지하고 있지만, x.condiment는 아직 독립하지 못했기 때문에 salt에서 sugar로 내용이 바뀐 것을 알 수 있다.

이렇게 파이썬의 클래스에서 사용되는 변수는 클래스에 속한 **'클래스 변수(class variable)'와, 클래스에서 독립돼 분화한 '인스턴스 변수(instance variable)'의 두 가지**로 나눌 수 있다. 인스턴스를 생성하는 시점에 그 인스턴스의 변수가 인스턴스 변수로 독립하는 것이 아니며, 인스턴스에서 사용하는 변수라도 실제 클래스에 속한 클래스 변수일 수도 있다는 점을 유의해야만 한다.

마지막으로, '붕어빵의 내용을 바꾼 시점'이라는 말의 정확한 의미를 이해할 필요가 있는데 이는 '인스턴스의 변수에 할당문을 적용한 시점'을 의미한다.

```
1    class FishBread:
2        core = 'redbean'
3
4    x = FishBread()
5    x.core = FishBread.core
6    FishBread.core = 'cream'
7
8    print(FishBread.core)
9    print(x.core)
```

```
cream
redbean
```

이 코드의 4번 행까지는 FishBread.core와 x.core는 같은 내용을 갖고 있는 (동일한) 클래스 변수일 것이다. 그런데 5번 행에서 x.core = FishBread.core로 같은 내용을 할당문을 사용해 연결했다. 그러면 이 시점부터 FishBread.core와 x.core는 분리돼 x.core는 인스턴스 변수가 돼버린다. 따라서 이후에는 FishBread.core의 내용을 바꾸더라도 x.core는 그 영향을 받지 않지 않게 된다.

클래스의 동적 타이핑

우리는 다른 (정적) 프로그래밍 언어들과 달리 파이썬에서는 코드 중간에서 원하는 대로 변수를 생성할 수 있으며, 변수에 따라 사용할 수 있는 클래스가 고정된 것이 아니라 언제든지 바꿀 수 있다는 것을 알고 있다. 클래스에서도 마찬가지로 클래스를 정의했더라도, 클래스의 변수를 차후에 언제든지 추가하든지 삭제하는 것이 가능하다.

```
1    class FishBread:
2        core = 'redbean'
3
4    FishBread.condiment = 'salt'
5    print(FishBread.condiment)
```

```
salt
```

4번 행의 condiment라는 변수는 클래스 정의에서 미리 정의되지 않았지만, 4번 행의 파이썬 코드 중에서 FishBread.condiment = 'salt'라는 형식으로 새로운 변수를 생성하고 있다. 그리고 파이썬 본 코드에서 변수를 생성하더라도 그 변수는 앞으로 생성할 인스턴스에도 동일하게 영향을 주게 된다.

이번에는 클래스 정의의 밖에서 클래스 변수를 정의한 후에 인스턴스를 만들어보자. 인스턴스는 이 추가된 클래스 변수를 갖고 있을까?

```
1    class FishBread:
2        core = 'redbean'
3
4    FishBread.condiment = 'salt'
5    x = FishBread()
6
7    print(x.condiment)
```

```
salt
```

그리고 순서를 바꿔 만약 인스턴스를 만든 후에 클래스 변수를 생성하면 그 인스턴스는 이 추가된 클래스 변수를 갖고 있을까?

```
1    class FishBread:
2        core = 'redbean'
3
4    x = FishBread()
5    FishBread.condiment = 'salt'
6
7    print(x.condiment)
```

```
salt
```

두 결과 모두 그렇다는 결과를 보여주고 있다. 마지막으로, 인스턴스에서 인스턴스 변수를 생성하면, 자동으로 클래스 변수가 생성될까?

```
1    class FishBread:
2        core = 'redbean'
3
4    x = FishBread()
5    x.condiment = 'salt'
6
7    print(FishBread.condiment)
```

```
AttributeError: type object 'FishBread' has no attribute 'condiment'
```

위에서 알 수 있듯이 그렇지 않다는 것을 알 수 있다.

위에서 배운 내용들은 다음과 같이 요약할 수 있다.

1. 클래스의 모든 변화는 (인스턴스를 생성하고 난 후에도) 인스턴스에 영향을 미치며, 인스턴스의 모든 변화는 클래스에 영향을 미치지 않는다.
2. 인스턴스의 변수는 변경 순간 인스턴스 변수로 독립하며, 이 독립된 변수는 클래스의 변화에 영향을 받지 않는다.

이런 동작 방식을 잘 이해하고 파이썬을 사용하면 좋겠지만, 실제로는 많은 경우에 그렇지 못하기 때문에 **보통 우리는 클래스 변수와 인스턴스 변수로 사용할 변수들을 모두 미리 결정하고, 인스턴스를 생성하는 시점에 인스턴스 변수를 독립시키는 방식을 사용한다.** 이는 __init__( )이라고 하는 특정 메서드를 사용해 구현하게 되는데 이에 대해서는 뒤에 다루도록 한다.

18.3 클래스 동작의 이해(2): 메서드

앞의 절에서 우리는 클래스 변수와 인스턴스 변수의 차이점에 대해 이해했다. 비슷하게 메서드에도 모든 인스턴스에서 활용 가능한 클래스 메서드(class method)와 인스턴스에서만 사용 가능한 인스턴스 메서드(instance method)가 존재한다.[4]

18.3.1 인스턴스 메서드

먼저 인자와 리턴 값이 없는 인스턴스 메서드 1개를 갖는 (제대로 동작하지 않는) 간단한 클래스를 하나 만들어보는 것으로 시작하자.

```
1    class MyClass:
2       def print_hello():
3           print('hello world')
4
5    x = MyClass()
6    x.print_hello()
```

```
TypeError: print_hello() takes 0 positional arguments but 1 was given
```

에러가 난 이유에 대해 설명하기 전에, 먼저 위의 코드의 전체적인 흐름부터 살펴보자.

- 1번 행부터 3번 행까지는 `MyClass`라는 클래스를 정의하고 있다. 클래스 내부에서는 2~3번 행에서 `print_hello()`라는 인스턴스 메서드를 선언한다.
- 5번 행에서는 `x = MyClass()`의 형식으로 `MyClass` 클래스의 인스턴스 `x`를 만든다.
- 6번 행에서는 〈인스턴스명〉.〈메서드명〉의 형식으로 `x` 인스턴스에 종속된 `print_hello()` 메서드를 실행한다.
- 최종 결과로 'hello world'가 화면에 출력된다.

전체적인 흐름에는 큰 문제가 없어 보인다. 하지만 이 코드를 정상적으로 동작하게 만들기 위해서는 `print_hello()`의 선언에 다음과 같이 `self`라는 매개변수를 넣어줘야 한다.

4 이외의 특별한 메서드들은 이번 절에서 다루지는 않는다.

```
1    class MyClass:
2        def print_hello(self):
3            print('hello world')
4    x = MyClass()
5    x.print_hello()
6
```

```
hello world
```

처음 이 self라는 변수를 접하면 매우 이상하다는 생각이 들 것이다. 심지어 메서드 내부에서는 self를 사용하고 있지도 않다! 사실 이 **self는 인스턴스 자신을 의미하는 변수다.** 5번 행에서 우리가 x라는 인스턴스를 만들 경우에 self는 x 그 자신을 의미하게 되는 것이다.

x.print_hello()를 실행할 때 파이썬 내부에서는 실제로는 다음과 같이 동작한다.

즉, self라는 매개변수를 사용하지 않으면 x라는 인스턴스를 제대로 인지할 수 없다는 것이다. self를 사용하지 않으면 어떻게 될까? 정의 자체에는 문제가 없지만, 실행에서는 에러가 발생한다. 왜냐하면 x.print_hello( ) 문장에서 x라는 인자가 자동으로 메서드로 넘어가므로, 인자와 매개변수의 개수가 차이가 생기기 때문이다. 다시 위에서 나타났던 에러 메시지를 자세히 읽어보자.

```
TypeError: print_hello() takes 0 positional arguments but 1 was given
```

위에서 설명한 대로 '메서드 정의에서는 인자가 0이라고 했는데 6번 행에서 인자를 1개 전달했기 때문에' 에러가 발생했다는 메시지가 출력되고 있다.

self의 의미를 확실히 이해하기 위해서 다음과 같이 코드를 수정해보자. id( )는 인스턴스의 아이덴티티를 알려주는 함수다.

```
1    class MyClass:
2        def print_hello(self):
3            print(id(self))
4            print('hello world')
5
6    x = MyClass()
7    print(id(x))
8    x.print_hello()
```

```
1621939116880
1621939116880
hello world
```

7번 행에서 먼저 x의 아이덴티티를 출력한 결과와, print_hello( )에서 self의 아이덴티티를 출력한 결과가 정확히 동일함을 확인 가능하다. 즉, x라는 인스턴스가 self라는 매개변수로 전달이 됐음을 이 결과를 확인할 수 있다.

이제 앞의 절에서 __init__( )라는 메서드가 self라는 매개변수를 사용하고 있는 것도 이해가 될 것이다. 참고로 self라는 명칭에 대해 간략하게 이야기하면 self는 표준화된 명칭으로, self 대신 다른 명칭을 사용해도 상관은 없지만, 파이썬 프로그래밍에서는 항상 self라는 변수명을 활용한다고 보면 된다.

2개의 인스턴스 메서드가 있는 클래스

만약 2개의 인스턴스 메서드를 갖고 있는 클래스를 만들고 싶으면 어떻게 하면 될까? 함수들을 여러 개 정의하듯이 클래스 정의 내에서 함수들을 정의하면 된다. 여기서 함수들을 정의할 때 모두 'class MyClass:'보다 오른쪽으로 4칸 들여쓰기해야 한다는 것을 잊지 말자.

```
1   class MyClass:
2       def print_hello(self):
3           print('hello world')
4       def print_hola(self):
5           print('hola mundo')
6
7   x = MyClass()
8   x.print_hello()
9   x.print_hola()
```

```
hello world
hola mundo
```

리턴 값이 있는 인스턴스 메서드

너무 쉬울지도 모르겠지만, 약간 더 연습을 한다는 의미에서 리턴 값이 있는 인스턴스 메서드도 한번 만들어보자.

```python
class MyClass:
    def return_hello(self):
        return 'hello world'

x = MyClass()
print(x.return_hello())
```

```
hello world
```

인자를 받는 인스턴스 메서드

메서드는 일반적인 함수를 사용하는 것과 완전히 동일하게 인자를 입력받아 사용할 수 있다. 단, 이때에도 무조건 첫 번째 인자는 `self`가 돼야 함을 잊으면 안 된다.

```python
class MyClass:
    def print_hello(self, num):
        for i in range(num):
            print('hello world')
x = MyClass()
x.print_hello(3)
```

```
hello world
hello world
hello world
```

위 예제에서는 `print_hello( )`에서 숫자를 입력받아 그 숫자만큼 'hello world'를 반복해서 출력하고 있다. 첫 번째로 살펴볼 것은 무조건 첫 번째 인자는 `self`라는 것이고, 두 번째는 나머지는 일반적인 함수를 구성하듯이 만들어주면 된다는 것이다.

18.3.2 클래스 메서드

인스턴스 메서드와 달리 클래스 메서드는 클래스의 모든 인스턴스들이 공유하는 메서드다. 클래스 메서드는 〈클래스명〉.〈메서드명〉의 형식으로도 사용할 수 있다. 다음 예제를 먼저 살펴보자.

```python
class MyClass:
    def print_hello(self):
        print('hello world')

MyClass.print_hello()
```

```
TypeError: print_hello() missing 1 required positional argument: 'self'
```

앞에서 x.hello_world( )의 경우는 x가 인자로 치환돼 메서드를 부르게 돼 인자와 매개변수의 개수가 동일하게 맞춰졌지만, 〈클래스명〉.〈메서드명〉의 형식으로 앞에 클래스명을 사용하는 경우에는 클래스자체는 실체가 없는 존재이기 때문에 넘겨줄 인자가 되지 못한다. 따라서 인자와 매개 변수의 개수가 달라지기 때문에 에러가 발생한다. 이러한 에러를 수정하기 위해서는 메서드에서 self를 없애 주어야 한다.

```
1    class MyClass:
2        def print_hello():
3            print('hello world')
4
5    MyClass.print_hello()
```

```
hello world
```

여기서 우리는 인스턴스를 만들지 않고 클래스 자체의 명칭으로 〈클래스명〉.〈메서드명〉의 형식을 사용해 메서드를 호출했다. 이 경우에는 전혀 문제가 생기지 않는다. 하지만 MyClass의 인스턴스를 만들어 같은 메서드를 호출하면 앞에서 self를 설명할 때 다루었듯이 에러가 발생할 것이다. 아래에 인스턴스 메서드 설명에서 에러가 발생했던 코드를 다시 한번 살펴보자.

```
1    class MyClass:
2        def print_hello():
3            print('hello world')
4
5    x = MyClass()
6    x.print_hello()
```

```
TypeError: print_hello() takes 0 positional arguments but 1 was given
```

만약 우리가 클래스나 인스턴스 모두에서 통용되는 메서드를 만들고 싶을 때는 데커레이터(decorator)라는 것을 사용해야 한다. 다음과 같이 형식은 인스턴스 메서드와 비슷하게 만들고, 그 윗 줄에 @classmethod라는 데커레이터 문장을 삽입하면 클래스와 인스턴스 둘 다에 통용이 되는 메서드가 된다.

```
1    class MyClass:
2        @classmethod
3        def print_hello(cls):
4            print('hello world')
5
6    MyClass.print_hello()
7    x = MyClass()
8    x.print_hello()
```

```
hello world
```

18.4 클래스의 활용

18.4.1 인스턴스 생성 초기화 메서드 __init__()

앞에서 우리는 인스턴스 생성 시에 인스턴스 변수를 클래스 변수로부터 독립시켜 버리는 것이 프로그래밍에서 혼동될 여지를 줄일 수 있다고 했다. 다음 예제에서는 우리는 __init__( )라고 하는 메서드를 FishBread 클래스에서 정의해주고 있다. 이 __init__( )은 파이썬에서 미리 지정된 함수로서, 어떤 클래스이던지 **클래스에서 인스턴스를 만들면 __init__( ) 메서드를 자동으로 실행한다.**

```
1    class FishBread:
2        core = 'redbean'
3        def __init__(self):
4            self.core = FishBread.core
5
6    x = FishBread()
7    FishBread.core = 'cream'
8
9    print(FishBread.core)
10   print(x.core)
```

```
cream
redbean
```

일단 6번 행 이하 부분과 실행 결과만 먼저 살펴보자. x라는 인스턴스 생성 후에 FishBread.core = 'cream'으로 클래스 변수의 내용을 크림(cream)으로 변경했다. __init__( ) 메서드를 추가하기 전이었다면 x 인스턴스 생성 후에도 그 내용이 cream으로 바뀌었겠지만, x.core를 출력해 보면 팥(reabean)으로 클래스 변수의 변화에 영향을 받지 않았다는 것을 알 수 있다. 즉, x.core는 생성 때부터 '인스턴스 변수'로 생성됐다는 것이다.

이제 클래스 정의 부분으로 돌아가서 살펴보자. 3번 행에서 함수를 정의하는 것과 매우 비슷한 형식으로 메서드를 정의했다.[5] self.core = FishBread.core 문장이 매우 특이한데 이 self라는 것은 인스턴스 그 자신을 의미한다. 즉, 6번 행에서 x 인스턴스를 생성할 때 self.core라는 것은 x.core = FishBread.core를 의미한다. 결과적으로 x.core에 할당문을 사용함으로서 x.core는 인스턴스를 만드는 시점부터 독립된 인스턴스로 분리가 된다.

이제 우리는 __init__( )를 이용해 클래스 변수와 인스턴스 변수를 분리하는 법을 알게 됐다. 파이썬에서 클래스를 만들 때 인스턴스 변수를 활용할 예정이라면 **__init__( )를 이용해 처음부터 인스턴스 변수로 시작하면, 중간에 클래스 변수에서 인스턴스 변수로 독립하는 과정을 고민하면서 코딩하지 않아도 되므로 가급적 이 방식을 활용한다.**

실제 프로그래밍에서는 이러한 클래스 변수와 인스턴스 변수들을 외부에서 직접 변경하지 않도록 권고한다.

만약 우리가 사용할 변수가 인스턴스 변수로만 사용할 것이 확실하다면, 굳이 2번 행의 FishBread.core를 만들 필요 없다. 다음과 같이 __init__( ) 메서드에서 매개변수로 core를 전달 받아 self.core = core로 인스턴스 변수를 만들게 되면, 매개변수 core의 default 값이 팥(redbean)이므로 팥으로 초기화 된 인스턴스를 생성할 수 있다.

```
1    class FishBread:
2        def __init__(self,core='redbean'):
3            self.core = core
4
5    x = FishBread()
6    print(x.core)
```

```
redbean
```

18.4.2 비공개 변수

인스턴스의 내부에서만 활용할 수 있고 외부에서는 읽거나 쓰지 못하게 만드는 변수를 비공개 변수(private variable)라고 한다. 다른 프로그래밍 언어에서는 비공개 변수라고 하는 독자적인 변수의

5 self라는 매개변수를 사용하는 이유에 대해서는 다음 절에서 설명한다.

형태가 존재하지만 파이썬에서는 실제로 비공개 변수라는 것은 존재하지 않으며, 트릭을 사용해 비공개 변수처럼 활용한다.

외부에서 변수에 대한 접근을 막고 싶을 때는 다음과 같이 변수명을 붙일 때 '__core'와 같이 밑줄 2개('__')를 추가해서 이름을 짓는다. '__core__'와 같이 뒤에도 밑줄 2개를 붙일 경우에는 비공개 변수가 아니라 다른 의미를 가지므로 주의가 필요하다.

```
1    class FishBread:
2        __core = 'redbean'
3
4    x = FishBread()
5    print(x.__core)
```

```
AttributeError: 'FishBread' object has no attribute '__core'
```

그러면 위와 같이 x.__core라는 것이 존재하지 않는다는 에러 메시지가 뜬다. 즉, 외부에서 x.__core라는 이름으로 변수를 접근하지 못하도록 하는 것이다.

이것이 트릭이라고 표현한 이유는 다음과 같다. '__<변수명>'라는 형태로 주어진 변수는 파이썬 내부에서 '_<클래스명>__<변수명>'로 이름을 바꿔 버린다. 즉, '__core'라는 이름은 '_FishBread__core'라는 이름으로 치환된다는 것이다. 따라서 치환된 이름을 사용한다면 파이썬 외부에서도 해당 변수에 접근이 가능해진다. 다음 예제를 보면 쉽게 이해가 될 것이다.

```
1    class FishBread:
2        __core = 'redbean'
3
4    x = FishBread()
5    print(x._FishBread__core)
```

```
redbean
```

따라서 파이썬에서는 비공개 변수가 실제로 존재하는 것이 아니라 이름을 바꾸는 트릭을 사용해 비공개 변수가 존재하는 것처럼 만든다.

이러한 비공개 변수들은 (필요한 경우) 다음 예제와 같이 비공개 변수를 조작할 수 있는 메서드를 만들어서 외부에서 간접적으로 접근하도록 만든다.

```
1    class FishBread:
2        __core = 'redbean'
3        def print_core(self):
4            print(self.__core)
```

```
5
6    x = FishBread()
7    x.print_core()
```

```
redbean
```

Getter와 Setter

비공개 변수들은 외부에서 어떤 인스턴스의 상태를 마음대로 바꾸지 못하게 만들고 싶을 때 사용한다. 이런 비공개 변수들은 메서드를 사용해만 상태를 확인하고 바꾸는 것이 가능하게 만드는데 이때 상태를 확인하는 메서드를 **getter**라고 하고, 상태를 변경하는 메서드를 **setter**라고 한다.

18.5 상속

상속(inheritance)란 객체 지향 프로그래밍에 있어서의 3가지 특징 중 하나로, 1개의 클래스를 기반으로 새로운 클래스를 만들어내는 것을 의미한다. 다음 예제를 살펴보자.

```
1    class Bread:
2        flour = 'wheat'
3
4    class FishBread(Bread):
5        core = 'redbean'
6
7    x = FishBread()
8    print(x.flour)
9    print(x.core)
```

```
wheat
redbean
```

우리는 1~2번 행에서 빵(Bread)이라는 클래스를 정의했다. 우리가 붕어빵(FishBread)이라는 클래스를 만들고 싶을 때 붕어빵도 빵의 일종이기 때문에 많은 부분이 **Bread** 클래스와 중복 된다는 것을 예측할 수 있다. 이때 우리는 **4~5**번 행과 같이 **FishBread** 클래스를 만들 때 **Bread** 클래스의 속성들을 그대로 가져와서 **FishBread** 클래스 본인의 속성인 것처럼 활용할 수 있으며, 이러한 활용을 '상속(inheritance)'라고 한다. 이때 속성을 다른 클래스에서 사용할 수 있도록 물려주는 클래스를 '부모 클래스', 그리고 물려받는 클래스를 '자식 클래스'라고 호칭한다.

4~5번 행을 보면 알 수 있듯이 형식은 다음과 같이 사용한다.

```
class <자식 클래스명>(<부모 클래스명>):
    <클래스 정의 문장>
    ...
    <클래스 정의 문장>
```

이렇게 상속을 받아서 클래스를 만들면 실제 Bread 클래스는 결국 다음과 같은 속성들을 갖게 된다는 것을 알 수 있다.

```
1    class FishBread():
2        flour = 'wheat'
3        core = 'redbean'
```

상속을 사용할 때는 부모 클래스의 내용이 바뀔 경우 자식 클래스에서 물려받은 속성도 똑같이 영향을 받는다.

```
1    class Bread:
2        flour = 'wheat'
3
4    class FishBread(Bread):
5        core = 'redbean'
6
7    Bread.flour = 'rice'
8    x = FishBread()
9    print(x.flour)
10   print(x.core)
```

```
rice
redbean
```

다중 상속

상속은 1개의 클래스에서만 받을 수 있는 것이 아니라 여러 개의 클래스로부터 상속을 받을 수도 있다. 다음 예제에서 FishBread라는 클래스는 Bread와 Frame 2개의 클래스로부터 상속을 받았기 때문에 Bread 클래스의 속성과 Frame 클래스의 속성 모두를 활용할 수 있다.

```
1    class Bread:
2        flour = 'wheat'
3
4    class Frame:
```

```
5       shape = 'fish'
6
7    class FishBread(Bread,Frame):
8       core = 'redbean'
9
10   x = FishBread()
11   print(x.flour)
12   print(x.shape)
```

```
wheat
fish
```

18.6 다형성

다형성(Polymorphism)은 같은 이름의 속성이 클래스에 따라 다르게 동작하게 만든 것을 의미한다. 약간 모호한 표현일 수 있는데 2개의 다른 클래스가 있을 때 각각의 클래스에 두 클래스에 동일한 이름의 메서드가 존재하되 다르게 동작하는 것을 생각하면 된다.

```
1    class Meat:
2       def recipe(self):
3          print('roast')
4
5    class Vegetable():
6       def recipe(self):
7          print('boil')
8
9    x = Meat()
10   y = Vegetable()
11   x.recipe()
12   y.recipe()
```

```
roast
boil
```

위에서 Meat과 Vegetable이라는 2개의 클래스를 만들었다. 두 클래스 모두 recipe()라는 인스턴스 메서드가 존재하는데 이 2개의 메서드의 동작은 다르게 구현이 된다. 이렇게 동작하는 것이 매우 당연하고 별것 아닌 것처럼 생각될 수 있겠지만, 이런 동작은 매우 유용하게 사용될 수 있다. 우리는 모든 요리 재료에 대해 recipe()라는 메서드가 존재하는 것을 알고 있을 때 이런 요리 재료들에 관련 된 클래스들을 모두 1개의 클래스인 것처럼 사용할 수 있게 된다. 다음 예를 살펴보자.

```
1    class Meat:
2       def recipe(self):
3           print('roast')
4
5    class Vegetable():
6       def recipe(self):
7           print('boil')
8
9    pork = Meat()
10   chicken = Meat()
11   lettice = Vegetable()
12
13   ingredient = [pork, chicken, lettice]
14   for x in ingredient:
15   x.recipe()
```

```
roast
roast
boil
```

2개의 다른 클래스를 사용한 3개의 변수에서, 메서드가 동일하다는 이유로 for문을 이용해 1개의 클래스인 것처럼 동작시킬 수 있다.

오버라이드

또 다른 형태의 다형성은 '오버라이드(overide)'라는 형태로 나타난다. 만약 부모 클래스의 속성과 똑같은 속성을 자식 클래스에서 정의해서 사용할 경우, 부모 클래스에서 상속받은 속성은 무시하고 자녀 클래스의 속성으로 대치가 된다. 이를 '오버라이드(overide)'라고 한다.

```
1    class Bread:
2       def print_flour(self):
3           print('wheat')
4
5    class FishBread(Bread):
6       def print_flour(self):
7           print('rice')
8
9    x = FishBread()
10   x.print_flour()
```

```
rice
```

Appendix
부록

A. 추가적인 프로그래밍 입문을 위한 기본 지식

B. 여러 가지 프로그래밍 언어

C. 소프트웨어 사용권

D. 아나콘다

A 추가적인 프로그래밍 입문을 위한 기본 지식

여기에는 저자가 이 책의 1장에 포함시키고 싶었지만, 내용이 학생들을 지치게 만드는 것 같아 따로 떼어낸 부분을 포함시켰다.

A.1 진법과 과학 표기법에 대한 추가 지식

Tip 소수점(radix mark)

우리가 3.14라고 표현할 때 소수를 표기하기 위한 점을 '소수점'이라고 한다. 이는 영어로는 일반적으로 'decimal point'라고 하는데 사실 이것이 정확한 표현은 아니다.

(1) 미국권에서는 3.14라고 표기하지만 유럽권에서는 3,14라고 표기한다. 그래서 'decimal point'는 매우 미국적인 표현이고, 유럽권에서는 이를 'decimal comma'라고 한다. 1000단위를 구분할 때는 미국권에서 1,000,000를 쓰지만, 유럽권에서는 1.000.000라고 쓴다. 따라서 decimal point가 아니라 'decimal mark'라고 해야 미국권과 유럽권에 일반적으로 통용할 수 있는 단어가 된다.

(2) 10진법에서만 소수가 존재하는 것이 아니라 다른 진법에서도 소수가 존재한다. 2진수로 $(11.1)_2$라고 하면 10진수로 3.5를 의미한다. decimal point의 decimal은 10진수인 경우에만 통하는 용어이므로 'radix point'라고 해야 진법에 상관없이 표기할 수 있는 소수점이 된다.

(3) 따라서 (1)과 (2)를 포함하는 소수점의 정확한 수학적 표현은 영어로는 'radix mark'라고 한다.

A.1.1 진법에 대한 추가 지식

2진수 → 10진수 변환

자연수 형태의 2진수를 10진수로 변환하는 것은 모두 익숙할 것이며, 예제를 한 번 보는 것만으로 충분한 복습이 될 것으로 생각한다.

예제 일반적인 2진수의 10진수 변환 2진수 $(101011)_2$를 10진수로 변환해보자.

1	0	1	0	1	1
2^5	2^4	2^3	2^2	2^1	2^0

이 경우,

$$(101011)_2 = 1\times 2^5 + 0\times 2^4 + 1\times 2^3 + 0\times 2^2 + 1\times 2^1 + 1\times 2^0$$
$$= 32+0+8+0+2+1$$
$$= (43)_{10}$$

예제 음수로 표현된 2진수의 10진수 변환 2진수 $(-101011)_2$를 10진수로 변환해보자. 음수의 경우에도 부호를 따로 생각하면 간편하다. 단순히 $(101011)_2 = (43)_{10}$ 부호를 따로 생각하면 위 예제의 결과를 이용해서 $(-101011)_2 = (-43)_{10}$을 얻을 수 있다.

예제 소수점이 있는 2진수의 10진수 변환 이번에는 소수점이 있는 2진수인 $(1010.11)_2$를 10진수로 변환해보자. 위 예제에서 자리에 따라 2^3, 2^2, 2^1, 2^0으로 자릿수의 값이 결정된 것을 생각하면, 소수점 아래의 경우로도 2^{-1}, 2^{-2} 등으로 확장할 수 있다는 것을 유추할 수 있다. 따라서

1	**0**	**1**	**0**	**.**	**1**	**1**
2^3	2^2	2^1	2^0		2^{-1}	2^{-2}

$$(1010.11)_2 = 1\times 2^3 + 0\times 2^2 + 1\times 2^1 + 0\times 2^0 + 1\times 2^{-1} + 1\times 2^{-2}$$
$$= 8 + 0 + 2 + 0.5 + 0.25$$
$$= (10.75)_{10}$$

10진수 → 2진수 변환

일반적으로 10진수를 2진수로 바꾸는 데는 두 가지 방법이 있으며, 다음의 예제에서 두 가지 방법을 모두 설명하고 있다. 첫 번째는 우리나라 학교에서 많이 가르치는 방식이지만, 저자는 두 번째 방식을 익히기를 추천한다.

예제 10진수의 2진수 변환 ❶ 아래에는 우리가 학교에서 배운 10진수 $(43)_{10}$을 2진수 $(101011)_2$로 변환하는 방식이다. 과정은 생략하고 기술한다.

2	43	
2	21	... 1 ↑
2	10	... 1
2	5	... 0
2	2	... 1
	1	... 0

이 방식을 추천하지 못하는 이유는 소수점이 있는 경우의 10진수는 2진수로 변환할 수 없기 때문이다. 하지만 위의 2진수에서 10진수로의 변환에서 알 수 있듯이 소수도 얼마든지 2진수로 변환이 가능하다. 따라서 다음 예제를 참고하기 바란다.

예제 10진수의 2진수 변환 ❷ 위 예제와 똑같은 숫자 $(43)_{10}$을 다른 방식으로 2진수로 변환하려 한다. 이때 아래의 표를 일단 살펴보자.

2진수	1	1	1	1	1	1	1	.	1	1	1	1
	2^6	2^5	2^4	2^3	2^2	2^1	2^0	.	2^{-1}	2^{-2}	2^{-3}	2^{-4}
10진수	64	32	16	8	4	2	1		0.5	0.25	0.125	...

표에서 위쪽의 2진수는 각 자릿수가 1이 될 때 갖는 값을 아래쪽의 10진수로 표기한 것이다. 표가 이해됐으면, 아래쪽의 설명을 따라갈 때 표를 참고하면서 내용을 파악하면 좀 더 도움이 될 것이다.

$(43)_{10}$은 2^6인 $(64)_{10}$보다 작고 2^5인 $(32)_{10}$보다는 크므로 2^6은 0, 2^5은 1이 돼야 한다. 만약 2^6의 위치가 1이 되면 2진수 값은 무조건 $(64)_{10}$보다 커지게 되므로 답이 아니게 되고, 2^6과 2^5이 둘 다 0이 되면 25 아래의 모든 자리를 1로 채우더라도 $(11111)_2 = (1 \times 2^4 + 1 \times 2^3 + 1 \times 2^2 + 1 \times 2^1 + 1 \times 2^0)10 = (31)_{10}$으로 $(43)_{10}$을 표현하기에는 모자라게 된다. 따라서 2^6은 0, 2^5은 1이 돼야 한다.

그리고 그 다음 위치인 2^4의 위치가 0인지 1인지를 보기 위해서는 $(43)_{10}$에서 $2^5 = (32)_{10}$를 뺀 나머지 숫자에서 똑같은 방식으로 2^5보다 크고 2^4보다 작은지를 살펴보면 된다.

$$(43)_{10} - (2^5) \times \mathbf{1} = (11)_{10}$$

위의 계산에서 1은 32에 해당하는 2^5의 위치가 1임을 나타낸다. 이제 $(11)_{10}$에서 똑같은 방식으로 살펴보면 $2^4 = (16)_{10}$과 $2^3 = (8)_{10}$ 사이에 있다는 것을 알 수 있다. 따라서 2^4 위치는 0이 되고, 2^3 위치는 1이 돼야 한다. 이러한 과정을 다음과 같은 형태로 반복하면,

$$\begin{aligned}
(43)_{10} - (2^5) \times \mathbf{1} &= 11 \\
(11)_{10} - (2^4) \times \mathbf{0} &= 11 \\
(11)_{10} - (2^3) \times \mathbf{1} &= 3 \\
(3)_{10} - (2^2) \times \mathbf{0} &= 3 \\
(3)_{10} - (2^1) \times \mathbf{1} &= 1 \\
(1)_{10} - (2^0) \times \mathbf{1} &= 0
\end{aligned}$$

10진수 $(43)_{10}$이 2진수 $(101011)_2$로 변환됨을 알 수 있다.

이러한 방식으로 2진수로 변환하는 것의 장점은 같은 원리에 의해 소수점 아래의 숫자들도 2진수로 변환할 수 있다는 것이다. 다음 예를 살펴보자.

예제 10진수의 2진수 변환 ❸ 이번에는 소수점 아래의 숫자가 포함된 10진수 $(10.75)_{10}$을 2진수로 변환하려고 한다. 위 예제의 방식을 따라 소수점 아래 자리까지 계산하면 다음과 같은 결과가 나온다.

$$(10.75)_{10} - (2^3) \times \mathbf{1} = 2.75$$
$$(2.75)_{10} - (2^2) \times \mathbf{0} = 2.75$$
$$(2.75)_{10} - (2^1) \times \mathbf{1} = 0.75$$
$$(0.75)_{10} - (2^0) \times \mathbf{0} = 0.75$$
$$(0.75)_{10} - (2^{-1}) \times \mathbf{1} = 0.25$$
$$(0.25)_{10} - (2^{-2}) \times \mathbf{1} = 0$$

따라서 $(10.75)_{10}$을 2진수로 변환하면 $(1010.11)_2$가 되는 것을 알 수 있다.

경우에 따라서는 2진수로 변환할 때 나머지가 맞아떨어지지 않아 소수점 자리 이하가 매우 길어지는 경우도 많이 찾을 수 있다.

컴퓨터에서의 진수 표기

컴퓨터 프로그래밍에서는 2진수, 8진수, 또는 16진수로 어떤 숫자를 표기하는 것이 필요할 때가 종종 있는데[1], 수학에서 배운대로 $(1010)_2$와 같이 아래첨자를 사용해 진수를 표기하는 것은 불가능하다. 따라서 다른 표기법을 사용하는데 이는 프로그래밍 언어마다 약간 차이가 있을 수 있다. 우리가 이 책에서 주로 다룰 파이썬의 경우, 2진수는 0b, 8진수는 0o, 16진수는 0x란 접두어를 표기에 붙여서 각 숫자가 표시된 진법을 표현한다. 따라서 10진수 10의 2진수 표기인 $(1010)_2$의 경우에는 0b1010이라고 표기하고, 10진수 10의 16진수 표기인 $(A)_{16}$의 경우에는 0xA라고 표기한다.

A.1.2 과학적 표기법에 대한 추가 지식

과학적 표기법은 $m \times b_e$라는 형태의 매우 전형적인 형식을 사용하는데 가수 m은 영어로 'coefficient, significand, fraction, 또는 mantissa'라 불리고, 밑수 b는 영어로 'base 또는 radix'라고 불리는 양의 정수다. 마지막으로 지수 e는 영어로 'exponent'라 불리는 정수 부분이다. 예를 들어 3×10^6의 경우 가수는 3, 밑수는 10, 그리고 지수는 6이 되며, -7.645×2^{-9}의 경우 가수는 -7.645, 밑수는 2, 그리고 지수는 -9가 된다.

1 8진수는 그다지 쓰이지 않는다.

정규화된 과학적 표기법

우리는 본문에서 $m \times b_e$의 형태로 표현되는 과학 표기법을 배웠다. 과학적 표기법이 나름 논리적이긴 하나 문제가 하나 있는데 이는 표현 방식이 유일(unique)하지 않다는 것이다. 예를 들어 300만을 표기하는 데는 3×10^6과 30×10^5의 두 가지 표현이 있을 수 있는데, 이는 컴퓨터와 같은 환경에서 구현할 때는 문제가 될 수 있으므로 우리는 여기에 좀 더 제한을 가해 과학 표기법도 표준 표기법과 같이 어떠한 숫자라도 표현 방식은 한 가지로만 나타나도록 만들고 싶어진다. 이를 위해서 만들어진 것이 '정규화된 과학적 표기법'이다. 간단히 우리는 표기하려는 숫자가 0이 아닌 경우에는 가수 m의 절대값(absolute value)을 1과 10 사이($1 \le |m| < 10$)로 제한한다. 즉, 300만의 경우 30×10^5는 m이 30으로 10보다 크기 때문에 정규화 과학 표기법에 맞지 않는 표기이고, 3×10^6으로만 표현돼야 한다는 것이다.

E-표기법

우리가 3×10^6을 컴퓨터의 마이크로소프트 메모장에서 적으려고 한다고 가정해보자. 이때 메모장에서는 승수인 6을 표현할 방법이 없다. 그래서 공학자들은 과학적 표기법을 약간 바꿔 이런 과학 표기법을 일반적인 텍스트 에디터에서 적을 수 있는 방법을 고안했는데 이를 E-표기법(e-notation)이라고 한다. E-표기법에서 우리는 × 심벌과 밑에 해당하는 10을 E로 대치하고, 승수를 E 다음에 그냥 표기한다. 그러므로 3×10^6은 E-표기법으로는 3E6, -7.645×10^{-6}은 -7.645E-6으로 표기한다.

A.2 컴퓨터 안에서의 숫자

A.2.1 Unsigned Integer에 대한 추가 지식

고정 소수점 이동

전술 했듯이 8비트 컴퓨터에서는 255보다 큰 숫자를 보관할 수 있는 방법은 없지만, 약간의 트릭을 사용하면 이러한 한계를 뛰어넘을 수도 있다. 한 가지 트릭은 '고정 소수점 이동'이라는 방식이다. 우리가 계산기로 10만 원과 23만 원을 더한다고 가정해보자. 이때 우리는 100,000에서 모든 0을 입력하지 않고 10 + 23으로 계산해 버린다. 고정 소수점 이동은 이와 매우 비슷한 방법을 사용한다. 다시 한번 8비트 공간 내에서의 예를 생각해보자.

b7	b6	b5	b4	b3	b2	b1	b0		
1	1	1	1	1	1	1	1	=	$(255)_{10}$

만약 8비트의 오른쪽에 자릿수 하나가 숨어 있고, 그것이 0이라고 항상 '가정'하고 8비트가 모두 1로 채워졌을 경우는 $(255)_{10}$이 아니라 $(510)_{10}$이라는 숫자로 생각할 수 있다.

b7	b6	b5	b4	b3	b2	b1	b0			
1	1	1	1	1	1	1	1	"0"	=	$(510)_{10}$

따라서 이러한 '가정'을 통해 우리는 255보다 큰 숫자를 보관할 수 있게 된다. 그러나 이를 좀 더 자세히 살펴보면

b7	b6	b5	b4	b3	b2	b1	b0			
0	0	0	0	0	0	0	0	"0"	=	$(0)_{10}$
0	0	0	0	0	0	0	1	"0"	=	$(2)_{10}$
0	0	0	0	0	0	1	0	"0"	=	$(4)_{10}$

추가된 위치를 0로 상정했으므로 1이나 3과 같이 홀수를 표현할 수 있는 방법이 없다. 다르게 말하면, 소수점을 이동해 일반 2진수로 표기할 수 있는 숫자보다 큰 수나 작은 수를 표시할 수는 있지만, 결국 비트 수로 제한되는 표현 가능한 숫자의 개수는 변함이 없다는 것이다(8비트의 경우는 256개).

이 방식이 별로 효용가치가 없는 것 같아도 실무적인 이유로 하드웨어적으로 지원을 하는 컴퓨터들이 존재하므로 이런 방식도 있다는 것 정도는 알아둘 필요가 있다.

Unsigned Integer의 실제 구현의 이슈들

우리는 이미 8비트로는 256을 표현할 수 없다는 것을 알고 있다. 그러나 실제 컴퓨터 하드웨어에서는 255에 1을 더하는 작업이 가능하다. 그러면 이 결과는 어떻게 출력될까? 이 결과는 컴퓨터 하드웨어의 설계에 따라 달라지는데 많은 하드웨어는 '래핑(wrapping)'이라는 방식으로 처리해 버린다. 즉, 255 + 1 = 0이 된다. 하지만 그래픽 카드나 신호 처리용 프로세서의 일부는 '포화(saturation)'라는 방식으로 처리하기도 한다. 포화 방식의 경우는 255 + 1 = 255라는 결과가 나온다.

A.2.2 (Signed) Integer에 대한 추가 지식

이제 우리는 컴퓨터에서 음수를 저장할 수 있는 방법을 공부할 것이다. Unsigned Integer, 즉 부

호 있는 정수라는 말은 (–) 표기를 할 수 있는 정수, 즉 음수 표기를 할 수 있는 정수라는 의미다. 여기서 우리는 컴퓨터는 모든 정보를 0 또는 1로 저장하기 때문에 (–) 표기를 저장할 수 있는 방법이 없다는 것을 기억해야 한다. 즉, 음수를 저장하기 위해 다른 특별한 방식을 생각해야 한다는 것이고, 컴퓨터 공학에서는 실제로 음수를 저장하기 위해 여러 가지 방식이 존재한다. 그중 기억해야 할 것은 1의 보수(1's complement), 2의 보수(2's complement), excess–K의 세 가지 방식이며, 1의 보수와 2의 보수는 정확한 의미, 그리고 excess–K는 이름 정도만 기억해두면 될 것 같다.

부호–크기 표기법

부호–크기 표현법(sign–and–magnitude representation)은 컴퓨터에서 음수를 표현하는 아주 기초적인 방법이다. 원리는 매우 간단해서 주어진 비트들 중 최상위 비트(즉, 제일 큰 숫자에 해당하는 비트)를 숫자를 저장하는 데 사용하지 않고, (+)와 (–)의 부호를 저장하기 위해 사용하는 것이다. 보통 최상위 비트가 0이면 양수, 1이면 음수를 의미하도록 구성한다.

이를 이해하기 위해 아래의 10진수 3의 8비트 정수 표현을 살펴보자.

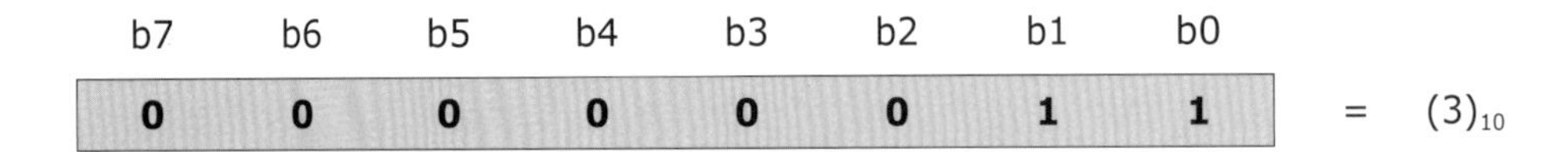

여기서 10진수 –3을 8비트에서 표기하기 위해 최상위 비트를 0에서 1로 바꾼다.

b7	b6	b5	b4	b3	b2	b1	b0		
1	0	0	0	0	0	1	1	=	$(-3)_{10}$

이 표기법을 사용하면 실제로 우리가 숫자의 크기를 저장하기 위해 사용하는 공간은 8비트에서 7비트로 줄어든다. 즉, –127~127까지의 숫자만 표기가 가능해진다. 그리고 **이 표기법을 사용하면 0이 $(00000000)_2$와 $(10000000)_2$의 두 가지 방식으로 표현될 수 있다**는 것을 알아야 한다.

Excess–K

Excess–K는 Signed Integer를 표현하는 방식 중 하나로 '고정 소수점 이동(fixed–point shift)'과 비슷한 면이 있는 트릭으로, 숫자를 표현하는 전체적인 범위를 이동시켜 버리는 것이다. 예를 들어 0~10이라는 범위에서 여기에 5라는 숫자를 항상 뺀다고 가정하면, 우리는 –5~5까지의 숫자를 보관할 수 있게 되는 것이다. 즉, 고정 소수점 이동에서는 비트가 하나 숨어 있다고 가정하게 되고, Excess–K는 항상 어떤 숫자를 뺀 값을 실제로 표현한다고 가정한다. 이렇게 뺄셈에 사용하는 숫자를 K라고 하며, K가 127인 경우에는 Excess−127, K가 128인 경우에는 Excess−128이라고 표기한다.

Excess-K 표기의 비교

8비트 표현	부호 없는 정수	Excess-127	Excess-128
00000000	0	-127	-128
00000001	1	-126	-127
00000010	2	-125	-126
⋮	⋮	⋮	⋮
01111110	126	-1	-2
01111111	127	0	-1
10000000	128	1	0
10000001	129	2	1
10000010	130	3	2
⋮	⋮	⋮	⋮
11111101	253	126	125
11111110	254	127	126
11111111	255	128	127

위의 테이블에서 Excess−127과 Excess−128이 일반적인 Unsigned Integer 표현과 비교했다. Excess−127은 −127~128까지 표현 가능하고, Excess−128은 −128~127까지 표현 가능하다. Excess−K는 컴퓨터에서 과학적 표기법으로 숫자를 보관할 때 지수(exponent)를 표현하기 위해 Excess−127과 Excess−1023 두 가지를 실제 사용하므로 개념 정도는 알아두는 것이 좋다.

1의 보수

Signed Integer에서 음수를 표현하는 다른 방식으로 '1의 보수'라는 것이 있다. 1의 보수는 큰 문제가 존재하기 때문에 실제 일반적인 컴퓨터에서 활용되는 방식은 아니다. 하지만 뒤에 기술할 2의 보수를 이해하기 위한 전단계로서 설명한다.

2진수의 1의 보수는 이진법 표기에서 1을 0으로, 0을 1로 교체하는 것으로 음수를 쉽게 구할 수 있다. 이를 이해하기 위해 다음의 예제를 보자. 우리는 $(00000011)_2$, 즉 $(3)_{10}$을 8비트 컴퓨터상의 1의 보수를 활용해 $(-3)_{10}$을 표기하려고 한다.

b7	b6	b5	b4	b3	b2	b1	b0		
0	**0**	**0**	**0**	**0**	**0**	**1**	**1**	=	$(3)_{10}$

1의 보수를 생성하기 위해 우리는 모든 0을 1로, 1을 0으로 교체한다.

b7	b6	b5	b4	b3	b2	b1	b0		
1	1	1	1	1	1	0	0	=	$(-3)_{10}$

따라서 위의 결괏값 $(11111100)_2$는 $(00000011)_2$의 1의 보수이며, 말을 바꿔 이야기하면, $(-3)_{10}$은 8비트 컴퓨터에서 (1의 보수 방식으로는) $(11111100)_2$로 저장된다.

이제 1의 보수가 왜 실제로 활용되지 않는지를 살펴보자. 10진수 0의 '1의 보수'는 무엇일까? $(00000000)_2$의 1의 보수는 당연히 $(11111111)_2$로 계산할 수 있는데 이렇게 되면 0이라는 숫자가 1의 보수 방식으로는 두 가지 표현이 존재하는 상황이 발생한다. 따라서 현대 컴퓨터에서는 더이상 활용되지 않고, 매우 오래전 컴퓨터인 초기 PDP-1과 같은 컴퓨터에서 활용됐다는 정도만 알고 있으면 될 것 같다.

2의 보수

위 예제에서 우리가 1의 보수로 표현된 $(3)_{10}$과 $(-3)_{10}$을 일반적인 2진수의 덧셈 방식을 사용해 더하면 $(-0)_{10}$이라는 결과를 얻을 수 있다.

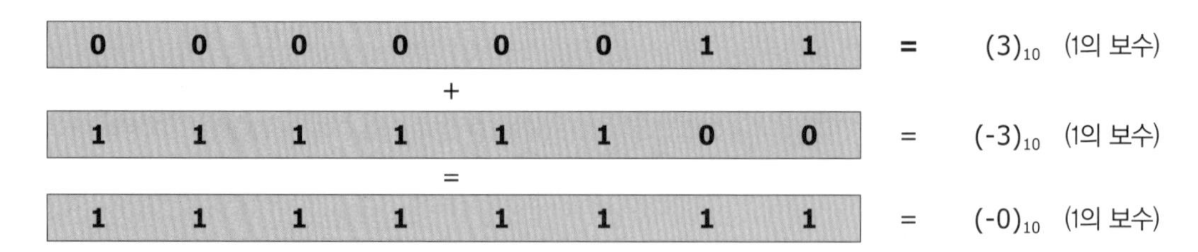

또, 1의 보수로 표현된 $(-2)_{10}$와 $(3)_{10}$을 더하면 1의 보수 방식으로 표현된 $(0)_{10}$이 얻어진다!

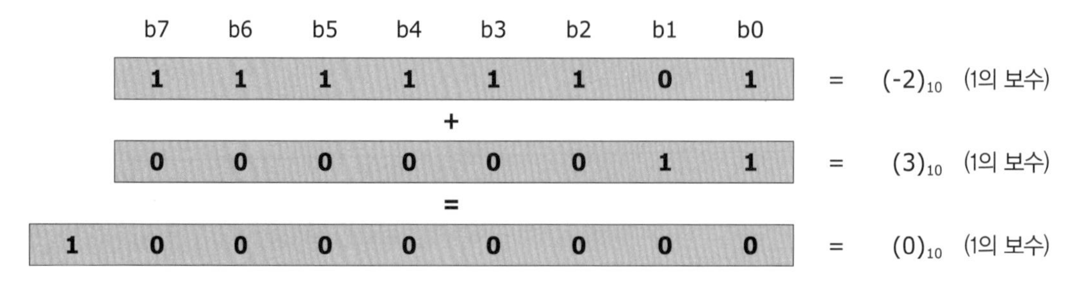

여기서 우리는 1의 보수로 표현된 음수는 2진수 연산에 적합하지 않다는 것을 알 수 있다. 그리고 눈치가 빠르다면 우리가 원하는 답은 위 두 가지 예제의 결괏값에 1을 더한 값이라는 것도 알 수 있다. 이것이 2의 보수가 탄생한 배경으로, 2의 보수는 1의 보수로 얻어진 음수에 1을 더해서 얻어진다.

$$2의\ 보수 = 1의\ 보수 + 1$$

몇 가지 예제를 살펴보자. 다음은 $(3)_{10}$을 일단 1의 보수 형태로 $(-3)_{10}$을 구하고, 1을 더해서 2의 보수 형태의 $(-3)_{10}$을 얻는 과정을 보여준다.

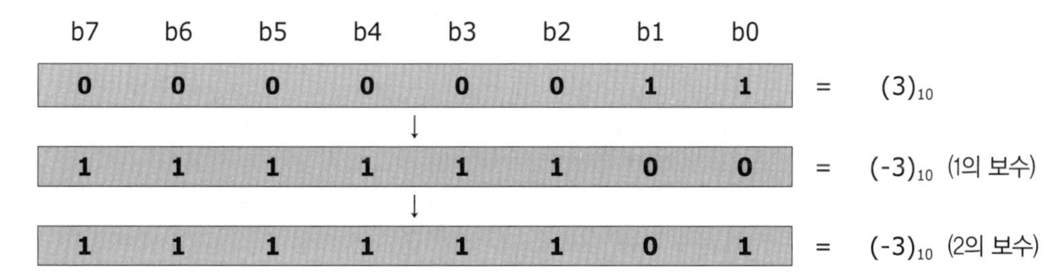

그러므로, $(-3)_{10}$은 2의 보수 표기법으로는 $(11111101)_2$로 컴퓨터에 저장된다. $(-3)_{10}$을 2의 보수를 이용해서 $(3)_{10}$으로 되돌리는 것도 가능하다(다음 참조).

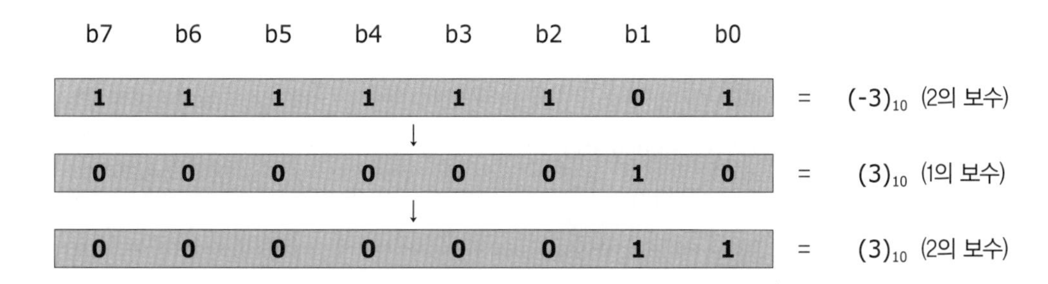

이제 2의 보수 형태에서 $(3)_{10}$과 $(-3)_{10}$을 더하면 어떤 일이 발생하는지를 살펴보자.

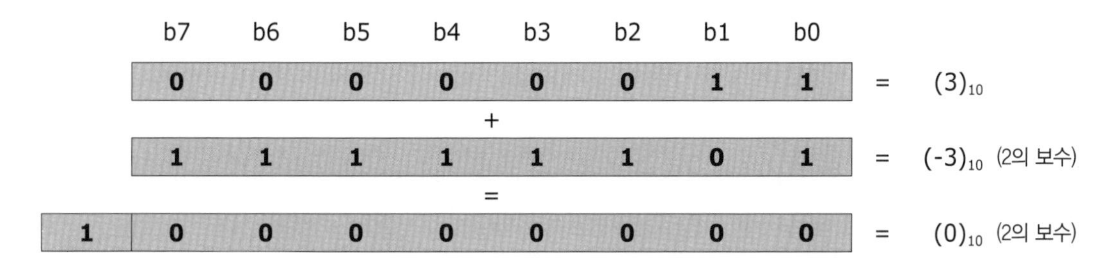

더해져서 9번째 비트로 올라가는 1을 무시하면 두 숫자의 합은 0으로 볼 수 있다. 이것이 우리가 1의 보수보다 2의 보수를 좋아하는 이유이다. 2의 보수는 1의 보수와는 달리 0이 유일하게 1개 존재한다.

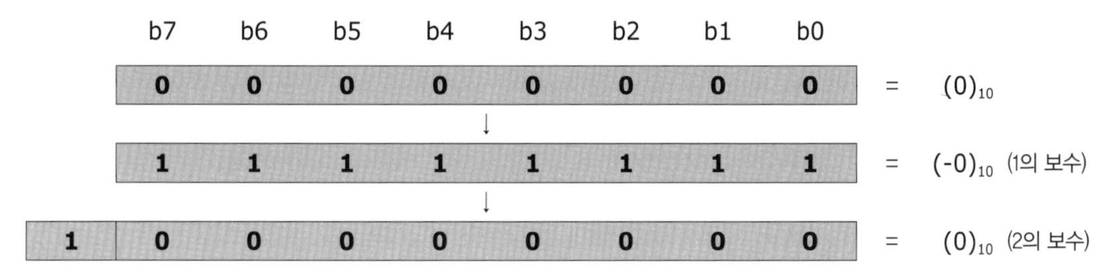

또, 2의 보수끼리의 연산은 그냥 Unsigned Integer를 계산하듯이 하면 된다.

	b7	b6	b5	b4	b3	b2	b1	b0		
	1	1	1	1	1	1	1	0	=	$(-2)_{10}$ (2의 보수)
	0	0	0	0	0	0	1	1	=	$(3)_{10}$ (2의 보수)
1	0	0	0	0	0	0	0	1	=	$(1)_{10}$ (2의 보수)

따라서 대부분의 현대 컴퓨터들은 Signed Integer 숫자를 보관하기 위해 2의 보수 방식을 활용하고 있다.

몇 가지 추가적인 필수 개념들

프로그래밍을 제대로 배우기 위해 추가로 알아야 하는 몇 가지 개념들이 있다. 첫째, 대부분의 컴퓨터들은 Signed Integer와 Unsigned Integer 표기들을 프로그래머가 선택해서 사용할 수 있도록 지원한다. 다시 한번 8비트 컴퓨터가 있다고 가정해보자. 2의 보수를 사용한 Signed Integer 표기를 사용한다면, −128에서 127까지의 숫자를 보관할 수 있다. 하지만 보관하려고 하는 숫자의 특성에 따라 음수를 사용할 필요가 아예 없는 경우도 있다. 예로, 사람의 체중을 보관하려고 할 때 체중이 음수가 될 일은 없을 것이다, 하지만 간혹 가다가 고도 비만인 사람들은 127kg이 넘는 경우도 있을 것이며, 이때는 2의 보수를 사용할 경우 문제가 생긴다. 따라서 이런 경우에는 'Unsigned Integer' 표기를 사용하고 싶어질 것이다.

그러면 컴퓨터는 어떻게 Signed Integer와 Unsigned Integer를 구분할까? 다른 말로 2진수가 컴퓨터 안에 보관돼 있을 때 컴퓨터는 어떻게 그 데이터가 Signed Integer인지 Unsigned Integer인지 알 수 있을까? 불행히도 컴퓨터 하드웨어는 이런 것을 알 수 있는 방법이 없다.[2]

또, 실제 컴퓨터에서는 정수를 보관하기 위해서 몇 비트를 사용할까? 이는 컴퓨터 하드웨어와 소프트웨어의 구현에 따라 달라진다. 특히 하드웨어에서 지원하는 한, 프로그래머가 integer의 크기를 선택할 수 있도록 허용된다. 예를 들어, 매트랩과 같은 프로그래밍 언어에서는 여덟 가지의 integer 형을 제공해준다.

2 이것 때문에 많은 프로그래밍 언어에서는 변수 선언에서 데이터형을 지정하도록 돼 있다.

매트랩 프로그래밍 언어에서 지원하는 여덟 가지 integer형

integers	Description
int8	8비트 Signed Integer
uint8	8비트 Unsigned Integer
int16	16비트 Signed Integer
uint16	16비트 Unsigned Integer
int32	32비트 Signed Integer
uint32	32비트 Unsigned Integer
int64	64비트 Signed Integer
uint64	64비트 Unsigned Integer

A.2.3 부동소수점 표기에 대한 추가 지식

오버플로우와 언더플로우

부동소수점 표기를 사용하면 매우 큰 수나 작은 수를 표현할 수 있다. 그러나 역시 그 크기에 한계가 있어서, 아주 큰 수와 아주 작은 수를 표현할 수는 없다. 따라서 표현하려는 숫자가 너무 커서 한계가 왔을 때는 오버플로우(overflow)를 발생시키고, 숫자가 너무 작아서 한계가 왔을 때는 언더플로우(underflow)를 발생시킨다.

마지막으로, 부동소수점 표기에 대해 꼭 알아둬야 할 것은 부동소수점 표기라고 하더라도 결국은 비트 수의 제한을 받는다는 점이다. 32비트를 사용한 integer의 경우 2^{32}가지로 표현할 수 있는 경우의 수가 제한되듯이 32비트 floating-point의 경우에도 결국은 크고 작은 수만 표현할 수 있다는 차이가 있을뿐, 표현할 수 있는 경우의 수도 똑같이 2^{32}가지로 제한된다. 이 말은 결국 **부동소수점 표기는 크고 작은 숫자의 표기에 만능이 아니라 '정확한 수치의 보관을 포기하고 적당히 비슷한 숫자로 보관한다.'**는 말과 동일하다.

따라서 부동소수점끼리의 연산은 정확하지 않은 숫자와 정확하지 않은 숫자의 연산이 돼버리고, 그 결과는 오차가 증폭돼서 완전 잘못된 결과로 나타날 수도 있다. 따라서 부동소수점을 활용하는 프로그래밍에서는 매우 주의를 요하는 부분들이 많다. 이런 부분들은 '수치 해석(numerical analysis)'이라고 불리는 수학과의 영역에서 다뤄지기도 한다.

A.3 컴퓨터 안에서의 문자

그러면 우리에게는 또 한 가지 의문이 남는다. 컴퓨터 안에서 문자는 어떻게 저장될까? 문자도 컴퓨터 내에서는 당연히 0 또는 1로 표기돼야 하며, 이를 저장하는 데는 어떤 숫자를 문자로 매칭하는가의 문제로 귀결된다.

이를 위해 고전적으로는 아스키 코드(ASCII code)라는 표준을 사용해왔다. 아스키 코드는 7비트에 영문자를 매칭하는 표준으로, 컴퓨터가 영미권에서 개발된 것을 생각하면 매우 당연한 일이다. 그러나 현재는 영어뿐 아니라 세계 모든 언어의 문자를 표준화된 2진수로 매칭시키는 새로운 표준인 유니코드(Unicode)가 도입됐고 점차 아스키 코드를 대체해 나가고 있다. 아스키 코드만 사용되던 시절에는 컴퓨터에서 한글 프로그램의 구현이 매우 힘들었지만, 이제는 유니코드에서 한글이 정의돼 있기 때문에 한글 프로그램의 구현도 어렵지 않게 됐다.

그러나 영미권에서 볼 때 아스키 코드는 문자 하나를 저장하는 데 1바이트면 충분한 것을 유니코드를 사용할 경우는 데이터가 한 문자를 저장하는 데 2~4바이트로 늘어나기 때문에 유니코드를 사용하지 않고 프로그램을 개발하는 경우도 꽤 남아 있다.

아스키 코드

아스키 코드는 아래 표와 같이 7비트 영역(0~127)에서 정의된다.

10진수	문자	10진수	문자	10진수	문자	10진수	문자
0	[Null]	32	[스페이스]	64	@	96	`
1	[Start of Heading]	33	!	65	A	97	a
2	[Start of Text]	34	"	66	B	98	b
3	[End of Text]	35	#	67	C	99	c
4	[End of TX]	36	$	68	D	100	d
5	[Enquiry]	37	%	69	E	101	e
6	[Acknowledge]	38	&	70	F	102	f
7	[벨]	39	'	71	G	103	g
8	[백스페이스]	40	(	72	H	104	h
9	[Horizontal Tab]	41	)	73	I	105	I
10	[Line Feed]	42	*	74	J	106	j
11	[Vertical Tab]	43	+	75	K	107	k
12	[Form Feed]	44	,	76	L	108	l
13	[Carriage Return]	45	-	77	M	109	m
14	[Shift Out]	46	.	78	N	110	n
15	[Shift In]	47	/	79	O	111	o

10진수	문자	10진수	문자	10진수	문자	10진수	문자
16	[Data Link Escape]	48	0	80	P	112	p
17	[Device Control 1]	49	1	81	Q	113	q
18	[Device Control 2]	50	2	82	R	114	r
19	[Device Control 3]	51	3	83	S	115	s
20	[Device Control 4]	52	4	84	T	116	t
21	[Negative Ack]	53	5	85	U	117	u
22	[Sync Idle]	54	6	86	V	118	v
23	[End of TX Block]	55	7	87	W	119	w
24	[Cancel]	56	8	88	X	120	x
25	[End of Medium]	57	9	89	Y	121	y
26	[Substitute]	58	:	90	Z	122	z
27	[Escape]	59	;	91	[	123	{
28	[File Separator]	60	<	92	₩	124	|
29	[Group Separator]	61	=	93	]	125	}
30	[Record Separator]	62	>	94	^	126	~
31	[Unit Seprator]	63	?	95	_	127	[Del]

표와 같이 아스키 코드는 키보드의 대부분의 키들을 정의한다. 예를 들어 A라는 문자는 $(65)_{10}$으로 매칭되는데 65라는 숫자 데이터를 제공하고, 이건 문자를 의미하는 아스키 코드이니 문자로 출력하라고 컴퓨터에 명령을 주면 컴퓨터는 A라는 문자를 출력한다.

어떤 문자가 2진수로 컴퓨터에 저장된다는 사실은 컴퓨터 프로그래밍의 트릭으로 많이 사용된다. 영어 대문자 A~Z는 $(65)_{10}$~$(90)_{10}$으로 저장되고, 소문자 a~z는 $(97)_{10}$~$(122)_{10}$으로 저장되므로, 어떤 영어 대문자에서 32를 더해주면 영어 소문자로 전환된다. 어떤 문자와 숫자를 더한다는 것이 이상할 수도 있지만 컴퓨터에서 모든 정보가 2진수로 저장된다는 것을 생각하면 이런 연산이 이해가 될 것이다.

그 외 0에서 32까지 많은 부분은 통신을 위해 할당된 부분이고, [스페이스] 키나 [백스페이스]와 같은 실제 문자는 아니더라도 [스페이스]나 [백스페이스]와 같은 부분들도 정의되고 있다. 예를 들어, 아스키 코드 7을 화면에 출력하라고 하면, 컴퓨터에서는 짧은 비프음을 발생시킨다. 이렇게 실제 문자는 아니지만 어떤 역할을 하는 아스키 코드상의 문자들을 '제어 문자(control character)'라고 한다.

유니코드

하지만 아스키 코드는 한국어와 같은 비영어권의 언어를 고려하지 않고 나온 시스템이라서, 컴퓨터가 전 세계적으로 보편화된 오늘날에는 아스키 코드를 대체하기 위해 많은 세계 각국의 언어를 일관된 체계로 컴퓨터에서 처리할 수 있는 유니코드(unicode)라는 새로운 표준을 만들었다. 유니코드를 사용하는 것은 아스키 코드에 비해서는 훨씬 더 복잡한 문제이기 때문에 이 책에서 자세히 다루지 않는다.

A.4 컴퓨터 안에서의 여러 개의 숫자 및 문자

컴퓨터는 여러 개의 숫자를 보관할 수 있으며, 이런 보관 장소를 '메모리(memory)'라고 한다. 중앙 처리 장치(CPU)에서 직접적으로 활용하는 메모리는 PC에서 일반적으로 램(RAM)이라고 하는 부품에 해당하며, 숫자와 같은 데이터를 보관할 수 있는 공간들이 바이트 단위(즉, 8비트), (개념적으로) 선형으로 구성돼 있다.

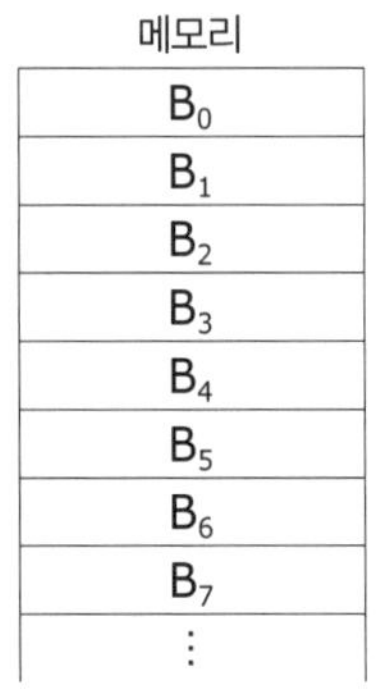

메모리
B_0
B_1
B_2
B_3
B_4
B_5
B_6
B_7
⋮

위의 개념도에서 B_0, B_1, B_2, B_3, B_4 등은 데이터를 저장할 수 있는 바이트 단위의 공간을 의미한다. 그리고 각각의 공간에는 주소(address)라는 것이 지정돼 있으므로 이러한 주소를 활용해 각 공간에 저장된 데이터를 중앙 처리 장치에서 가져다 쓰게 된다.

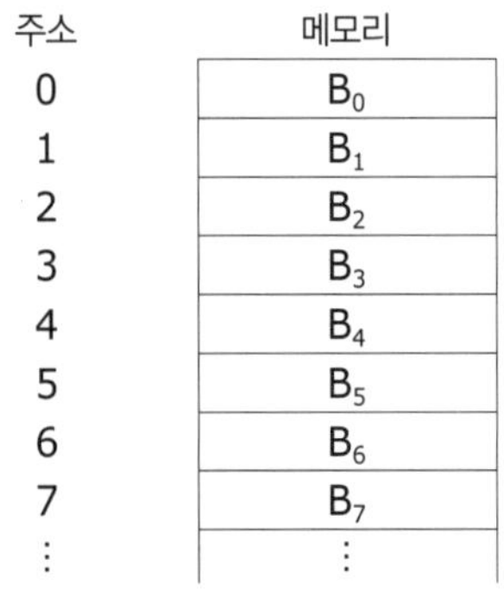

주소	메모리
0	B_0
1	B_1
2	B_2
3	B_3
4	B_4
5	B_5
6	B_6
7	B_7
⋮	⋮

32비트 크기의 int의 경우에는 32비트가 4바이트이므로 이 중 4개의 연속된 공간을 활용해 숫자를 보관하게 되고, 8비트 크기의 아스키 코드 형식의 문자의 경우에는 1개의 공간을 활용한다.

주소	메모리
0	B_0
1	32비트 int형 숫자
2	
3	
4	
5	B5
6	8비트 문자
7	B_7
⋮	⋮

A.5 컴퓨터 안에서의 실행 프로그램

명령어와 데이터

다음 이슈는 '우리가 개발하는 프로그램, 즉 컴퓨터에 전달하는 명령어(더하라, 빼라 등)는 컴퓨터에 어떻게 보관하는가?'라는 문제다. 간단히 답하면, **컴퓨터는 모든 정보를 2진수로 저장하므로 컴퓨터에 전달하는 명령어(instruction) 또한 (숫자나 문자와 같은 데이터처럼) 2진수로 메모리에 저장한다.** 그러나 이 답변은 '어떤 2진수가 명령어인지 데이터(data)인지 어떻게 구분하는가?'라는 의문으로 이어지게 된다.

여기서 컴퓨터 하드웨어 설계의 구조에 따라 명령어와 데이터를 구분하는 방식이 두 가지가 존재하는데 각각 '폰 노이만 구조(von Neumann architecture)'와 '하버드 구조(Harvard architecture)'라 불린다.

폰 노이만 구조

메모리
B0
B1
B2
B3
B4
B5
B6
⋮

하버드 구조

명령어 메모리	데이터 메모리
B0	B0
B1	B1
B2	B2
B3	B3
B4	B4
B5	B5
B6	B6
⋮	⋮

폰 노이만 구조에서는 명령어와 데이터를 구분하지 않고 1개의 메모리 배열에 저장하는데 보통 우리가 사용하는 PC가 이런 구조를 갖고 있다. 그리고 하버드 구조에서는 명령어와 데이터를 보관하기 위한 메모리가 분리돼 있으며, 임베디드 시스템이 이런 구조를 많이 채용한다. 이런 명령어와

데이터가 어떤 식으로 실제 컴퓨터에서 동작하는지는 이 책의 목적에서 너무 많이 벗어나므로 생략하고, 관심이 있으면 따로 '컴퓨터 구조' 책들을 찾아보자. 잊지 말아야 할 것은 컴퓨터의 명령어와 데이터 모두 2진수로 컴퓨터에 저장된다는 점이다.

실행 프로그램과 기계어

최종적으로 우리가 이해할 것은 컴퓨터에서 실행 프로그램(애플리케이션, 유틸리티, 앱 등)들의 정체는 무엇일까 하는 것이다. 단순히 명령어의 조합으로는 프로그램이 이뤄지지 않을 것이다. 이전에 예로 들었던, 영어 대문자 A를 소문자 a로 바꾸기 위해 32를 뺐다는 것을 생각해보면, 32이라는 숫자도 프로그램 내부의 어딘가에 데이터로 보관돼야 하는 것이다. 따라서 컴퓨터에서의 실행 프로그램은 결국 2진수로 이뤄진 '명령어+데이터'의 조합이며, 우리는 이를 통칭해 기계, 즉 컴퓨터가 이해할 수 있는 언어라는 뜻에서 '기계어(machine language)' 프로그램이라고 한다.

B 여러 가지 프로그래밍 언어

여기서는 여러 가지 프로그래밍 언어들의 특징에 대해 배운다. 프로그램 개발을 하는 사람들에게는 상식으로 여겨지는 부분들이기 때문에 대강 아래의 내용 정도는 한번 읽어보는 것이 좋을 듯하다.

C

1972년 벨 연구소의 데니스 리치가 개발했고, 지금도 운영체제나 임베디드에서는 최강으로 여겨지는 언어이다. 일단 **하드웨어 성능을 최대한까지 끌어내어 속도가 제일 빠른 프로그램을 개발할 수 있다고 보면 되며, C++과 비교하면 같은 내용을 수행하는 프로그램의 실행 파일의 크기가 C++보다 5배 정도 작다**고 생각하면 된다. 리눅스와 같은 운영체제 커널도 C와 어셈블리어로 개발됐고, 다른 프로그래밍 언어의 컴파일러 개발에도 C가 사용되는 경우가 많다. 파이썬같은 언어의 경우에도 파이썬 자체가 C로 구현됐고[1] 파이썬 프로그래밍에 필수로 여겨지는 넘파이(NumPy), 사이파이(SciPy)와 같은 파이썬 라이브러리들도 C로 개발됐다. 또한 최신 임베디드 하드웨어에서는 어셈블리어나 C만 지원하는 경우가 꽤 많이 있어서 임베디드 쪽에서는 거의 필수로 여겨지며, 각종 디바이스 드라이버도 속도와 용량이 중요한 경우가 많기 때문에 C로 구현되는 편이다.

반면 어느 이상 수준으로 올라가는 데 시간이 많이 걸리고, 조그만 실수도 용납하지 않기 때문에[2] 버그가 없는 프로그램을 짜기 위해서는 알아야 할 것이 정말 많다. 사실 요새 컴파일러가 똑똑해져서 웬만한 프로그래밍 언어로 개발을 하더라도 속도 측면에 최적화를 자동으로 시켜주기 때문에 어중간하게 C를 쓰면 다른 언어를 쓰는 것보다 속도가 더 안 나오는 수도 있다.

---

1 'CPython'이라 불린다.
2 옛날에는 C로 프로그램을 제대로 못 짜면 컴퓨터가 죽어서 다시 부팅해야만 했다.

상식 **프로그래밍 언어의 진화**

모든 프로그래밍 언어는 문법이 고정된 것이 아니고 계속해서 바뀐다. 예를 들어 C 언어의 경우 1972년에 개발되고, 1989년에 ANSI C라는 미국 표준 문법이 제정됐으며(이를 C89라고 한다), 1990년에는 ISO C라는 세계 표준 문법이 정립됐다(주 이는 C90이라고 하는데 C89를 세계표준화한 것이라 내용상 차이는 없다). 그리고 1995년에 표준 문법이 개정됐으며(C95) 1999년에 새로운 기능들을 추가하며 C99가 탄생했다. 이어 C11, C18에 이르러 2018년까지 계속해서 C 언어는 진화하고 있으며, 아직까지는 C99가 일반적으로 쓰이고 있다고 보면 된다.

C++

우리나라에서는 '씨뿔뿔'이라고 하는 C++은 이름으로 보아 C 언어의 확장판으로 보기 쉽지만 사실 C와는 완전히 다른 언어다.

- 생김새는 C와 비슷하게 생겼다.
- 절차지향 프로그래밍(procedural programming)용 언어인 C와는 다르게 객체지향 프로그래밍(Object-Oriented Programming, OOP)을 주로 지향한다. 절차지향도 가능하고 객체지향도 가능한 만능 언어라고 볼 수도 있지만, 완전한 절차지향도 아니고 완전한 객체지향이 아니기 때문에 프로그래밍을 처음 학습할 때는 잘못된 버릇을 들이기도 쉽다. 객체지향 언어는 절차지향 언어에 비해 커다란 프로그램을 위한 협력 개발에 큰 장점이 있어서, 큰 프로그램이면 대부분 C++이나 자바로 구현된다고 보면 된다.
- 이것저것 다 할 수 있는 반면, **배우기도 매우 어렵고 사용하기도 매우 어렵다.** 따라서 생산성이 매우 떨어진다고 보는 것이 일반적인 평가이다.
- 개발한 응용 프로그램의 속도는 C만큼은 아니지만 같은 역할을 하는 C로 개발한 응용 프로그램에 비해 실행 파일의 크기가 5배씩 커진다.

리눅스 커널의 개발자 리누스 토르발스가 C++은 어중간한 언어라고 표현한 적이 있는데 저자 입장에서도 이런 의견에 상당히 동의한다. 하지만 우리나라 실무 개발자들의 상당수는 C++을 기본적으로 익히고 있고, 특히 그래픽 사용자 인터페이스(Graphical User Interface, GUI)와 어느 정도 이상 규모의 프로그램들은 상당수가 C++을 사용해 개발한다고 보면 된다.

자바

자바(Java)는 1995년 썬마이크로시스템즈라는 워크스테이션 회사에서 제임스 고슬링이 개발한 프로그래밍 언어이다. 자바는 무료로 제공됐고 윈도우, 맥OS, 리눅스 등 아무 운영체제에서라도 프로그램의 변경 없이 동작시킬 수 있다는 장점을 갖고 있는 데다 객체 지향 프로그래밍의 강점이 있다는 이유로 대학가에서는 프로그래밍 입문용 언어로 가르치게 돼 급속도로 확산됐다.

자바가 출현하던 당시에는 객체지향 프로그래밍이라는 방식이 새로 대두되던 시점이었다. C++도 객체지향 언어라고 말을 하지만 C++은 객체지향 프로그래밍을 '쓸 수 있는' 언어이지 객체지향을 '써야만 하는' 언어가 아니었기 때문에 객체지향 프로그래밍을 교육하는 입장에서는 좋지 못하다는 의견이 많았다.

반면, 자바는 객체지향을 쓸 수 밖에 없는 언어였기 때문에 한때 대학에서는 프로그래밍 입문을 위해 자바를 가르치는 것이 대세였다. 스마트폰에서 많이 사용되는 안드로이드 운영체제도 자바를 활용했고, 스마트폰 프로그래밍을 위해서는 자바를 공부하는 것이 당연시되는 상황까지 이르렀다. **현재 국내 ICT 업계들에서는 자바를 주 언어로 사용하는 개발자들이 제일 많을 것**이라고 본다.

그런데 이렇게 된 이유 중 하나로 국내 IT 시장의 특성을 약간 이해할 필요가 있다. 현재 국내 IT 시장은 거의 80%가 SI(System Integration)이라는 분야인데 쉽게 생각하면 기업의 결재나 회계 관리 시스템, 은행의 금전 관리 시스템 등을 생각하면 될 것이다(SI 분야의 제일 큰 고객은 정부와 금융권이다). 그런데 여기에 뿌리를 먼저 내린 것이 자바이며, 지금에 와서는 이를 다른 프로그래밍 언어 기반 프레임워크로 바꾸기에 엄두가 나지 않는 상황이기에 앞으로도 SI 분야에서 10년은 자바가 대세로 계속 갈 것이라고 보는 사람들이 많다.

따라서 SI 시장 때문에 국내에서 자바의 점유율이 높은 것이지 실제 모든 분야에서 자바가 대세인 것은 아니다. 개발자로 취직하려면 자바를 익혀야 한다는 말도 SI 시장에 국한된 것이지, 다른 목적의 개발에서는 자바를 사용하면 안 되는 경우도 많다. 자바 역시 가상머신 기반이라는 한계로 파이썬과 비슷하게 상대적으로 느린 속도, 낮은 보안성의 문제를 그대로 지니고 있다. 따라서 많이 자바를 사용하니까 자바를 익혀야 된다고 생각하지 말고 본인의 개발 목적에 맞는 적절한 언어를 찾을 필요가 있다.

한편 세계적으로는 썬마이크로시스템즈가 오라클(Oracle)이라는 회사에 인수되고, 자바를 무료로 사용하던 분위기가 후퇴하며 사람들은 자바의 대안을 찾기 시작하고 있는 상황이다. 2011년 JetBrains라는 회사에서 코틀린(Kotlin)이라는 새로운 언어를 발표했는데 코틀린은 자바처럼 JVM 상에서 동작하는 언어로 자바의 좋은 대안이 되고 있다. 더욱이 JVM을 사용하고 싶지 않을 때는 다른 언어처럼 곧장 기계어로 컴파일도 가능하다. 특히 오라클과 안드로이드 OS 관련 소송 문제를 겪은 구글(Google)에서는 아예 2019년부터 안드로이드 개발 관련 프로젝트들에서 자바 대신 코틀린을 사용하고 있다.

대학들에서는 최근 들어 자바 대신 파이썬을 교육하는 학교들이 급속도로 늘어나며, 국내 유수 대학들이 이미 자바 대신 파이썬으로 입문용 프로그램 언어를 교체했다.

매트랩

매트랩(MATLAB)은 'MATrix LABoratory'라는 의미로, 1970년대에 대학에서 교육용으로 개발이 시작돼 상용화된 프로그램 언어이자 패키지 프로그램이다(즉, 매트랩으로 개발한 프로그램을 구동하기 위해서는 매트랩 패키지가 필요하다). 매트랩은 많은 미국 공대에서는 거의 필수로 배우게 되는 프로그램이며, 학습 곡선(learning curve)이 매우 좋기 때문에 조금만 공부하면 필요한 기능을 구현할 수 있게 된다. 아마 아래의 랩뷰와 더불어 학습 곡선이 다른 언어들에 비해 월등히 좋은 두 가지 언어가 아닐까 한다. 저자도 학생들이 C/C++의 경우 1학기 내내 배워도 제대로 된 프로그램을 짜지 못하는데 매트랩은 반 학기 정도만 배워도 GUI 기반 프로그램까지 어느 정도 구현해낼 수 있을 정도가 되는 것을 확인한 적이 있다.

일단 매트랩은 C/C++과 같은 언어를 처음 학습할 때 힘들어하는 정수형이나 실수형과 같은 데이터형에 대한 이해가 없어도 프로그래밍을 하는 데 문제가 없다는 장점이 있다. 더욱이 엄청나게 많은 함수들이 툴 박스의 형태로 제공되고 있기 때문에 대부분 함수의 이름만 알면 원하는 기능의 구현에 문제가 없을 정도이다.

단, 매우 비싼 프로그램으로 학교에서는 교육용으로 아주 저가에 공급하지만 산업계에서 도입하기에는 고가의 라이선스 비용(약 1억 원)을 지불하기 힘들기 때문에 규모가 어느 정도 이상인 기업이 아니면 실제 사용하기 힘들다. 그 비용 때문에 어느 정도 규모가 있는 대학이 아닌 경우에는 그누 옥타브(GNU Octave)라고 하는 소프트웨어를 활용하는 경우도 많은데 옥타브는 매트랩과 문법이 매우 흡사해(90% 이상) 매트랩 대신 교육용으로 많이 활용된다. 그러나 매트랩보다 속도가 훨씬 더 느리고 매트랩에서 제공해주는 것과 같은 방대한 툴박스 라이브러리가 없어서 본격적인 연구용으로는 한계가 있다. 따라서 매트랩을 구하지 못하면 옥타브를 쓰기보다 차라리 파이썬을 선택하는 경우가 최근에는 더 많은 것 같다.

랩뷰

랩뷰(LabVIEW)는 내셔널 인스트루먼츠(National Instruments)라는 회사에서 개발한 플랫폼으로, 보통 이 플랫폼에서 사용하는 언어도 랩뷰라고 한다.[3] 이 회사는 실험실로 계측 장비를 주로 생산하는 회사로서, 그래픽(graphic) 환경을 활용해서 블록을 이어주면 실험용 계측 프로그램이 완성되는 형태의 매우 직관적인 언어[4]를 개발했다.

실험실에서 어느 정도 수준의 계측 프로그램은 정말 쉽게 구현할 수 있다는 장점이 있고 대학이

3 정식 명칭은 'G'인데 'G' 언어라고 하는 사람은 주변에서 찾기 힘들다.
4 그래픽을 사용한 G 언어다.

나 연구소의 실험실에서 많이 사용되나, 실제 제품을 구현하는 데는 한계가 있다고 여겨진다. 특히 프로그래밍이 그래픽 기반으로 구현되므로 컴퓨터 사양이 어느 정도 이상은 돼야 큰 문제없이 작업을 할 수 있으며, 주로 해당 회사의 하드웨어에서만 잘 동작하기 때문에 하드웨어와 함께 구매하는 것이 일반적이다.

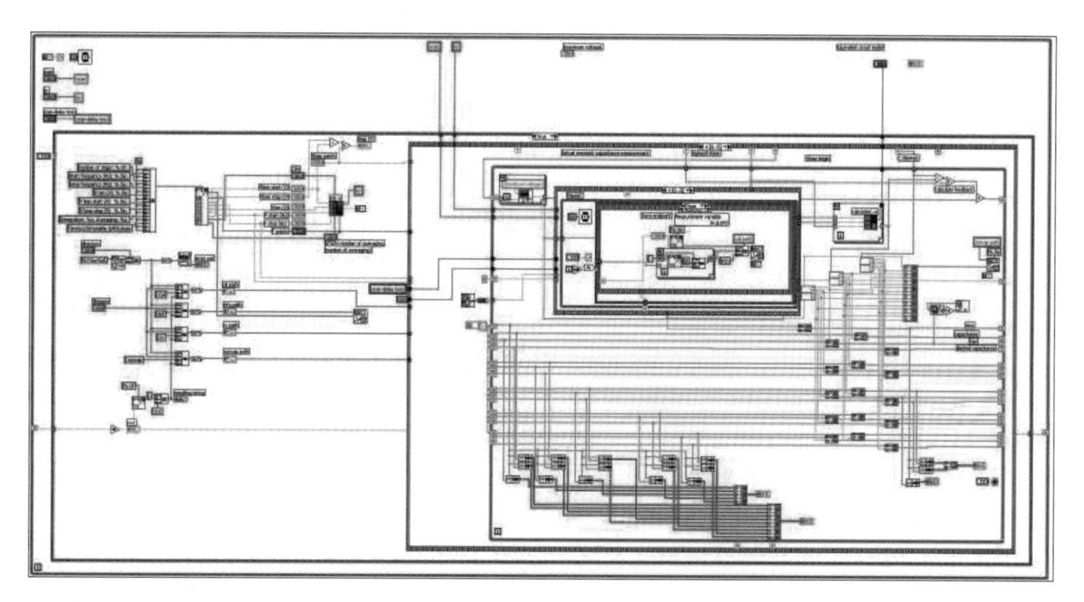

▲ 랩뷰 – 일반적인 텍스트의 나열이 아니라 블록과 선들을 이어서 프로그램을 개발한다.

C#

한글로 '씨샵'이라고 발음하며, 최근 떠오른 언어로 2000년 마이크로소프트에서 발표했다. 윈도우하에서 닷넷 프레임워크(.NET 프레임워크)라는 가상머신상에서 동작하는 언어로, 상당히 깔끔하게 디자인돼 있어 갈수록 사용자층이 늘고 있다. 연동해서 사용하는 GUI도 매우 쉽고 깔끔하다는 것도 장점으로 여겨진다. 단점은 .NET 프레임워크가 윈도우에서만 돌아가기 때문에 리눅스나 맥OS 환경에서 쓸 수 없다는 점이었지만, 닷넷 코어(.NET core)라는 다른 환경에서도 쓸 수 있는 기반이 구축돼 리눅스나 맥OS 쪽으로 진출할 가능성도 어느 정도 존재한다.[5]

줄리아

앞으로 눈여겨볼 만한 언어로 2012년에 MIT에서 발표한 언어다. 파이썬보다 쉬운 문법에 속도는 C에 비견된다고 한다. 저자의 개인적인 생각으로는 줄리아가 결국에는 파이썬을 따라잡지 않을까 생각하지만 아직까지 사용자도 적고 연동되는 라이브러리도 부족한 이유로 당장 익힐 필요는 없다고 본다.

---

5 하지만 리눅스와 맥OS에서는 좀 더 지켜봐야 할 것 같다.

C 소프트웨어 사용권

단순히 프로그래밍 언어를 안다고 해서 프로그램을 개발해 이용할 수 있는 것은 아니다. 여기에 많은 문제들이 엮여 있는데 이는 주로 개발을 위한 도구(tool)와 개발에 내가 작성한 부분과 함께 사용되는 라이브러리(library) 이슈 때문에 발생한다.

첫째, 매트랩(MATLAB)이나 랩뷰(LabVIEW)와 같은 언어들은 매트랩과 랩뷰를 만드는 회사의 개발 도구에 종속적이다. 따라서 매트랩이나 랩뷰와 같은 언어들을 사용하기 위해서는 개발 도구들을 구입해야 하는 문제가 발생한다.

둘째, C/C++과 같은 언어들은 언어 자체는 따로 구매하는 것이 아니지만, 이를 기계어로 번역하는 **컴파일러들은 무료가 아닐 수 있다.** C/C++의 경우 우리나라에서 많이 사용하는 컴파일러는 윈도우 기반에서 동작하는 비주얼 스튜디오(Visual Studio)이며, 이는 기본적으로 구매를 해야 사용할 수 있다. 그러나 gcc[1]나 g++[2]의 경우 무료로 다운로드해서 사용이 가능하다. 하지만 알아둬야 할 것은 **프로그램의 성능이 내가 짠 프로그램 소스 코드 만에 좌우되는 것이 아니라 컴파일러의 최적화 성능에도 많이 좌우된다**는 점이다. 위의 비주얼 스튜디오와 gcc와 같은 컴파일러들은 성능이 검증됐다고 봐도 좋을 것 같다.

셋째, 라이브러리를 활용할 때 개발 결과물에 대한 제한조건이 함께 따라오는 경우도 있다. gcc의 경우 함께 따라오는 기본 라이브러리의 기계어 코드가 무조건 실행 파일에 포함되게 돼 있는데 gcc의 사용 조건에 의하면 gcc로 개발된 프로그램은 상용화에는 문제가 없지만, 무조건 배포 시에 그 프로그램의 소스 코드를 포함시켜서 배포할 것을 요구했으며, 이는 상용 프로그램을 개발하는 데 있어서는 매우 큰 걸림돌이었다.[3]

넷째, 개발은 무료지만 상용화를 위해서는 소프트웨어의 사용 대가를 지불해야 하는 경우가 있다. 무료로 다운로드할 수 있다고 해서 공짜가 아니라는 의미이며, 이는 프로그램을 개발할 때 목적에 따라서 항상 꼼꼼하게 검토해봐야 하는 부분이다.

---

1 C 컴파일러의 하나
2 C++ 컴파일러의 하나
3 **현재는 이러한 조건이 삭제됐고 다른 조건으로 대치됐다.**

OpenCV라고 불리는 유명한 컴퓨터 비전쪽의 라이브러리[4]는 상용화에 아무런 제약이 없다. 그러나 Qt라고 불리는 GUI 개발 라이브러리는 무료로 다운로드해 사용할 수 있음에도, 상용화를 위해서는 조건에 따라 비용을 지불해야 한다. 또, 게임을 만드는 데 많이 활용되는 '언리얼(Unreal)'이라는 게임 엔진 소프트웨어는 사용하거나 개발하는 데는 무료이다. 하지만 상용화를 시키고 어느 정도 매출이 발생하면 매출의 일정 비율을 라이선스 비용으로 요구한다.

C.1 필수적으로 알아둬야 할 사용권

인터넷에서 많은 애플리케이션과 라이브러리를 포함한 소프트웨어들은 소스 코드를 포함해 무료로 다운로드할 수 있다. 하지만 어떤 소프트웨어를 개발하는 데 있어서 상용화를 염두에 둔다면 위에서 설명한 대로 나중에 큰 문제에 봉착할 수 있으므로 이러한 사용권에 대한 숙지가 필요하다. 아래에 매우 자주 접할 수 있는 몇 가지 사용권들에 대해 간단히 기술했다. 이들은 프로그램 개발에서 꼭 필수적으로 알아둬야 한다.

MIT License/Apache License/BSD

상용 소프트웨어를 개발할 때 우리가 제일 좋아하게 되는 라이선스 3종이다. 셋 다 따로 제한이 없고 그냥 붙이거나 수정해서 내 소프트웨어를 개발하면 된다. 단, 내가 이런 오픈소스 코드를 가져다 썼다고 출처만 확실히 명시해주면 된다. 이때 명시하는 방법은 각 라이선스에 대해 조사해보면 쉽게 찾을 수 있다.

GNU GPL(GNU General Public License)

이 사용권을 폄하하는 사람들은 '바이러스와 같은 사용권'이라는 표현을 사용한다. GNU GPL 라이선스로 배포되는 프로그램은 항상 소스 코드와 함께 배포가 되는데 이를 다운로드해 나의 프로그램에 소스 코드의 일부를(그대로 아니면 수정해서) 활용을 할 경우에는, 내 프로그램도 GNU GPL로 소스 코드와 함께 배포해야 한다. 즉, GPL 사용권이 붙은 소프트웨어를 활용할 경우에는 내가 만든 소프트웨어도 자동적으로 GPL이 돼 버리기 때문에 '바이러스'라는 표현이 사용되는 것이다. 그런데 이 사용권은 항상 소스 코드를 공개할 것을 요구하기 때문에 상용 프로그램 개발에는 일반적으로 적절한 방식이 아니다.

4 이 라이브러리를 사용하면 컴퓨터 비전 프로그램을 아주 쉽게 개발할 수 있다.

gcc 컴파일러들은 GNU GPL 라이선스로 배포가 되는데 이는 컴파일러 프로그램 자체를 내가 수정하거나 차용해서 내 프로그램을 만들 때는 GNU GPL 라이선스가 적용되나, gcc를 그냥 컴파일로 활용해 내 프로그램을 개발하는 데 있어서는 상용화에 아무런 제약이 없다.

비슷한 예로 GIMP라고 하는 어도비 포토샵(Adobe Photoshop)과 비슷한 프로그램이 있는데 이 또한 GNU GPL로 배포된다.[5] GIMP를 사용해 사진을 에디팅하는 것에는 아무런 제약이 없으며, GIMP를 사용한 결과물도 온전히 GNU GPL과는 전혀 상관없이 저작권은 GIMP의 사용자에게 있다.

GNU LGPL(GNU Lesser General Public License)

GNU GPL의 제약이 너무 강해 라이브러리정도까지는 그냥 사용하는 것을 허용해주기 위해 완화시킨 라이선스다. LGPL은 가져다가 라이브러리 형식으로 붙여 쓰는 데에는 따로 제약이 없으며, gcc의 경우 gcc 컴파일러 부분은 GPL로, 라이브러리 부분은 LGPL로 제공된다. gcc가 전체 모든 부분이 GPL로 제공될 때는 소스 코드 공개를 해야 한다는 이유로 gcc를 사용하는 것을 꺼렸는데 라이브러리 부분을 LGPL로 풀어주면서 gcc를 소스 코드를 공개하지 않고 상용 소프트웨어 개발에 사용하는 것에 전혀 문제가 없게 됐다.

Affero General Public License(AGPL)

GNU 진영에서는 오픈소스 코드를 개방하며 그것이 계속 퍼져나가주길 바란다. 그런데 네트워크상에서 동작하는 프로그램을 개발할 때는 GNU GPL이 효력을 발휘하지 않는다는 문제점이 발견됐다. 즉, 서버-클라이언트 형식의 활용에 있어서 서버에서 동작하는 소프트웨어는 소프트웨어 자체를 배포하는 것이 아니기 때문에 소스 코드를 개방해 사용자에게 넘겨줄 필요 없다는 것이다. 이런 취약점을 막기 위해 GNU GPL보다 더 강한 라이선스를 개발했는데 이것이 Affero GPL(AGPL)이라고 하는 것으로, 서버의 소프트웨어도 소스 코드를 사용자에게 제공해줘야 한다는 매우 강력한 오픈소스 라이선스라고 할 수 있다. 이는 '몽고DB'라는 유명한 데이터베이스 소프트웨어에 적용돼 있다.

---

5 리눅스 환경에서 어도비 포토샵 대신 많이 사용된다.

D 아나콘다

아나콘다(Anaconda)는 파이썬과 R 언어를 위해 개발된 파이썬 개발 환경 관리 소프트웨어이며, 오픈 소스[1]로 무료로 다운로드해 사용할 수 있다. 좀 더 쉽게 이야기하면 아나콘다는 파이썬 프로그래밍에 직접적으로 관련이 없지만, 사용하면 매우 편해지는 무료 소프트웨어라고 생각하면 편하다. 파이썬을 사용하면 아나콘다를 필수처럼 사용하게 되는 것이 현재의 대세라고 할 수 있으며, 파이썬 교재들 중에는 파이썬 창, 에디터, IDLE 사용법을 다 건너뛰고 아나콘다로 처음부터 시작하는 교재들도 있다.

파이썬의 제일 큰 장점 중 하나가 수천 개에 달하는 다른 사람들이 만든 패키지 형태의 코드들을 사용해 빠르게 원하는 기능을 구현할 수 있다는 점이다. 그런데 파이썬은 버전에 따라 또 패키지의 버전에 따라 서로 충돌을 일으키는 문제가 있다. 또한 의존성(dependency)(즉, A 패키지를 사용하고 싶은데 A 패키지를 사용하려면 B 패키지를 먼저 설치해야 하고, B 패키지를 사용하기 위해서는 C 패키지를 사용해야 하는 복잡한 연관성) 문제 때문에 사용이 매우 힘든 부분이 있는데 아나콘다는 이런 문제들을 쉽게 해결해준다(즉, 아나콘다를 사용하면 A 패키지를 설치하면 B와 C는 자동으로 설치해준다).

파이썬을 파이썬 재단에서 다운로드해 기본형으로 설치하면 pip[2]라고 하는 패키지 관리 툴을 설치할 수 있다.[3] 물론 pip를 사용해도 의존성을 해결할 수 있지만, pip의 경우 의존성 해결이 깔끔하지 못한 부분들이 있어서 pip보다는 아나콘다를 더 선호하는 것도 있다.[4]

또 아나콘다는 가상 환경(virtual environment)이라는 것을 제공해준다. A 패키지를 사용한 개발 프로젝트가 1개 있고, B 패키지를 사용한 개발 프로젝트가 1개 있는데 두 프로젝트를 동시에 수행해야 하는 상황에 A와 B 패키지가 서로 충돌하는 경우에는 문제가 복잡해진다. 아나콘다에서는 이러한 상황을 가상 환경을 통해 해결할 수 있다.

마지막으로, pip와 같은 패키지 관리 소프트웨어는 CLI 기반이기 때문에 사용자가 불편한 면이 있는 반면, 아나콘다는 '아나콘다 내비게이터(Anaconda Navigator)'라고 불리는 GUI를 지원해주기

1 New BSD 라이선스이다.
2 '피아이피'라고 읽는다.
3 파이썬 설치 시에 선택 가능하게 돼 있다.
4 최근 들어서는 pip의 성능이 점점 좋아지고 있다.

때문에 마우스 클릭으로 패키지를 설치할 수 있다는 장점도 있다.

이러한 아나콘다를 사용하는 법을 하나씩 익혀 파이썬을 사용해 전문적인 프로그래밍을 할 수 있는 기반을 다지도록 한다.

D.1 아나콘다 사용 준비

사용자 계정 영문명 여부 확인

아나콘다도 처음 사용자가 직관적으로 사용할 수 있는 쉬운 프로그램은 아니다. 많은 사람이 파이썬을 처음 배우면서 인터넷을 뒤지다가 아나콘다라는 것으로 시작하게 되는데 파이썬 문법을 익히기 전에 아나콘다 설치에서부터 막혀서 파이썬을 포기하게 되는 경우를 종종 볼 수 있다. 그래서 이 책에서는 아나콘다를 사용하는 방법에 대해 체계적으로 기술해 학생들이 혼란을 겪지 않도록 노력했다.

아나콘다를 사용하기 위한 첫 번째 단계는 '사용자 이름이 영문인지 확인'하는 것이다. 아나콘다는 윈도우의 사용자 이름이 영문이 아니라 한글로 돼 있을 경우 나중에 문제가 생긴다. 이 부분이 아나콘다 설치에서 실패하는 제일 큰 이유 중 하나가 아닌가 한다. 이를 확인하기 위해 다음의 내용대로 실행해보자.

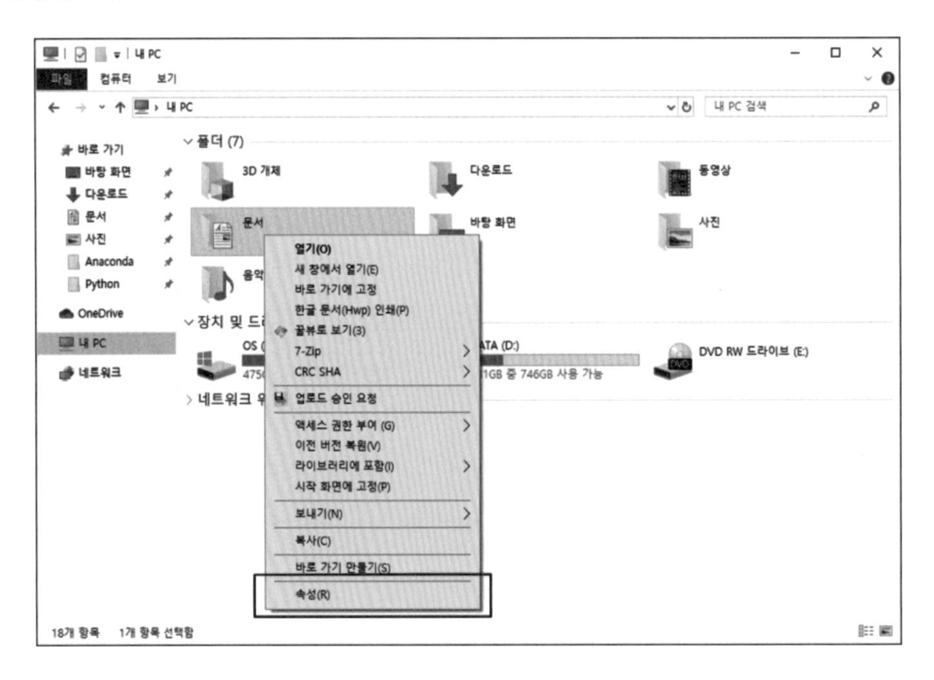

컴퓨터에서 '문서' 폴더를 마우스 오른쪽 버튼으로 클릭하고 '속성(R)'을 선택하자.

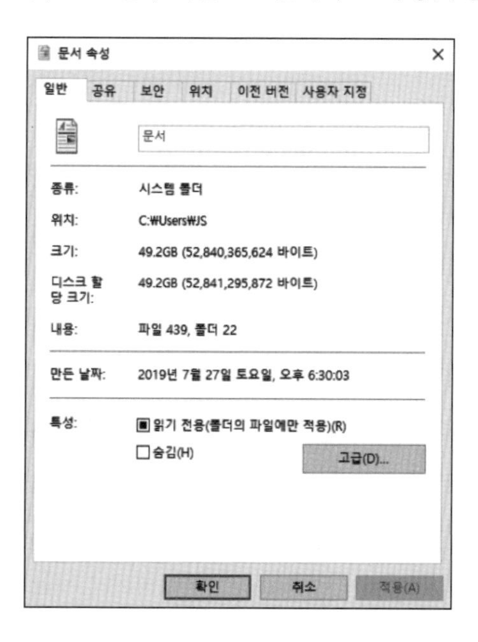

그러면 '문서 속성' 창이 나타나는데 여기서 '위치' 부분을 살펴보면 저자의 경우 'C:\Users\JS'라고 하는 사용자 폴더의 위치가 나타난다. 여기서 'JS'는 저자의 윈도우 사용자명이며, 이 부분이 영문이 아니라 한글로 나타난다면 아나콘다가 제대로 깔리지 않는다는 것을 의미한다.

이 영문명을 한글로 수정하는 것이 매우 어렵기 때문에[5] 새로 영어로 된 계정을 하나 만들거나 컴퓨터를 초기화해 재설치하는 것을 추천한다. 새로 영어로 된 계정을 만드는 것도 간단하지는 않은데 이를 순서대로 기술해보면 다음과 같다.

❶ 현 사용자 폴더의 내용을 모두 백업

❷ Administrator 계정 활성화

❸ Administrator 계정으로 로그인

❹ 새 영문 이름 계정 생성

❺ 새 영문 이름 계정의 권한을 Administrator로 변경

❻ 옛날 한글 이름 계정 삭제(이 부분은 옵션임)

❼ Administrator 계정 로그아웃

❽ 새 영문 이름 계정으로 로그인

5 시스템 레지스트리까지 건드려야 해서 잘못하면 컴퓨터가 고장 날 수도 있다.

❾ Administrator 계정 비활성화

❿ 새 영문 계정 설정 및 백업을 복구

하는 복잡한 과정을 거쳐야 한다. 따라서 어떻게 보면 제일 좋은 것은 시간이 날 때 컴퓨터를 초기화해서 재설치를 하면서 영문명으로 처음부터 계정을 만드는 것이다.

기설치된 파이썬 삭제

그다음 단계로는 이미 설치된 파이썬을 깨끗이 지워야 한다. 파이썬을 설치한 상태에서 아나콘다를 설치할 경우 기설치된 파이썬과 부딪힐 가능성이 있다. 따라서 파이썬이 설치돼 있는 것을 확인하고 깨끗하게 지우는 과정이 필요하다. 특히 윈도우의 환경 변수(environment variable)를 확인해 파이썬이 경로로 등록돼 있으면 확실하게 지워야 한다.

이를 위해 윈도우의 제어판을 열고 '[제어판] - [시스템] - [고급] 시스템 설정'으로 들어가자. 그러면 '시스템 속성' 창이 '고급' 탭이 활성화된 상태로 열린다(다음 그림 참조).

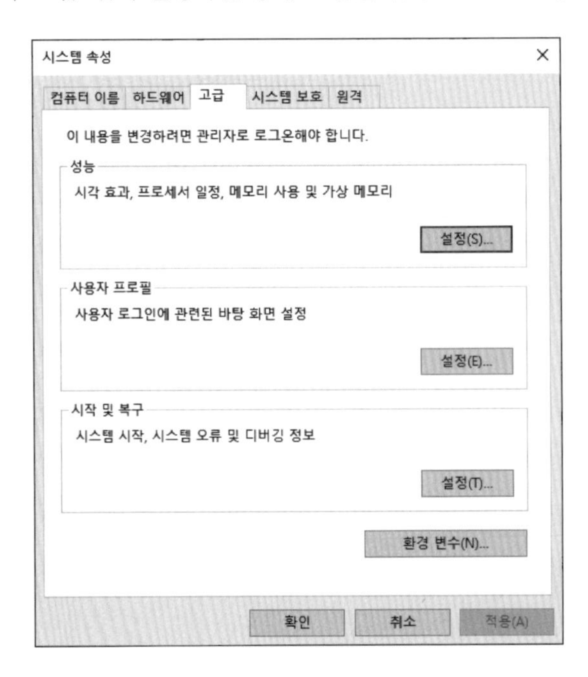

이제 맨 아래쪽에 있는 [환경 변수(N)...] 버튼을 클릭하고 '환경 변수' 창으로 들어가자.

'JS에 대한 사용자 변수(U)'와 '시스템 변수(S)'의 두 가지 항목이 보일 것이다. 'JS에 대한 사용자 변수(U)'는 저자의 사용자 계정 JS로 로그인했을 때만 적용되는 환경 변수이고, '시스템 변수(S)'는 어떤 사용자가 로그인을 하더라도 적용되는 환경 변수다. 두 가지 모두에 'Path'라는 변수가 존재하는데 'Path' 변수에 파이썬이 설치된 경로(예를 들어 이 책에서 설치한 파이썬의 경우 C:\Python37이 될 것이다)를 등록하면 사용자가 어떤 폴더에 있더라도 파이썬을 이용할 수 있게 된다. 즉, Path에 파이썬이 등록이 돼버리면 아나콘다에서 설치할 파이썬과 부딪히는 일이 발생할 수 있다는 말이다.

따라서 각각에서 'Path'를 클릭하고 [편집(E)...]를 선택해 파이썬 관련 경로가 잡혀 있는지 확인하고 삭제해야 한다. 예를 들어 저자의 경우 '시스템 변수(S)'상의 Path라는 변수를 [Edit(E)...]로 선택해 열면 다음과 같이 여러 개의 폴더가 등록돼 있는 것을 알 수 있다.

파이썬을 찾아 경로를 삭제하는 방법은 매우 직관적이기 때문에 따로 언급하지 않는다.

D.2 아나콘다 다운로드 및 설치

컴퓨터에 아나콘다를 설치할 준비가 됐으면, www.anaconda.com으로 접속해 자신의 컴퓨터에 맞춰 아나콘다를 다운로드하면 된다. 아나콘다는 파이썬 사이트에서 직접 다운로드하는 것보다 파이썬 버전이 낮은 경우가 많다. 예를 들어 현재 2020.02.27.자로 파이썬 사이트에서 제공하는 최신 버전은 3.8.2이지만 아나콘다 최신 버전에서 기본으로 깔려오는 파이썬은 3.7이다. 소프트웨어는 최신 배포판보다 몇 단계 정도 낮은 버전이 사람들에 의해 검증되고 안정적으로 동작하기 때문에 더 나은 경우가 많다는 것을 알아두자.

참고로 아나콘다는 설치하는 데 아주 오랜 시간이 걸린다. 사양이 낮은 컴퓨터에서는 더더욱 심하게 느껴지는데 심지어는 설치하다가 중간에 프로그램이 죽어버리는 경우도 발생한다. 어쨌든 사양에 따라 다르겠지만 1~2시간까지도 각오를 하고 기다리는 것이 좋을 것이다.

설치가 끝나고 나면 윈도우에서 어떤 프로그램들이 새로 설치가 됐는지 확인해보자(다음 그림 참조).

아나콘다 밑에서는

- Anaconda Navigator(Anaconda3)
- Anaconda Powershell Prompt(Anaconda3)

- Anaconda Prompt(Anaconda3)
- Jupyter Notebook(Anaconda3)
- Reset Spyder Settings(Anaconda3)
- Spyder(Anaconda3)

위와 같은 6개의 아이콘을 발견할 수 있을 것이다. 첫 번째 아나콘다 내비게이터(Anaconda Navigator)는 GUI 형식으로 아나콘다를 사용하는 아이콘이며, 우리는 주로 이 아나콘다 내비게이터를 사용해 파이썬을 운용하게 될 것이다. 그다음의 아나콘다 파워셸 프롬프트(Anaconda Powershell Prompt)와 아나콘다 프롬프트(Anaconda Prompt)는 파워셸과 명령 프롬프트를 기반으로 CLI 모드로 아나콘다를 동작시키는 아이콘들이다. 익숙해지면 아나콘다 내비게이터의 GUI 모드가 워낙 느리기 때문에 아나콘다 파워셸 프롬프트나 아나콘다 프롬프트를 사용하는 경우도 많다.

그 아래의 주피터 노트북(Jupyter Notebook)과 스파이더(Spyder)는 아나콘다에서 기본적으로 설치돼 딸려오는 IDE들 중의 하나로, 이외에도 비주얼 스튜디오 코드(Visual Studio Code)와 같은 다른 IDE들도 아나콘다에서 설치할 수 있으며, 자신이 선호하는 IDE를 골라서 주력으로 파이썬 프로그램 개발에 사용한다.

참고로 주피터 노트북은 매스매티카(Mathematica)와 외관과 사용법이 비슷하고, 스파이더는 매트랩/옥타브, 그리고 비주얼 스튜디오 코드는 비주얼 스튜디오와 비슷하다. 따라서 이전에 쓰던 IDE와 비슷한 것을 계속 사용하려는 사람들은 이에 맞춰 자신이 주력으로 사용할 IDE를 선택하면 될 것이다. 그런데도 이 책에서는 스파이더를 기준으로 할 것도 미리 언급하고 싶다.

아나콘다 내비게이터(Anaconda Navigator)를 실행시켜보자.

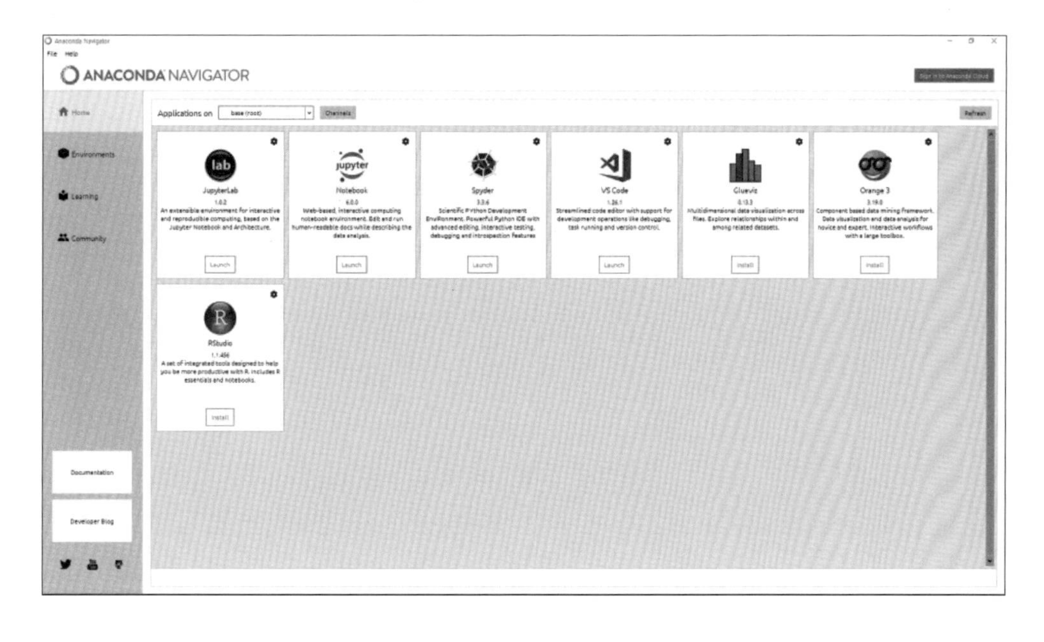

아나콘다 내비게이터의 왼쪽에 네 가지 아이템이 눈에 들어올 것이다.

- Home
- Environments
- Learning
- Community

이 중 우리가 사용할 것은 단 2개이며, 가상 환경을 구성하고 패키지를 설치하기 위해서 Environments를, 그리고 평상시 프로그래밍에서는 따로 건드릴 필요 없이 Home 상태로만 사용하게 될 것이다.

위의 'Applications on [base (root)]' 창은 가상 환경을 선택하는 부분으로, 현재의 가상 환경은 기본값으로 주어지는 'base (root)'라고 하는 가상 환경이다. 나중에 Environments 메뉴에서 새로운 가상 환경을 원하는 이름으로 생성하고 패키지를 인스톨하면 풀다운 옵션 부분에 'base (root)' 말고 다른 가상 환경을 선택할 수 있게 된다.

그리고 아래 보이는 커다란 창 7개('JupyterLab', 'Jupyter Notebook', 'Spyder', 'VS Code', 'Glueviz', 'Orange 3', 'RStudio')는 사용자가 파이썬 개발을 위해 선택할 수 있는 IDE들이다.[6] 몇 가지는 아나콘다와 함께 자동으로 설치돼 있고, 몇 가지는 [Install] 버튼을 눌러야 설치되도록 돼 있다.

현재 우리가 알고 있는 수준의 파이썬 프로그래밍은 따로 특별한 패키지가 필요하지 않다. 그러므로 시험 삼아서 Spyder를 클릭해 실행시켜보자. 그러면 파이썬을 개발할 수 있는 '스파이더'의 IDE가 열린다.

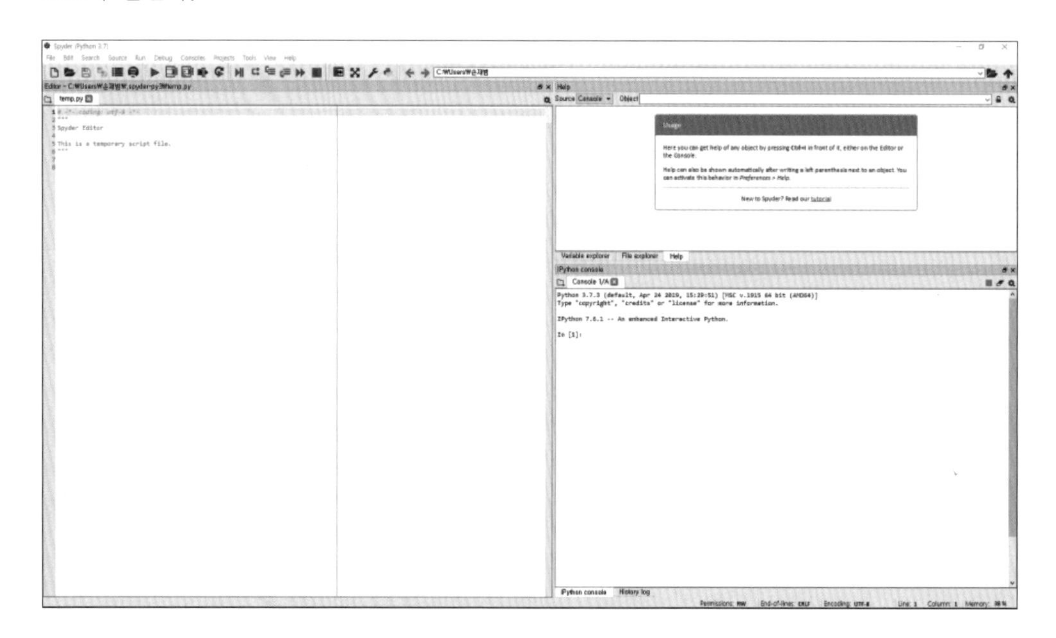

6 Studio는 R 언어용 개발을 위한 IDE이고, Glueviz와 Orange 3는 저자도 써보지 않아서 잘 모르겠다.

한번에 느끼겠지만, 파이썬에서 기본적으로 따라오는 IDLE보다는 훨씬 좋은 프로그램이라는 감이 들 것이다. 스파이더는 MIT 라이선스로 배포되며, Qt라고 하는 GUI 플랫폼을 이용해 개발됐으며[7] 윈도우, 맥OS, 리눅스 모두 동작한다.

왼쪽 창이 우리가 소스 코드를 작성하는 에디터 창으로 기본적으로 temp.py라는 이름으로 작성을 하게 돼 있다. 소스 코드에 보면

```
# -*- coding: utf-8 -*-
"""
Spyder Editor

This is a temporary script file.
"""
```

라고 6째 줄까지 이미 작성돼 있는 것을 확인할 수 있는데 맨 앞의 줄은 UTF-8 형식으로 다국적 언어를 지원한다는 의미이며, """로 시작해서 """로 끝나는 둘째 줄부터 여섯 번째 줄은 #과 같은 주석문이다. 일일이 # 형식으로 주석을 만들지 않고 여러 줄의 내용을 통째로 주석 처리를 하기 위해서는 주석으로 만들고 싶은 부분의 앞뒤에 """를 삽입하는 또 다른 주석을 만드는 방법이다.

오른쪽 아래에 보이는 창이 파이썬 창과 비슷한 역할을 하는 창인데 약간 기능이 다르고 '>>>' 프롬프트 대신 'In [1]:'과 같은 형식으로 프롬프트가 나타난다. 이는 대화형 기능을 강화한 파이썬 창의 변종으로 IPython[8] 또는 인터랙브 파이썬이라고 한다.

스파이더의 사용법은 매우 직관적이므로 사용법에 대해서는 일단 넘어가도록 한다. 스파이더를 닫고 아나콘다로 돌아가도록 하자.

D.3 아나콘다 가상 환경

아나콘다 가상 환경 메뉴 설명

이제 아나콘다에서 가상 환경을 설정하는 방법을 학습하도록 하겠다. 아나콘다 맨 왼쪽 탭에서 Environments를 선택해서 환경 메뉴로 들어가보자. Environments는 가상 환경을 생성, 삭제하고 각 가상 환경에 모듈/패키지를 설치 관리하는 메뉴이다.

가운데 부분에는 아까 보았던 'base (root)'라는 기본 환경이 보이고, 오른쪽에 base (root)에 기

7 IDLE는 'TKinter'라는 GUI 플랫폼을 이용해 개발됐다.
8 '아이 파이썬'이라고 읽는다.

본적으로 설치돼 있는 패키지들이 보인다. 저자가 세어봤을 때 273개였는데 대부분은 쓰지 않을 것들로, 파이썬의 base (root) 환경이 느린 이유 중 하나다.

패키지 리스트가 보이는 위쪽의 [Installed]를 [Not installed]로 바꾸면 아나콘다는 PyPI와 같은 패키지 제공 사이트를 검색해 더 설치할 수 있는 다른 패키지들의 리스트를 보여준다. 저자의 경우 1368개의 모듈/패키지들을 추가로 설치할 수 있다고 돼 있었다.

base (root)라는 환경이 표시돼 있는 버튼의 오른쪽 화살표 버튼을 클릭해보면 다음 4개의 메뉴가 보인다.

- Open Terminal
- Open with Python
- Open with IPython
- Open with Jupyter Notebook

'Open Terminal'을 실행하면 윈도우의 '명령 프롬프트'와 같은 창이 나타나는데 그 앞쪽에 현재의 가상 환경의 이름인 base가 괄호와 함께 나타나 있는 것이 보일 것이다.

```
(base) C:\Users\JS>
```

이는 가상 환경 base상에서의 명령 프롬프트라고 생각하면 된다. 비슷하게 'Open with Python'을 선택하면 파이썬 창이 열리고, 'Open with IPython'이라고 하면 IPython, 즉 스파이더에서 봤던 인터랙티브 파이썬(Interactive Python) 창이 나타난다.

위의 네 가지 항목은 사실 직접적으로 쓰일 일이 별로 없다. 간혹 써야 할 경우는 휠 파일을 다운로드해 pip에서 직접 설치해야 할 경우인 것 같은데 저자도 아직까지 기능의 확인만 해봤을 뿐, 실제로 쓸 일은 없었던 것 같다.

실제 우리는 base (root)라는 가상 환경은 그다지 활용하지 않고 그대로 둔 상태로 새로운 가상 환경을 생성해서 쓰게 된다. 첫째 이유는 base (root)에 함께 기본적으로 깔려오는 모듈/패키지가 273개라서 너무 많기 때문에 우리가 필요로 하는 것만 설치해 사용하는 것을 선호하기 때문이다.

아나콘다 가상 환경 생성

Enrionments 메뉴 내의 base (root)가 있는 탭 아래쪽을 살펴보면 [Create] – [Clone] – [Import] – [Remove] 라는 4개의 버튼이 보인다. [Create]는 새로운 가상 환경을 생성하는 버튼이며, [Clone]은

기존에 존재하는 가상 환경을 복사하는 버튼이다.

[Create] 버튼을 눌러서 새로운 가상 환경을 생성 해보자. 이름은 MyNumPy로 넣고 패키지 선택은 Python 3.7로 하자. 설정을 끝 낸 후 팝업 창 오른쪽 하단의 [Create] 버튼을 누르면 MyNumPy라는 이름의 새로운 가상 환경이 생성된다. 이때 또 가상 환경의 생성에 상당히 많은 시간이 소요되니 참을성을 갖고 기다려야 한다.

조금 기다리면 'base (root)' 아래에 'MyNumPy'라고 하는 가상 환경이 생성된 것을 확인할 수 있다. 'MyNumPy'를 클릭하고 'Open Terminal'을 실행해보자. 그러면 이번에는

```
(MyNumPy) C:\Users\JS>
```

라고 명령 프롬프트 창이 열리는 것을 확인할 수 있다.

다시 Environments 메뉴로 돌아와 오른쪽을 살펴보면 이 환경하에 설치된 모듈/패키지들의 목록이 표시되는데 아까와는 달리 이번에는 11개밖에 보이지 않는다. 여기 패키지 목록 상단의 [Installed]를 [Not installed]로 바꾸자. 이번에는 하단에 [1622 packages available]이라는 메시지가 보인다.

여기서 우리는 패키지 목록 중에서 [numpy]가 있는 것을 확인할 수 있는데 이를 설치하기 전에 혹시라도 업데이트된 것이 있을 수 있으므로 상단의 [Update index...]를 먼저 클릭해서 목록을 업데이트하는 것을 권장한다. 약간의 시간이 걸린 후에 1622개의 모듈/패키지가 7643개로 바뀌어 있는 것을 확인할 수 있다![9]

다시 패키지 목록에서 [numpy]를 클릭해서 선택하고 오른쪽 아래의 초록색 [Apply] 버튼을 누르자. 다시 [Installed]로 돌아가면 NumPy가 정상적으로 설치돼 [11 packages available]이 [21 packages available]로 바뀌어 있는 것을 확인할 수 있다.

위와 같은 방식으로 아나콘다에서는 간편하게 가상 환경을 생성해 필요한 모듈/패키지들을 설치할 수 있다. Environments 메뉴는 가상 환경의 생성 및 관리, 패키지 관리에 사용되는데 우리가 개발에서 이런 세팅을 매번 할 것이 아니기 때문에 한 번 세팅해 놓고 나면 별로 Environments 메뉴로 들어올 일이 없다.

아나콘다 가상 환경 활용

이제 다시 [Home] 메뉴로 돌아가 보자. 아까 MyNumPy를 활성화한 상태로 Home 메뉴로 돌아왔기 때문에 위의 'Applications on [base (root)]'가 'Applications on [MyNumPy]'로 바뀌어 있다.

9 이것만 봐도 파이썬이 얼마나 많은 모듈/패키지를 제공하고 있는지 알 수 있다.

이 상태에서 아래의 IDE를 선택해서 개발을 시작하면 모든 것이 MyNumPy 가상 환경을 기반으로 돌아간다. 그런데 Spyder가 아까는 막바로 실행시킬 수 있었는데 지금은 [Install] 버튼으로 바뀌어 있는 것을 알 수 있다. 이는 아까는 'base (root)' 환경이었고, 이 환경에서는 스파이더가 기본적으로 설치되지만, 우리가 새로 생성한 'MyNumPy'라는 환경에서는 아무 것도 설치하지 않았기 때문에 위와 같이 나타나는 것이다. 따라서 우리는 [Install] 버튼을 눌러 MyNumPy 환경을 위해 스파이더를 다시 설치해야 한다.

그 외 사용법은 아까와 동일하다. 필요에 따라 가상 환경을 바꿔가며 개발해야 할 필요가 있을 때는 Enviornments 메뉴로 들어갈 필요 없이 Home 메뉴상에서 'Applications on [ ]'의 환경만 바꾸면 된다는 것을 유념하기 바란다.

D.4 CLI 모드로 아나콘다 사용하기

아나콘다를 사용할 때 GUI 형식인 아나콘다 내비게이터가 아니라 CLI 모드를 활용할 수도 있다. 이는 사실 아나콘다의 베이스에는 pip를 대체하는 conda라는 툴이 기본으로 깔려 있기 때문이며, GUI는 어떻게 보면 함께 딸려온 부가적인 부분이라고도 할 수 있다. pip와 대비하기 위해서 아나콘다에서 설치한 프로그램들 중 'Anaconda Prompt (Anaconda3)' 아이콘을 우클릭해 '자세히 > 관리자 권한으로 실행' 옵션을 통해 실행해 살펴보자.

```
(base) C:\Users\JS>
```

라는 프롬프트가 나타난다. 여기에서 현재 설치된 가상 환경에 대한 정보를 얻고 싶으면 'conda info --envs'라는 명령어를 입력해야 한다.

```
(base) C:\Users\JS>conda info --envs
# conda environments:
#
base * C:\ProgramData\Anaconda3
MyNumPy C:\Users\JS\.conda\envs\MyNumPy

(base) C:\Users\JS>
```

앞에서 우리가 설정했던 base와 MyNumPy를 여기서도 확인할 수 있다. 그리고 base의 오른쪽에는 * 표시가 보이는데 이는 현재 base 환경이 활성화돼 있는 상태라는 것을 의미한다. 여기서 MyNumPy 환경으로 바꾸고 싶으면 다음과 같이 할 수 있다.

```
(base) C:\Users\JS> conda activate MyNumPy
(MyNumPy) C:\Users\JS>
```

앞의 (base)가 (MyNumPy)로 바뀌어 MyNumPy라는 가상 환경이 활성화돼 있다는 것을 확인할 수 있다. 이제 MyNumPy 환경을 비활성화해보자.

```
(MyNumPy) C:\Users\JS> conda deactivate
(base) C:\Users\JS>
```

이제 다시 base로 돌아갔다는 것을 확인할 수 있다. 여기서 곧바로 스파이더를 실행할 수 있는데

```
(base) C:\Users\JS> spyder
```

라고 입력하면 스파이더 창이 나타날 것이다. 이때의 스파이더는 당연히 base 환경에서 실행된 스파이더이다. MyNumPy 환경에서 개발을 하고 싶으면 MyNumPy 환경을 활성화한 후에 스파이더를 실행하면 된다.

여기서 말하고 싶은 것은 아나콘다를 이용한 개발에서 꼭 아나콘다 내비게이터를 활용할 필요 없다는 것이다. 아나콘다 내비게이터는 실행 자체부터가 너무 느리기 때문에 가상 환경을 생성한다든지 하는 관리적인 목적에서만 활용하고, 그 외 개발은 CLI 모드에서 스파이더를 실행하는 것이 훨씬 더 빠르다. 참고로 비주얼 스튜디오 코드(Visual Studio Code)를 IDE로 사용할 경우에는 이런 과정도 필요 없이 막바로 IDE상에서 가상 환경을 변경할 수 있다.

D.5 정리

아나콘다는 편리하지만 매우 느리고 용량도 많이 잡아먹는다. i3 CPU에 4G 메모리 사양의 컴퓨터의 경우 너무 느려 설치 중에 프레이징(freezing) 현상도 많이 나타난다.

하지만 이는 GUI 모드인 아나콘다 내비게이터(Anaconda Navigator)에 국한된 사실이고, CLI 모드에 자신이 있다면 GUI를 뺀 축소판인 미니콘다(Miniconda)를 설치해서 사용하는 것도 좋은 방법이다. 그러나 아나콘다 내비게이터가 느리더라도 어차피 처음 설치할 때 그리고 가상 환경 및 패키지 관리할 때 빼고는 그다지 느리다는 생각이 들지는 않기 때문에 아나콘다를 설치하고, 실제 스파이더 등의 IDE를 활용한 개발에서는 아나콘다의 CLI 모드로 사용하는 것이 더 편리하다고 생각한다.

파이썬을 이용한 공학용 프로그래밍

2021. 2. 26. 1판 1쇄 인쇄
2021. 3. 5. 1판 1쇄 발행

지은이 | 손재범, 정의성, 이호열, 임형규, 방영상
펴낸이 | 이종춘
펴낸곳 | BM (주)도서출판 성안당
주소 | 04032 서울시 마포구 양화로 127 첨단빌딩 3층(출판기획 R&D 센터)
10881 경기도 파주시 문발로 112 파주 출판 문화도시(제작 및 물류)
전화 | 02) 3142-0036
031) 950-6300
팩스 | 031) 955-0510
등록 | 1973. 2. 1. 제406-2005-000046호
출판사 홈페이지 | **www.cyber.co.kr**
ISBN | 978-89-315-5698-8 (93000)
정가 | 25,000원

이 책을 만든 사람들
책임 | 최옥현
편집 · 진행 | 조혜란
교정 · 교열 | 안종군
본문 · 표지 디자인 | 파피레드
홍보 | 김계향, 유미나
국제부 | 이선민, 조혜란, 김혜숙
마케팅 | 구본철, 차정욱, 나진호, 이동후, 강호묵
마케팅 지원 | 장상범, 박지연
제작 | 김유석

■ **도서 A/S 안내**

성안당에서 발행하는 모든 도서는 저자와 출판사, 그리고 독자가 함께 만들어 나갑니다.
좋은 책을 펴내기 위해 많은 노력을 기울이고 있습니다. 혹시라도 내용상의 오류나 오탈자 등이 발견되면 **"좋은 책은 나라의 보배"**로서 우리 모두가 함께 만들어 간다는 마음으로 연락주시기 바랍니다. 수정 보완하여 더 나은 책이 되도록 최선을 다하겠습니다.
성안당은 늘 독자 여러분들의 소중한 의견을 기다리고 있습니다. 좋은 의견을 보내주시는 분께는 성안당 쇼핑몰의 포인트(3,000포인트)를 적립해 드립니다.
잘못 만들어진 책이나 부록 등이 파손된 경우에는 교환해 드립니다.